期货交易者教育系列丛书

原油期货

（第二版）

中国期货业协会　编

中国财经出版传媒集团
中国财政经济出版社

图书在版编目（CIP）数据

原油期货 / 中国期货业协会编. --2 版. --北京：中国财政经济出版社，2023.8

（期货交易者教育系列丛书）

ISBN 978-7-5223-2342-8

Ⅰ.①原… Ⅱ.①中… Ⅲ.①原油—期货交易—基本知识 Ⅳ.①F830.9

中国国家版本馆 CIP 数据核字（2023）第 118808 号

责任编辑：郭爱春　　责任校对：胡永立

封面设计：王　颖　　责任印制：刘春年

原油期货（第二版）

YUANYOU QIHUO（DIERBAN）

中国财政经济出版社 出版

URL：http：//www.cfeph.cn

E-mail：cfeph@cfeph.cn

社址：北京市海淀区阜成路甲 28 号　邮政编码：100142

营销中心电话：010-88191522　编辑部电话：010-88190957

天猫网店：中国财政经济出版社旗舰店

网址：https：//zgczjjcbs.tmall.com

北京时捷印刷有限公司印刷　各地新华书店经销

成品尺寸：170mm×230mm　16 开　16.5 印张　256 000 字

2023 年 8 月第 2 版　2023 年 8 月北京第 1 次印刷

定价：46.00 元

ISBN 978-7-5223-2342-8

（图书出现印装问题，本社负责调换，电话：010-88190548）

本社质量投诉电话：010-88190744

打击盗版举报热线：010-88191661　QQ：2242791300

《期货交易者教育系列丛书》编委会

前言

我国期货市场经过30多年发展，经历了从无到有、从小到大、从乱到治，走出了一条独具特色的道路，取得了令人瞩目的成就。30多年来，期货市场的规则体系不断完善，品种创新有序推进，风险管理工具进一步丰富，对外开放进程明显加快。期货市场的规模稳步扩大，市场交易者结构逐步优化，资产管理和风险管理等创新业务探索取得初步成效。期货市场整体运行质量和效率不断提高，价格发现和风险管理的基础功能得到发挥，在优化资源配置，促进产业升级，助力脱贫攻坚和维护国家经济金融安全等方面发挥着越来越重要的作用。

随着我国期货市场规模的不断发展壮大，新的市场参与者特别是个人交易者规模呈持续上升趋势。交易者是期货市场的重要主体，期货市场的发展离不开交易者的积极参与。中小投资者是我国现阶段资本市场的主要参与群体，但处于信息弱势地位，抗风险能力和自我保护能力较弱，合法权益容易受到侵害。维护中小投资者合法权益是证券期货监管工作的重中之重，关系广大人民群众的切身利益，是资本市场持续健康发展的基础。因此，当前我国期货市场正处于快速发展时期，做好期货交易者教育工作意义深远。

2013年，《国务院办公厅关于进一步加强资本市场中小投资者合法权益保护工作的意见》（以下简称《意见》）发布，指出要强化中小投资者教育，加大普及证券期货知识力度。将投资者教育逐步纳入国民教育体系，有条件的地区可以先行试点。充分发挥媒体的舆论引导和宣传教育功能。证券期货经营机构应当承担各项产品和服务的投资者教育义务，保障费用支出和人员配备，将投资者教育纳入各业务环节。提高投资者风险防范意识。自律组织应当强化投资者教育功能，健全会员投资者教育服务自律规则。中小投资者应当树立理性投资意识，依法行使权利和履行义务，养成良好的投资习惯，不听信传言，不盲目跟风，提高风险防范意识和自我保护能力。2019 年 3 月，中国证监会、教育部联合印发了《关于加强证券期货知识普及教育的合作备忘录》（以下简称《合作备忘录》），旨在学校教育中大力普及证券期货知识，推动全社会树立理性投资意识，提升国民投资理财素质，维护社会和谐稳定。2022 年 8 月 1 日，《期货和衍生品法》正式施行，确立期货交易者权益保护制度，构建交易者保护体系，加大普通交易者保护力度。

随着《意见》的深入贯彻和落实，我国中小投资者保护工作取得了积极成效，围绕期货交易者教育工作，期货市场的监管部门、自律组织与中介机构都深入进行了大量形式多样、内容丰富、卓有成效的工作。由中国期货业协会组织编写的本套《期货交易者教育系列丛书》，就是协会按照中国证监会的统一部署，贯彻落实期货交易者教育工作的重要措施之一，也是协会积极响应《关于加强证券期货知识普及教育的合作备忘录》的要求，推动期货知识进校园、进课堂、纳入国民教育体系的切入点。本丛书是为期货交易者编写的一套普及性读物，以广大普通交易者为服务对象，兼顾了专业机构的需求，采取简单明了的问答式体例，在语言上力争做到深入浅出、通俗易懂、可读性强。衷心地希望本丛书的出版能够为期货交易者了解期货市场、树立风险意识、理性参与期货交易提供有益的帮助。

在此，我们对所有在本丛书编写和出版过程中付出辛勤劳动的朋友表示衷心感谢。由于编写时间紧迫，书中错误和疏漏在所难免，恳请读者批评指正。

中国期货业协会

2023 年 8 月

目 录

第一章

大宗商品溯源

本章要点

大宗商品是人类社会发展的基础原材料。本章回顾了能源、金属、农产品领域重点商品的发展历程，从纵向历史和横向比较的角度帮助读者理解如今的商品市场。

一、代表性能源品种有哪些?

长期能源需求与经济增长高度相关。自第二次世界大战以来，能源需求增速明显加快。20 世纪初，煤炭仍是全球主要燃料来源；到 20 世纪 20 年代，石油已经在交通领域逐渐普及。全球原油产量从 1920 年的约 100 万桶/日，增至 2019 年的约 1 亿桶/日。石油在能源需求中占比也从 1920 年的不到 5% 增至 1973 年的峰值 43%。之后，石油危机大幅推升油价，引发进口国家政策响应，石油需求占比逐渐下降。在主要非化石能源中，自 20 世纪 70 年代开始核能在发电领域应用逐渐增加，2000 年达到 6% 的能源需求占比峰值。可再生能源在 2000 年以后加快推进，到 2019 年占能源消费约 10%。

化石能源需求分布见图 1－1。

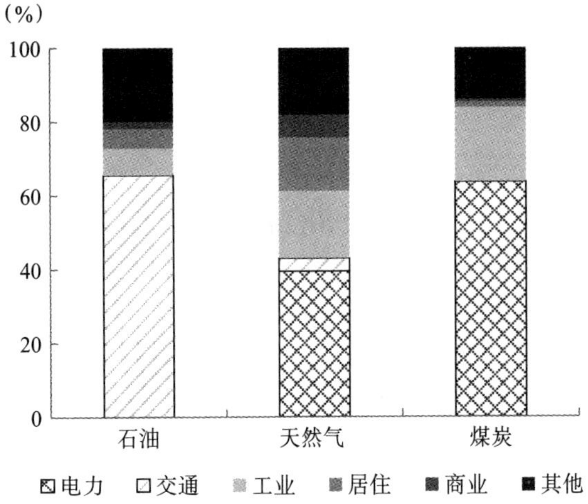

图 1－1　化石能源需求分布

数据来源：世界银行，中信期货研究所。

（一）石油

自 20 世纪 50 年代现代石油工业诞生以来，全球石油价格经历了多轮起伏，并伴随着定价权的逐渐转移。例如，1880—1910 年洛克菲勒标准石油公司占绝对主导；1930—1970 年七家西方石油公司对国际油价有着重要影响；1960 年欧佩克成立后逐渐实现了定价权转移，2017 年进一步扩大至“OPEC＋”产量联盟。

1910 年洛克菲勒石油帝国因美国政府反垄断诉讼瓦解后，1935 年占据美国石油总产量约 80% 的公司联合成立了 IOCC（洲际石油契约委员会）。该组织对成员企业制定生产配额，并且在油价下跌时通过削减产量维持价格稳定。由于德克萨斯是最大石油生产区，也是主要的摇摆生产商；后来逐渐演变为德克萨斯铁路委员会，成为制定价格的政策主体。

在美国之外，全球石油产量和价格政策最初由七家西方石油公司（后称“七姐妹”）主导，其中有五家是美国公司。这些公司掌握了中东主要地区的多数特许经营权，因此可以影响相关产油国产量。作为成本来源，“七姐妹”长期把中东原油出口价格压制在相对较低水平。

然而这种影响力到20世纪60年代逐渐式微。第二次世界大战后石油需求快速崛起，美国由全球最大的石油出口国转为净进口国。中东在全球石油出口市场地位愈加重要，到1970年已经占据出口份额50%以上。随之而来的是中东国家对定价权的要求。1960年欧佩克成立，20世纪70年代中东石油危机推升了国际油价大幅飙升，同时导致了油品需求的大幅回落。

1979—1983年全球石油需求减少约10%（600万桶/日），其中，发达国家减少约18%。石油进口国制定政策要求提高燃油效率，并鼓励发展替代能源以抑制需求降低油价，例如禁止修建石油发电设施等。同时，高油价推升非欧佩克国家尤其是高成本生产商产量快速增加。北海、阿拉斯加、墨西哥湾产量在全球占比从1975年的2.2%提高至1985年的14%，大幅挤占欧佩克市场份额。

由于供应增加需求减少，1980—1985年石油价格逐年下降。为了抬升油价，1982年3月欧佩克首次尝试设定产量配额。沙特阿拉伯成为主要的摇摆生产商，贡献了绝大多数主动减产量。但是其他国家产量普遍高于配额，减产挺价策略失败。1985年沙特阿拉伯决定改变政策，转而宣布大幅增产，开启了价格战从而导致油价加速回落。1987年再次设定产量配额和目标价格管理政策，之后十年油价维持相对稳定。全球原油供应情况见图1-2。

20世纪70年代石油危机同时也推动石油定价机制变化。1983年纽约商品交易所（NYMEX）上市WTI原油期货合约；1988年伦敦国际石油交易所（IPE）上市Brent原油期货合约。由早期产油国定价逐渐发展为Brent、WTI、Dubai三大基准价格体系。到现在进一步体现为期货定价和金融属性的不断增强。

2000年以后石油价格大幅上涨，主要体现了发展中国家超预期的需求增速。2000—2008年，中国石油需求增长约70%，印度增加约40%；而发达国家油品需求则变化不大。2008年的金融危机导致油价陡然下跌，之后

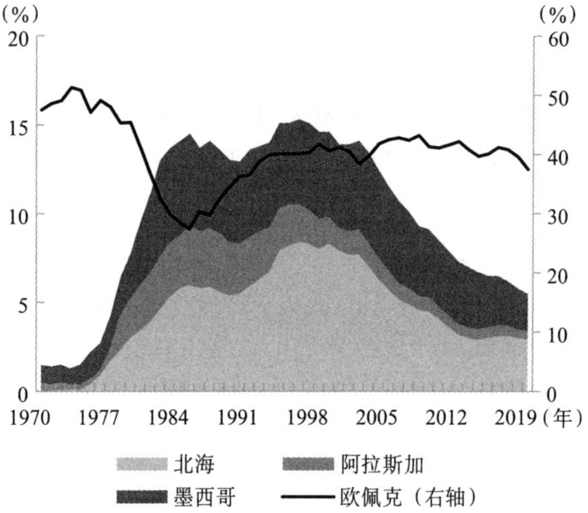

图 1－2 全球原油供应占比

数据来源：世界银行，中信期货研究所。

随着欧佩克减产和中国需求恢复又快速回升。

2011—2014 年，原油价格维持在 100 美元/桶以上高位。同期其他很多大宗商品价格由于供应增加和需求放缓逐渐回落。油价则受到供应端地缘因素支撑，包括利比亚内战和伊朗制裁影响。

2014 年下半年油价大幅回落，2016 年降至 40 美元/桶以下，跌幅超过 70%。持续高油价推动非欧佩克产量快速增加，如美国页岩油、加拿大油砂、生物燃料。2011—2014 年美国产量增加 55%，在全球产量份额由 7.6% 增加至 11.2%。欧佩克产量变化加速油价回落。2014 年 11 月，欧佩克未如预期减产，而是维持 3000 万桶/日的产量配额。欧佩克持续两年增产导致油价持续下行。

油价下跌过程中，美国页岩油行业通过压缩成本、技术创新、提高资金使用效率，体现出比预期更好的适应能力。美国原油产量仅在 2016 年短暂减产后，2017 年再度恢复快速增长。2018 年美国原油产量同比增加 150 万桶/日，超过俄罗斯和沙特阿拉伯成为全球最大原油生产国。美国增产的代价是欧佩克市场份额的损失。2016 年 12 月，欧佩克与 10 个非欧佩克产油国组成“OPEC +”产量联盟，决定将产量联合削减 120 万桶/日。成功推升油价，此后三年油价重新逐渐回升。

2020年全球疫情严重冲击石油市场，导致油价在2020年4月创有纪录以来最大跌幅。防疫隔离政策导致石油需求大幅下降。作为应对措施，2020年5月欧佩克推出史上最大规模减产，联合减产约970万桶/日。下半年油价逐渐回升，2021年随着需求恢复加速上行。2022年石油市场再度受到俄罗斯地缘冲突的深刻影响。欧盟宣布在2022年底全面禁止俄罗斯石油进口，全球原油贸易格局相应重塑。

（二）煤炭

煤炭不仅在历史上被作为燃料广泛使用，而且也是现代工业革命的催化剂。动力煤占全球煤炭消费八成以上，主要用于发电；其余为用于炼钢行业的焦煤等。中国是煤炭最大的消费国，占全球总需求50%以上，同时也占全球总产量50%以上；其次是印度（10%）、印度尼西亚（7%）、美国（6%）、澳大利亚（6%）等。

由于生产成本较低而运输成本高昂，20世纪60年代之前煤炭开采主供本地使用，全球贸易数量有限。目前，运输费用在总成本中占比仍然近半。在20世纪70年代的石油危机后，煤炭国际贸易逐渐发展起来。1979年国际能源署决定禁止成员国新建燃油发电设施，推动了煤炭在发电领域需求的快速增长。1970—1980年全球煤炭需求增加约20%，推升了煤炭价格大幅上涨。澳大利亚、加拿大、南非等国也在此期间成为出口国。全球贸易量从1970—1990年接近翻番。

20世纪80年代煤炭价格逐渐回落。主要受到供应端影响：中国、印度尼西亚、哥伦比亚等国加入全球出口市场；美国等国的技术进步使开采成本大幅下降。1985—1995年美国煤矿工人平均生产效率从2.7吨/时提升至5.4吨/时。

2000年后，发展中国家经济崛起使全球煤炭消费在8年间增加了50%；其中有2/3来自中国。中国产量增加不足以满足需求，从出口国转变为进口国，推动煤炭价格上涨。2008年金融危机导致煤价大跌，受中国需求拉动快速恢复。

随着中国经济放缓和增长重心由高能耗向低能耗产业转移，2014年后煤炭需求逐渐见顶回落。美国的页岩革命带来大量廉价天然气供应，加快了天然气对煤炭发电的替代。对气候变化担忧和降低碳排放政策以及新能源（如风电和太阳能）发电成本下降，进一步抑制煤炭发电需求。目前，煤炭占全球一次能源消费约 30%，占全球电力来源约 40%。

2020 年全球疫情和经济衰退导致煤炭需求大幅下降，前 8 个月价格下跌约 30%。2021 年全球经济恢复带动煤炭需求回升，同时替代能源供应局部下降，如高温干旱导致美洲水力发电减少，西北欧冬季天然气供应下降等因素共同推动煤炭价格大幅回升。2022 年俄乌冲突进一步推升煤炭供应风险和贸易格局重塑（见图 1－3）。

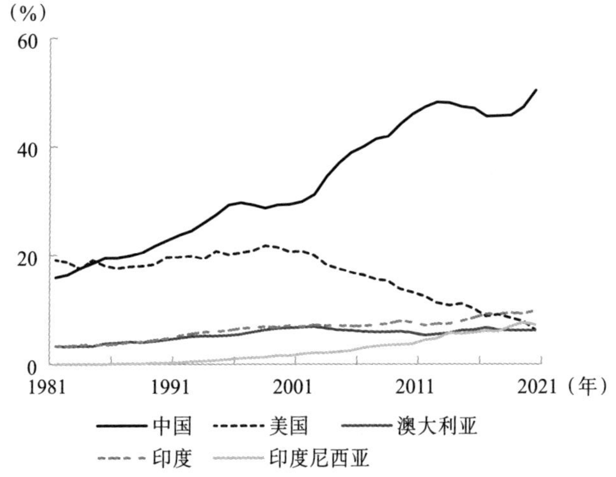

图 1－3　全球煤炭产量份额

数据来源：世界银行，中信期货研究所。

（三）天然气

从历史来看，天然气供需和价格通常都是相对区域化。北美天然气主要在美国、加拿大、墨西哥之间通过管道运输。欧洲天然气从俄罗斯和挪威通过管道运输至其他国家。早期液化天然气进口主要集中在日韩等少数亚洲国家，2000 年日本进口几乎占全球一半；之后中国和欧洲也大幅增加进口。目前，液化天然气占全球天然气贸易份额从 2000 年的 1/4 增加至近一半。

不同地区间的定价结构也存在较大差异。对于管道气，价格可能由买卖双方直接协商确定，也可能由类似石油的现货市场交易得到；部分国家管道气价则是受到政策限定。而液化天然气贸易以长期合约为主，价格可能基于原料气成本、出口目的地浮动价，或者以油价和其他商品价格作为基准。美国天然气基准价格如 Henry Hub，西北欧如荷兰 TTF（Title Transfer Facility）。中东欧和亚洲则通常跟油价挂钩，偶尔也会跟煤价挂钩。

过去的 20 年间天然气市场发生了显著变化。从供应角度来看，21 世纪前 10 年，美国天然气产量基本维持稳定；已经准备修建更多的液化天然气接收站来增加进口。2010 年页岩革命后，美国天然气产量年均增幅超过 5%，成为全球最大的天然气生产国。前期修建的进口设施也逐渐改造成为出口设施。其他地区如卡塔尔、澳大利亚、中国的天然气产量也在快速增加（见图 1－4）。

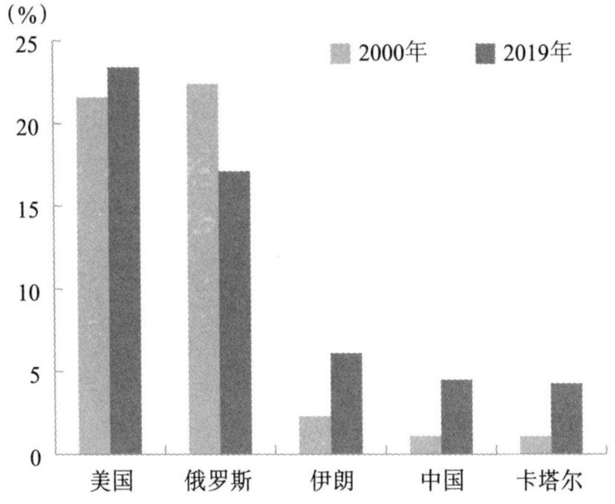

图 1－4　天然气产量份额

数据来源：世界银行，中信期货研究所。

从需求角度来看，21 世纪全球天然气需求快速增长，尤其是发展中国家年均增速约 4%。而发展中国家虽然煤炭和石油需求逐渐下降，但天然气需求仍在增加。主要来自天然气相对煤炭更低的碳排放，增加了对煤炭发电的替代。

从贸易角度来看，全球天然气供需和贸易增长使价格联动增强，对现货价格响应也更加灵活。尽管液化天然气贸易仍以长期合约为主，短期合同和现货交易已占到约1/3，其中主要来自美国出口模式变化。更多依赖传统管道气的国家开始进口液化气。贸易范围扩大也使得不同地区间价差逐渐收窄。

早期欧洲和日本天然气价主要与油价挂钩，而美国则以Henry Hub价格为基准。在2010—2014年高油价期间，欧洲和日本气价大涨；而美国气价则因产量增加而降至1990年来最低值。三地价差大幅走扩。2015年尽管油价回落使欧洲气价下行，但地区价差仍维持高企。近年来随着美国液化气更多出口至欧洲和亚洲，地区间价差大幅收窄。

（四）核能

核能商业使用从20世纪50年代中期开始，20世纪60年代加快发展，20世纪70年代石油危机进一步加速核能的进程。1965—1988年全球装机容量每年增幅大约为20%。1985年核电大约已经占到法国总电力供应的3/4。2001年核能在全球能源占比达到7%的峰值，在电力供应占比约为15%（见图1-5）。

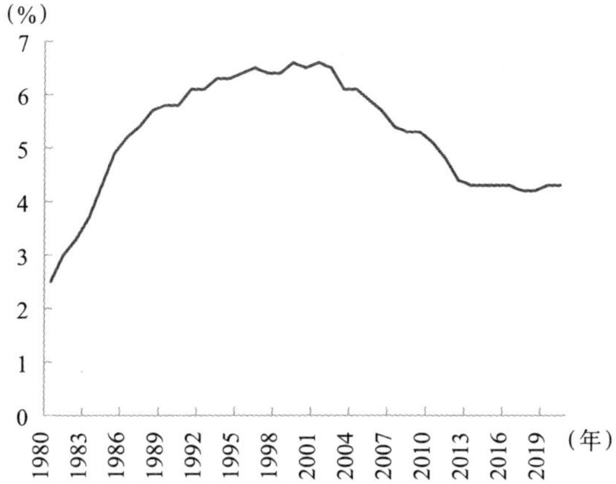

图1-5 全球一次能源中核能占比

数据来源：世界银行，中信期货研究所。

近年来核能使用受到一定程度的反对和限制。主要来自可能伴随的核废料辐射、核泄漏事故、核扩散风险等。例如，1986 年切尔诺贝利核电站事故后核电装机容量急转直下；2011 年日本福岛核电站事故后，德国决定分阶段停止核电站使用。但是这个政策也带来一定程度争议。减少核电就意味着增加天然气和煤炭发电，这与清洁能源政策目标背道而驰，还会导致电力成本增加。

过去十多年发展中国家核能发电量增幅相对较高，其中 2010—2019 年中国装机量年均增长 17%。而发达国家装机容量却在持续下降，主要来自德国和日本。最近由于清洁能源政策推广，核电作为零碳排放能源再度受到关注。国际能源署预计在零碳目标下，未来 30 年核能发电总量将增加 60%。

（五）可再生能源

可再生能源主要包括水电、风电、太阳能、地热、潮汐、生物能等。与传统化石能源的广泛用途相比，几乎所有的可再生能源都是用来发电。截至 2020 年可再生能源在全球占比约为 11%，其中水电占一半以上。过去十年除水电以外的其他类型能源装机容量快速增加；在发达国家需求占比相对高于发展中国家。

1. 水电

19 世纪后半叶就已经开始使用水力发电，20 世纪装机容量逐渐增加。在全球能源占比从 20 世纪 20 年代的 1%，增加至 20 世纪 90 年代的 6%。中国是全球最大的水电供应国，2020 年占全球份额约 31%。部分国家如巴西和挪威，水电在电力供应中占比已经超过了 80%。

与太阳能和风力发电相比，水力发电被认为是一种更持续可靠的供应来源，而且相对更加容易进行调节，但仍然面临着气候变化尤其是干旱风险，如 2021 年美国、巴西、中国的局部干旱就大幅减少了水电供应。

2. 其他

20 世纪 70 年代石油危机后，风力和太阳能发电开始投入商业使用，但发展相对缓慢。2010 年风电在全球能源占比仅约 0.6%，太阳能占比不到 0.1%。过去十年装机速度开始加快，太阳能年均增幅达到 40%，风电约为 16%。可再生能源装机量的快速提升受到了技术进步和政府政策的共同推动。目前中国的可再生能源发电量全球最高，占比约达 1/4（见图 1-6）。

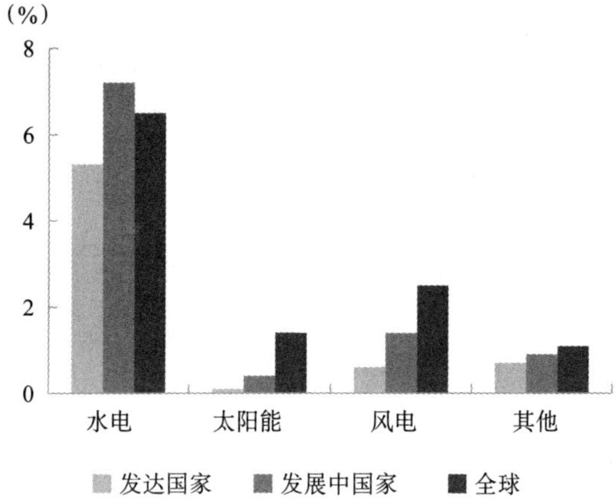

图 1-6 可再生能源在一次能源中占比

数据来源：世界银行，中信期货研究所。

二、代表性的金属品种有哪些？

自从史前时期开始，金属就被用来制造工具、武器等物件。铜是最早得到广泛使用的。青铜时代已经有较多铜锡合金的青铜器皿出现。其他金属如金、银、铅、汞等也逐渐发展起来。进入铁器时代后直到工业革命前，金属冶炼技术实质上变化不大。18 世纪工业革命之后，性能更优异的钢材取代了传统铸铁，在建筑、机械、铁路、桥梁、造船、汽车、武器等行业大范围应用。19 世纪中期第二次工业革命，人类进入电气时代，进一步大幅拓宽了铜等金属作为导电材料的需求领域。20 世纪随着技术进步，开采冶炼效率的提升降低了生产成本，运输行业的发展降低了物流成本和勘探成本等，使金属价格重心逐渐下移。第二次世界大战后主要经历了三轮大周期：第一轮周期为欧洲重建和北美扩张，推动 20 世纪 50 年代价格上涨；第二轮周期为 20 世纪 70 年代石油危机推升能源成本，价格迎来第二波上行；2000 年后中国需求崛起，启动第三轮超级周期。周期尾部则是由于经济危机导致需求回落，或者高价格刺激新增供应等原因导致价格大跌而结束。

（一）铁矿石

铁矿石是用来制造钢材的关键原材料。尽管全球储量分布广泛，但产量集中在少数国家；澳大利亚、巴西、中国、印度、俄罗斯占全球供应八成以上。中国是全球最大的钢材生产国（占比约 57%），也是全球最大铁矿石需求国（占比约 70%）。中国铁矿石产量在全球占比约 14%，因此仍然大量依赖进口。中国进口占全球总贸易量约 3/4。

早期铁矿石价格主要通过生产商制定，或者通过供应商和需求方谈判得到。第二次世界大战之后，欧洲生产商主要参考瑞典生产商进行定价。20 世纪 70 年代中期，巴西淡水河谷的价格逐渐成为供应商的参考价格。20 世纪 80 年代开始采用长期合约年度谈判定价模式。2000 年后随着中国需求崛起转向更加市场化定价。2010 年长协年度谈判定价机制瓦解，逐渐转变为季度、月度、日度定价。目前基准价格主要参考中国港口现货价。

21 世纪以来铁矿石价格经历了三轮周期：2005—2008 年是第一轮高峰期，由于金融危机而结束；2011—2014 年需求恢复，推动价格上涨，是第二轮价格高峰期，随着中国进口放缓和供应增加结束；2021 年全球经济疫情后复苏推升第三轮价格高峰。

（二）铜

铜是最早被人类使用的金属之一。早期主要用于制造容器、珠宝、武器等。熔炼技术发展使其可以与锡制造青铜合金。而后铸铁技术发展逐渐替代铜需求。直到 19 世纪，由于优异的导电导热特性，使铜在电气电子行业应用得以推广。目前，已经广泛运用于建筑、发电、工业、机械、交通、消费等行业。

20 世纪铜价重心整体下移，到 2001 年实际价格已降至百年低位。此后随着中国需求增长，价格逐渐回升。与铁矿石类似，21 世纪至今主要经历了三轮价格高峰：2008 年大宗商品价格繁荣期，2011 年金融危机后需求修复期，2021 年疫情后超常规刺激政策推动的商品价格普涨期。展望未来，虽然在部分传统领域，铜需求可能逐渐放缓，但是清洁能源设备，如风力涡轮机、输电网络、电动汽车、充电设备等新领域需求可能迎来增长。

近代有过大量控制铜价的尝试，多以失败告终。1887 年，法国最大黄铜制造商成立了一个旨在垄断铜市场的财团。通过购买库存和签订合同，控制了全球八成的供应量，导致铜价翻倍增长。但高价导致供应增加，最终超过财团购买能力，使铜价暴跌。1899 年洛克菲勒的标准石油公司成立了联合铜业公司，逐渐垄断全球约 15% 的铜产量。通过控制产量和削减出口，推升铜价大幅上涨，再次带来其余生产商的供应增加。1901 年联合铜业公司释放此前囤积的大量铜库存，铜价急速回落。此后出现过三个主要国际铜卡特尔组织，最后均逐渐没落。

20 世纪上半叶，全球铜产量主要由少数美国跨国公司控制，初期增长缓慢。第二次世界大战后经济发展推升铜需求和产量快速扩张。20 世纪 70 年代随着智利、秘鲁等国的铜矿国有化运动一度导致增幅放缓。此后智利数个大型铜矿投产，包括 1990 年投产的全球最大埃斯康迪达铜矿，使 21 世纪初智利占全球铜供应约 35%。2010 年后刚果、秘鲁、津巴布韦等国产量增加，使 2020 年智利份额降至 27%。

（三）铝

相比于铜的悠久历史，铝是一个相对年轻的金属。1825 年丹麦物理学家首次通过化学法制得铝金属，初期因产量极为稀少而成为价值贵重的奢侈品。直到 1886 年电解铝工艺发明，制备成本大幅下降。得益于铝的轻质、高强、防腐、导电等性质，在多个工业领域铝替代了传统的铜和锡，同时也面临着来自碳纤维、塑料、合金等新型材料的竞争。

20 世纪以来铝价持续回落。进入 21 世纪，其他商品价格普涨，而铝价仍然维持相对低位。其部分原因是中国产能持续扩张。废铝回收也降低了平均成本，目前占全球总产量约 1/3。

类似其他金属，铝行业也曾经出现多个垄断组织。20 世纪初期，五个大型西方铝业公司主导了全球铝市。1901—1923 年成立了三个卡特尔组织，试图制定价格和影响配额，最后因为新竞争者进入、经济萧条、战争而告终。第二次世界大战后虽然由于美国和欧洲的反垄断政策，没有出现正式卡特尔组织，但类似行为却仍在持续。直到 1978 年铝期货在伦敦金属交易所上市，才正式终结铝的卡特尔时代。

1978 年后由于需求增长，全球铝产量增加了 5 倍。中国占到增量的七成左右，部分得益于西部地区丰富的煤炭资源。由于电解铝的高耗能特性，国际铝业公司纷纷将生产基地转移至电力成本较低的国家，如加拿大、印度、挪威、俄罗斯等。目前中国是全球最大的铝生产国，约 2/3 的铝土矿原料来自进口。

（四）锡

在人类社会早期，锡主要用来跟铜混合熔炼青铜器。19 世纪欧洲发明了锡罐头，20 世纪中期全球一半以上的锡都用于生产食品和饮料罐头。之后，锡逐渐被铝、塑料、纸盒等包装材料替代。如今锡用于电子行业的份额已超过锡产量的一半，在化工、电池等领域，锡的用量也不少。

整个 20 世纪，玻利维亚、印度尼西亚、马来西亚、泰国四个国家主导全球锡的供应。如今中国是全球最大生产国，份额从 20 世纪 80 年代的 5% 增至近半；其次是印度尼西亚和秘鲁。由于供应管理和干预，锡历史产量和价格波动比其他金属更加剧烈。

有别于其他金属价格重心下移，20 世纪前 80 年锡价持续上涨。部分原因是罐头食品在民用和军事领域的使用和储备大幅增加。1979 年锡价达到顶峰。之后，经济衰退和铝罐头替代使锡需求回落，1985 年锡卡特尔组织瓦解导致锡价大跌。直到 2000 年后开始逐渐回升。

（五）铅和锌

铅早在罗马帝国时期就被广泛用于制造水管。良好的抗腐蚀和可延展性等，使其在武器弹药、水下电缆、造船、屋顶等领域大量应用，此外其还可作为添加剂改善化学制品和汽油等性能。

铅通常作为其他金属的副产品生产，通常是锌矿，也有部分来自铜矿和银矿。全球铅产量在第二次世界大战后快速增加，主要来自北美、欧洲、前苏联国家。目前中国是全球最大的生产国，占总产量的一半以上。新增铅产量占全球需求仅约 1/3，主要是由于电池行业高回收率（几乎可以无限回收且不大幅影响再次使用质量）。

锌是仅次于铝和铜的全球第三大有色金属。传统用途主要用于合金材料生产黄铜。近年来也被用于生产镀锌钢以增强抗腐蚀性能。此外，制备的氧化锌可用于轮胎和医药领域。中国是目前最大的需求国和生产国，占全球需求量近半，占全球供应量约 1/3。澳大利亚和秘鲁分别是第二大生产国和第三大生产国。

铅和锌的价格走势整体较为一致。20 世纪整体处于下行趋势，期间也有过几次价格高峰。技术变革、环境政策、垄断行为等多方面因素影响不同时期价格。例如，1950 年美国通过法案要求储备至少 3 年矿产供应，推升铅价大幅上行。20 世纪 80 年代由于铅毒性逐渐被限制使用。2000 年后电池行业发展再度提振价格。

（六）镍

1775 年瑞典化学家首次将镍作为一种元素识别并制备出来。1848 年挪威的首座镍矿开始生产。突出的抗腐蚀性能使其成为不锈钢的重要合金元素，约占据镍需求量的七成。其他应用例如铜合金、锂离子电池、可充电电池等。

镍的制备主要来自两种矿产：一种是硫化镍矿，主要存在于地下岩层结构，如加拿大、俄罗斯等，占比约 20%；另一种是红土镍矿，分布于潮湿热带，例如印度尼西亚、菲律宾等，约占 75%。另外，约 5% 来自硅酸镍矿。

早期新喀里多尼亚是镍矿主产区。20 世纪 60 年代加拿大逐渐崛起为主要生产商。加拿大国际镍业公司曾经主导苏联以外的全球镍市场，占全球供应 1/3 以上；对价格具有重要影响力，也从中获得了丰厚利润。此后，红土镍矿大量开采降低了加拿大份额，1979 年镍期货在伦敦金属交易所上市进一步削弱垄断结构。目前，印度尼西亚是全球最大镍生产国。

（七）贵金属

在远古社会，黄金就已经被作为权力和财富的象征。直到 20 世纪，货币和珠宝仍是黄金主要用途。1717 年根据牛顿建议，英格兰银行将英镑与黄金挂钩；1821 年正式开始实施金本位制。19 世纪末，金本位逐渐成为国际货币体系基础。期间经历数轮起伏，直到 1971 年布雷顿森林体系瓦解，美元和黄金脱钩，标志着黄金进入非货币化阶段。各国货币发行和流通与黄金完全脱钩。

20 世纪 70 年代石油危机引发全球通胀，黄金作为一种优异抗通胀资产受到追捧。黄金价格由布雷顿森林体系的 35 美元/盎司，1980 年大幅飙升至 850 美元/盎司。此后，美国通货膨胀逐渐回落，各国央行陆续抛售黄金，金价进入长达 20 年下行周期。2001 年“9 · 11”事件开启黄金价格新一轮上涨，全球经济发展推升实物和投资需求，黄金和商品价格齐涨。之后的金融危机、量化宽松等进一步推升金价上行。2020 年突破 2000 美元/盎司。从过去 20 年来看，金价总体与实际利率相关度更高。

其他贵金属包括白银、铂、钯等，工业属性相比黄金更强。一半以上的白银用于生产电极、电池、太阳能面板、感光材料等。铂和钯则较多作为汽车和工业领域催化剂材料。目前全球前三大黄金生产国是中国、澳大利亚、俄罗斯；白银前三大生产国是墨西哥、秘鲁、中国。铂和钯生产国则主要集中于南非和俄罗斯。

各金属的实际美元价格见图 1 - 7。

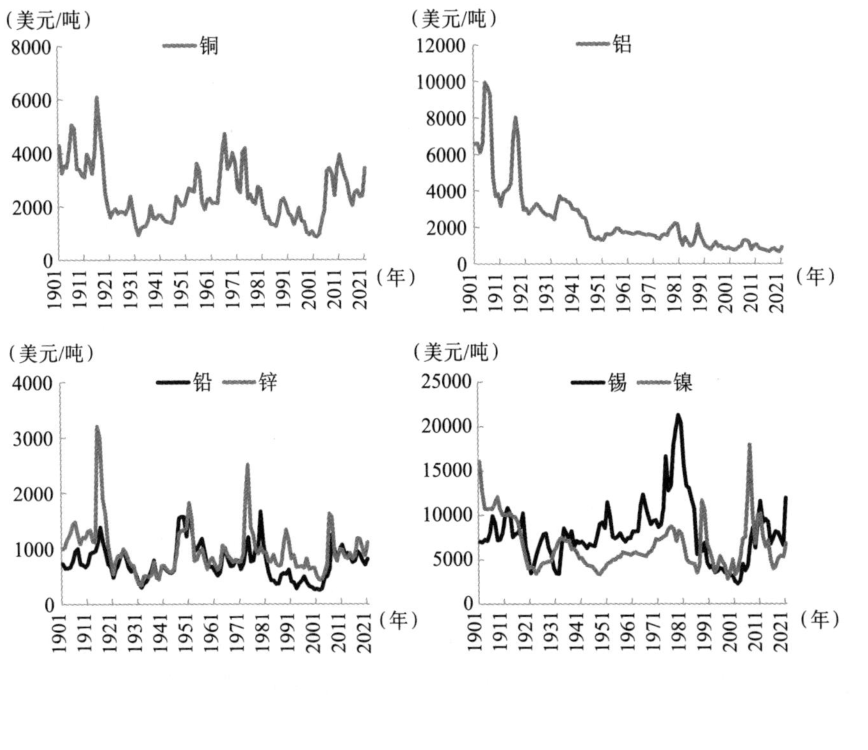

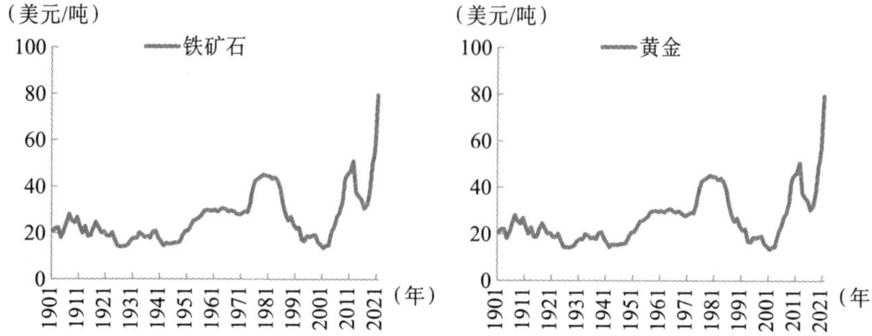

图 1-7　金属实际美元价格（基于 1982 年美国 CPI 调整）

数据来源：世界银行，中信期货研究所。

三、农产品贸易是如何发展的？

农产品贸易历史悠久。具有比较优势的农业生产国的专业分工，使生产者有动力不断采用新技术和优化种植模式来提高产量和出口。20 世纪以来，技术进步是农业发展的重要驱动力。例如，杂交育种技术改变了很多农作物特性；生物科技、精准农业、气候观测、农药缓释等新技术进一步提高了种植效率。农业生产效率的提升降低了种植成本、现代物流行业的发展降低了运输成本、信息技术网络的普及降低了商业成本等，这一切共同推动着农产品大宗贸易的繁荣。

（一）农业供需

百余年来农业技术进步改变了农作物的生产、运输、储存、消费结构，促进了产量和贸易的快速发展，以满足不断增加的全球人口基本食物需求。

1. 生产

现代农业技术早期重要的进展来自杂交玉米技术的突破，被誉为 20 世纪最大的农业奇迹之一。19 世纪开始，基于达尔文生物进化论和孟德尔遗传学说，许多植物学家开始研究农作物杂交育种。早期玉米研究主要基于自交实验，反而导致后代植株产量下降；1908 年前后，通过将自交系进行杂交，成功地产生了爆发式的生长优势。20 世纪 20 年代杂交玉米开始推广，20 世纪 40 年代已实现大范围种植。此前，美国玉米每公顷单产长期维持在约 1.6 吨，1941 年提升至 3.2 吨每公顷。之后，农业机械化改革、农药化肥行业发展、种植模式优化等使单产进一步提升。2021 年单产约为 11 吨/公顷。其他大部分农作物单产也在持续提升，使农产品长期价格重心持续回落。

20 世纪 40 年代前后，类似实践逐渐推广至发展中国家。杂交育种、农药化肥、机械种植等技术，使中国、印度、越南水稻单产增长了四倍，阿根廷小麦单产翻番。在此期间，农作物种植中心也在逐渐转移，巴西的大豆产量份额从 1950 年的接近零提升至 2020 年全球占比约 1/3；越南咖啡产量，从 1980 年的接近零提升至约 1/5；棉花出口中心从美国逐渐转移到中国和印度；印度尼西亚和马来西亚成为棕榈油主要生产商。

20 世纪 90 年代中期，随着转基因技术推广，农业单产进一步提升。通过在植物中转入抗虫、抗病、抗除草剂、品质改良等基因需求，降低种植过程中化学药剂使用和生产成本。由于发展中国家相对较少使用化学制品来达到类似效果，因此转基因性能差异体现得更加明显。目前，转基因技术仍然具有一定争议性，在不同国家的使用程度和政策也存在差异。美国、加拿大、澳大利亚、巴西、阿根廷等国家使用较多；欧盟则由成员国各自决定相关政策。

2. 需求

近百年来农产品需求的一个重要变化是收入弹性的下降。人均收入水平的提高速度远高于人均粮食消费水平。尤其是基础粮食（如消费和玉米）的消费增速，与人口增速基本一致，意味着收入弹性接近为零。其他部分食物（如肉类、饮品、食用油）的需求增幅相对更高。

1965—2020 年全球植物油需求增加接近 20 倍。其中，发达国家增长 4 倍，发展中国家增长 13 倍。其原因是多方面的：第一，现代社会人们更多前往餐厅就餐、购买快餐或包装食品，这些食品制作的耗油量相对更高。第二，出于健康考虑，人们更倾向于用植物油替代动物油。第三，在环境政策影响下，生物燃料需求量大幅增加。

肉类和奶制品等需求增量部分源于生鲜冷链运输和包装材料技术的发展。超市发展也使人们更加容易采购相关商品。超市最早在发达国家兴起，20 世纪末在亚洲和南美洲等发展中国家逐渐普及，21 世纪在非洲等国开始兴盛。低收入国家对动物制品和包装食品需求的收入弹性相对较高；随着收入上行，未来需求仍有较强增长空间，间接推动了动物饲料如玉米和豆粕的需求增加。

生物燃料是农产品的新型需求。目前，巴西、欧盟、美国占全球生物燃料产量约 2/3，主要是甘蔗或玉米制乙醇，以及食用油掺兑生物柴油。为应对气候变化目标，有更多国家宣布增加生物燃料使用政策，预计未来仍将有较大增幅。

3. 贸易

20 世纪初，铁路、公路、海运物流网络的逐渐普及降低了运输成本，加速了全球大宗商品贸易的发展。1950—1980 年全球海运运力将近翻了一倍。海运能力的增长及港口作业效率的提升，使运输成本大幅下降；50 年来干散货实际海运运费接近减半。运费下行带动了农产品价格的同步下跌；数十年间物流费用在农产品价格中占比基本稳定。

（二）农业政策

1. 美国

第一次世界大战的爆发，催生了欧洲国家对美国农产品和军用物资的大量需求，美国经济进入自南北战争以来最繁荣的时期。粮食价格上涨也促进了美国农民想方设法地增产。战争结束后，欧洲生产活动逐渐恢复，美国出口大幅减少；随之而来的经济衰退，使农产品价格大幅回落。

美国政府推出多项政策支撑价格，最初尝试都宣告失败。1929 年联邦农业局成立，试图通过收储稳定价格，结果由于价格持续大跌导致巨大亏损而告终。1930 年国会通过《关税法》，将 2 万多种商品的进口关税平均提高 59%。引发全球其他国家竞相提高关税或采取其他限制措施，以保护本国产业。此后 5 年全球贸易量缩水六成，进一步加剧了大萧条。

1933 年国会通过《农业调整法案》，主要内容包括：通过补贴等方式使农场主自愿减少播种面积；对签订合同的农场主发放无追索权贷款，并在第二年可以通过上交作物进行偿还；通过出口贴补和对外援助等方式增加需求。

第二次世界大战再次带来了商品市场短期繁荣。1950 年后需求放缓库存增加，农产品价格继续回落。1970 年后石油危机推升输入成本，同时苏联农业改革失败导致粮食大幅减产，使农产品由过剩低价担忧转为高价短缺风险。直到 1980 年经济衰退后需求和价格再度回落。

1990 年农业改革重心在于降低项目成本，以减少政府财政支出。21 世纪以来加入更多环境因素，包括资源保护计划、反周期支付、补贴保险等。2019 年后中美贸易摩擦进一步加大了对农场主的现金补偿。

2. 西欧

第二次世界大战之前，西欧各国的农业结构和政策差异较大。法国生产能力过剩；英国严重依赖进口；德国保护主义严重；荷兰以农业出口为主导。第二次世界大战期间以及之后数年，欧洲国家普遍经历了由于生产和贸易中断导致的粮食短缺。

1957 年欧洲经济共同体成立，最初宗旨之一就是增强粮食供应安全。1660 年提出共同农业政策，通过生产补贴、进口关税、价格保障等措施，以达到优化资源配置、提升生产效率、确保供应安全、稳定粮食价格、保障农民利益等政策目标。由于农业政策实施提振农产品价格，鼓励农业生产，使欧洲经济共同体从粮食主要进口地区成为谷物、肉类等净出口地区。

为了保证农村和城市收入节奏一致，欧盟持续提高内部农业补贴价格，项目成本负担加重。欧共体转而寻求通过贸易协议，抬升国际价格和出口收入；成为在关税及贸易总协定（GATT）中的主要谈判目标之一。1992 年欧盟成立后，通过开放市场、取消支持价格、设定政府储备支出上限等政策降低补贴成本，使共同农业政策开支占总预算的比例从 1980 年的约 60%，降低至 2020 年的约 35%。欧盟和美国以及其他国家降低农业补贴的政策倾向，部分导致了过去 20 年 OECD 国家农业支持开支减少约 1/3。

3. 苏联

苏联的耕地面积居全球首位，但较多处于低温干旱地区。早期生产条件不佳，农作物产量低且不稳定。20 世纪 20 年代斯大林时期对农业进行集体化和技术改造，强调以农业补贴工业；农业生产的低利润打击了农民的积极性，使产量停滞不前。到1950年产量仍然低于1913年。

1953年赫鲁晓夫上台后，通过大规模垦荒、增加投资、提高收购价格，提高农场自主生产权等，初期产量得到一定程度的增加；但仍未改变重农轻工的思路，实行工农分家改革失败，农业发展再度遇挫。1963年苏联粮食减产23%，曾经占全球粮食出口份额近半的苏联，开始变为粮食净进口国，标志着赫鲁晓夫改革的失败。

1964年勃列日涅夫成为领导人，转而实行工农一体化。将农业提升为优先关注问题，全面加强公有制生产，大幅增加农业投资，重视农业科技发展；但因积重难返最终逐渐放弃尝试。任期内苏联开始大规模进口粮食。20世纪70年代石油危机大幅提振俄罗斯出口收入，而农业和工业增速则接近减半。20世纪80年代中期，里根推出逆向石油冲击，推动沙特阿拉伯大幅增产，国际油价暴跌，苏联出口收入锐减。而此时粮食价格快速上涨，使苏联进口成本大增，开始出现粮食危机和物价高涨。这也是导致1991年的苏联解体的原因之一。

苏联解体初期，农业财政补贴几乎中止，粮食供应大幅回落。1991—2000年，农业产量减少约1/3。俄罗斯总统普京上任后，其推出系列政策，通过农业私有化和市场化改革、提高农业补贴、降低农业税率、改善农业融资、鼓励农业出口等措施，使俄罗斯农业产量快速增长，再度成为全球主要的粮食出口国。

4. 中国

新中国农业政策可以大体分为三个阶段：第一阶段从1949年到改革开放前，国家安全仍然面临严重威胁，国家战略优先发展重工业。农业政策目标主要是为工业发展提供原始积累。通过实行计划经济统购统销和集体所有制，降低粮食成本，初步实现工业化。

第二阶段从改革开放到21世纪初。国家战略重心转向发展经济。农村经济领域实行家庭联产承包制，取代计划经济时的人民公社制。逐步探索实施农产品市场化流通体制改革。在此期间农业重心是确保粮食安全和提供工业剩余，城乡差距仍在继续扩大。

第三阶段在2001年中国加入WTO之后。粮食安全仍是农业政策核心，政策重心逐渐转向农民增收。此外，中国农产品市场逐渐与国际接轨，使提高农业国际竞争力成为新增关注问题。中国开始进入工业反哺农业阶段。

自测题

一、填空题

1. 全球石油产量最高的国家是（　　）。
2. 全球煤炭产量最高的国家是（　　）。
3. 全球最大的钢材生产国是（　　）。
4. 全球最大的铝生产国是（　　）。
5. 全球最大的锡生产国是（　　）。
6. 全球最大的镍生产国是（　　）。

二、判断题

1. 大宗商品包括能源、金属和农产品等。（　　）
2. 能源和粮食安全在国家战略层面具有重要意义。（　　）
3. 石油主要的需求是用于发电。（　　）
4. 煤炭主要的需求是用于发电。（　　）
5. 铜是最早被人类使用的金属之一。（　　）
6. 黄金是优异的抗通胀资产。（　　）

三、单选题

1.（　　）不属于可再生能源。

A. 水能　　B. 风能　　C. 太阳能　　D. 核能

2.（　　）不属于金属材料。

A. 铜　　B. 铝　　C. 铅　　D. 煤炭

3.（　　）直到 18 世纪才被识别并制备出来。

A. 铜　　B. 铅　　C. 锡　　D. 镍

4. 全球小麦产量最高的国家是（　　）。

A. 中国　　B. 美国　　C. 印度　　D. 马来西亚

5. 全球玉米产量最高的国家是（　　）。

A. 中国　　B. 美国　　C. 印度　　D. 马来西亚

6. 全球棕榈油产量最高的国家是（　　）。

A. 中国　　B. 美国　　C. 印度　　D. 马来西亚

参考答案

一、填空题

1. 美国　2. 中国　3. 中国　4. 中国　5. 中国
6. 印度尼西亚

二、判断题

1. √　2. √　3. ×　4. √　5. √　6. √

三、单选题

1. D　2. D　3. D　4. A　5. B　6. D

第二章

石油的发展

本章要点

人类对石油最早的应用可以追溯到3000年前，美索不达米亚地区居民已开始在幼发拉底河附近采集天然油苗。西方工业革命催生了现代石油工业，石油已成为全球最重要的战略与民生物资之一。本章简要介绍近代石油发展历史，为读者提供相应背景知识。

一、古代中国石油的应用有哪些？

中国是世界上最早发现、开采与利用石油的国家之一。西周《易经》记载："泽中有火"，是中国最早关于石油的文字记载。东汉史学家班固（32—92年）在《汉书》中记载："高奴县有洧水可燃。"高奴位于今陕西省延长县，说明当时已发现陕北一带有石油，并知其可燃。古代中国将石油用于照明、润滑、军事、制墨、制药等用途。

（一）照明

南朝范晔（398—445 年）著《后汉书·郡国志》中就写出石油照明作用：县南有山，石出泉水，大如筥，燃之极明，不可食。县人谓之石漆。唐朝段成式（803—863 年）著《酉阳杂俎》一书中也表现了石油照明的特质：高奴县石脂水，水腻，浮上如漆，采以膏车及燃灯，极明。膏车就是将石油涂在车轴上，使其润滑。

（二）军事

唐朝李吉甫所著《元和郡县志》中记载：周武帝宣政（578 年）中，突厥围酒泉。取其脂燃火，焚其攻具，得水愈明，酒泉赖以获济。记录酒泉人民已经开始使用石油作为武器，并以此取得战争胜利。《吴越备史》记载，乾化五年（915 年），文穆王大战淮人于狼山江，以内亚火油船破之。火油得之海南大食国。大食即阿拉伯，这是外国石油传入中国的最早记录。《宋史·外国传五·三佛齐国》中记载："开宝四年（971 年），遣使李何末以水晶、火油来贡。"三佛齐国即今印度尼西亚。北宋官修军事著作《武经总要》（1032—1063 年）记录了多种使用石油制作的火药配方、火罐武器、猛火油柜等机械装置。

（三）制墨

北宋李昉《太平广记》（976—984 年）中记载："石油井在延长县北九十里，井出石油，取者以雉尾挹之，采入罐中，燃之如麻，多煤烟，为墨至佳，更疗疾病。"据考证这是"石油"一词最早出现在文献中。北宋沈括（1031—1095 年）在其所著的《梦溪笔谈》中描写道："鄜、延境内有石油，旧说高奴县出脂水，即此也。生于水际，沙石与泉水相杂，'惘惘'而出，土人以雉尾挹之，乃采入缶中，颇似淳漆，燃之如麻，但烟甚浓，所沾帷幕皆黑。予疑其烟可用，试扫其煤以为墨，黑光如漆，松墨不及也，遂大为之。其识文为'延川石液'者是也。此物必大行于世，自予始为之。盖石油至多，生于地中无穷，不若松木有时而竭。”他制成的“延川石液”得到了制墨行家苏轼的极大赞赏。

（四）制药

《北史·西域传》（659 年）中记载：（龟兹）其国西北大山中有如膏者，流出成川，行数入地，状如醍醐，甚臭。服之，发齿已落者，能令更生，疠人服之，皆愈。可见新疆库车地区石油在南北朝就已经发现且被用于治病了。明朝著名药学家李时珍（1518—1593 年）编撰《本草纲目》中对石油的治疗作用进行了详细的注解：“气味与雄硫同，故杀虫疥疮，其性走窜，诸器皆渗。惟瓷器、玻璃不漏，故钱乙治小儿惊热、膈实、呕吐、痰涎，银液丸中用，和水银、轻粉、龙脑、蝎尾、白附于诸药为丸。不但取其化痰亦取其能通透经络，走关窍也。

二、石油工业在中国的发展趋势如何?

古代中国主要通过人工钻井开采油气。公元 1 世纪四川等地已有关于天然气井记载，手工钻井深度可超百米。北宋庆历年间（1041—1048 年）《东坡志林》记载人力顿钻钻凿，下柱筒套管的卓筒井，是大口浅井向小口深井过渡的标志。明朝《天工开物》（1637 年）详细描述了钻井科学工艺，已经类似现代钻井程序。

（一）中国近代石油工业（1878—1949 年）

1878 年清政府在中国台湾设立了矿油局，第一次使用钻井机械钻成油井，拉开了中国近代石油工业的序幕。1904 年陕西省试办“延长石油官矿局”；1907 年钻成的“延一井”是我国境内第一口近代油井；1921 年新疆钻井出油并设厂使用土法炼油；1927 年甘肃玉门掘井出油泉 6 个，年产量 2.5 吨；1930 年抚顺设页岩蒸馏厂，通过油页岩提炼石油，到 1939 年产量达50万吨；1935年中央红军结束长征到达陕北，接手延长油矿；1938年中共中央成立甘肃油矿筹备处，着手恢复生产；1939年老君庙1号油井开始出油；1946年中国石油公司成立，将甘肃、东北、四川、台湾等油矿局纳入统一管理。1878—1949年，中国累计钻井134口，生产石油约300万吨。

（二）新中国恢复发展期（1949—1998年）

1949年10月1日中华人民共和国成立，同日中央人民政府召开第一次会议，宣布成立燃料工业部，负责石油、煤炭、电力工业恢复和建设。到1959年，初步形成玉门、新疆、青海、四川4个石油天然气基地；全国原油年产量达到373万吨，其中玉门油矿占约50%。中国石油工业进入高速发展期：1960年大庆石油会战揭开序幕，成为我国第一大油田；1964年华北石油会战重点开发胜利油田，到1978年成为第二大油田；1973年大规模开发辽河油田，到1986年成为我国第三大油田。1978年中国原油年产量首次突破1亿吨。自1973年我国开始出口原油换取外汇，至1985年达到全国出口创汇总额的27%。此后，中国石油工业进入稳定发展期。

（三）石油工业新时期（1998年至今）

1998年中国石油和石化企业重组，成立以上游为主的中国石油天然气集团公司，以下游为主的中国石油化工集团公司，保留中国海洋石油总公司；中石油、中石化、中海油三足鼎立局面形成。21世纪我国石油工业蓬勃发展：第一，原油产量维持稳定。2010年我国原油产量首次突破2亿吨，2020年产量1.95亿吨，为全球第五大产油国。第二，炼油能力快速增加。1989年我国原油加工量1亿吨，2020年已增至6.7亿吨。2021年中国炼油能力首次达到9亿吨/年；国内千万吨级炼厂增至34座，其中民营企业增至4座。第三，原油进口持续上行。2017年中国超越美国成为全球最大原油进口国；2020年中国原油进口5.4亿吨，进口依赖度70%。前十大进口来源国依次是沙特阿拉伯、俄罗斯、伊拉克、巴西、安哥拉、阿曼、阿联酋、科威特、美国和挪威。

三、世界石油工业的初期发展趋势如何？

美国前国务卿基辛格曾说：“谁控制了石油，就控制了所有国家；谁控制了粮食，就控制了人类；谁控制了货币，就控制了全球经济。”现代国际政治发展史也是一部石油资源争夺史。19 世纪初期，石油在全球范围内应用尚不广泛；经过一百多年的发展，已晋升为重要战略与民生物资。无论从实货贸易还是从政治战略角度，都堪称大宗商品之王。

（一）美国石油工业诞生

两千年前中国开始钻气井煮盐，1830 年左右钻井深度已可达千米。1856 年，纽约律师乔治·比斯尔受中国古代钻井取盐技术的启发，决定通过钻井取油取代挖矿取油。1859 年，美国宾夕法尼亚由蒸汽机驱动钻机钻成的“德雷克井”被认为是美国和世界现代石油工业起点。1860 年美国第一座炼油厂投产；1861 年钻成第一口自喷井；1862 年修成第一条原油输送管道；1863 年洛克菲勒投身石油工业，成立合资炼油厂。此后，美国迎来打井找油热潮。1870 年全球石油产量约 80 万吨，其中美国占 90%。

（二）洛克菲勒石油帝国的建立与瓦解

1865 年美国内战结束，经济进入扩张期，原油产量也快速增长。1870 年美国煤油供应已达到需求的 3 倍，油价大幅下跌。洛克菲勒创建标准石油公司，在油价低谷期大举兼并收购，1879 年已控制美国炼油能力的 90%。1882 年洛克菲勒创办了世界第一家托拉斯——标准石油托拉斯，并开始向上游油田扩张，1891 年产油量占美国的 1/4。至此标准石油公司已发展成覆盖原油生产、运输、加工、销售的庞大石油帝国。时逢美国进步主义反垄断思潮兴起，作为最大的垄断性公司，标准石油公司首当其冲。1890 年政府通过谢尔曼反托拉斯法，1911 年美国联邦最高法院判决标准石油公司托拉斯解散。之后，拆解为包括埃克森、美孚、雪佛龙等独立实体，这三家公司成为后来的石油“七姐妹”成员。

（三）俄罗斯石油工业起源

俄罗斯石油开采利用起源较早。1272 年马可波罗来中国途径阿塞拜疆巴库，遇到人群前往巴库采集原油；1594 年巴库手工挖井深度约 35 米；1690 年石油已出现在俄罗斯化学教科书中；1723 年沙俄征服巴库并由军事部门管辖油矿；1823 年建成俄罗斯第一座炼油厂；1873 年沙特阿拉伯改变政策，吸引私人投资开发石油，瑞典人诺贝尔创办了诺贝尔兄弟石油公司；同年，巴库发生强烈井喷钻成高产油井，被认为是俄国近代石油工业的开始，巴库石油产量由 1874 年的 8 万吨迅速增加至 1883 年的 148 万吨。

（四）欧洲石油工业早期

1668 年英伦三岛人工钻成第一口油井；1847 年苏格兰发明煤油灯；1848 年英国建成第一座炼油厂；1735 年法国开始手工开采油田；1854 年法国建成第一座炼油厂。此段时间欧洲多国建成炼油厂。1890 年皇家荷兰石油公司创立；1892 年皇家荷兰石油公司在苏门答腊炼油厂投产。1895 年全球产量为 1420 万吨，其中美国份额降至约 51%。

四、战争是否促进了石油需求？

石油工业发展初期主要作为照明使用需求有限。1908 年福特 T 型车诞生，以其低廉的价格使汽车快速普及，大幅推升汽油需求。而两次世界大战奠定了石油作为国家战略物资的地位。

（一）第一次世界大战大显身手

1911 年丘吉尔担任英国海军大臣，首要任务即应对崛起中的德国海军的威胁。丘吉尔决定在新一代军舰中用燃料油替代煤炭，可以提高速度、节省人力、降低成本、扩大活动半径，全面提升了海军战斗力。1914 年，英国海军全面转为燃油驱动。德国引以为豪的煤炭驱动的铁路运输系统，相比汽油驱动的机动化部队则显笨拙。丘吉尔主张研发内燃机驱动坦克在 1916 年索姆河战役中首次使用，成为德军最终战败的主要贡献者。空军部队也在战争中首次出现，英国飞机由 1915 年的 250 架迅速增加至 5.5 万架。英国国务大臣总结："石油比什么都重要。士兵、弹药、资金都有，但若没有石油，一切都毫无意义。石油是今日最强大的动力源泉。"

（二）第二次世界大战奠定成败

20 世纪 30 年代煤炭在德国能源结构中占比依然高达 90%，美国仅为 50%。1933 年希特勒上台后大力发展石油和汽车工业。1939 年德国入侵波兰揭开了第二次世界大战的序幕，德国国内合成燃料产量已占全部石油供应的 46%。1940 年，德国攻占欧洲主要国家，开始把目标转向东边的苏联。巴库和其他高加索油田是入侵苏联的重要目标。

1941 年 6 月德国全线出击苏联，战争头几周与欧洲战场一样迅速推进，但战线过长使前进难度加大，直到 1941 年 12 月底才抵达莫斯科。苏联道路崎岖使车辆耗油量远超预算，燃料短缺问题显现，德军被困在冰雪之中。1942 年德军派出分队攻占高加索产油区，然而苏联产的柴油无法补给使用汽油的德国机动部队，机械化部队因燃料短缺被困，攻占巴库失败。1943 年，伏尔加格勒战役中，德军因供给不足严重受挫。18 个月后德军转攻为守，最终因燃料不足以支撑撤退而缴械投降。伏尔加格勒战役是德军在欧洲战场中的首次失败。

在德国进攻苏联的同时，隆美尔将军率领全机械化部队与英军在北非作战。初期的胜利使隆美尔忽略了军需官建议长驱直入乘胜追击的意见，战线过长使运输卡车用油甚至高于其所运燃料。盟军在地中海袭击为隆美尔提供补给的油轮，汽油迅速消耗，补给迟迟未到，无奈之下只有选择撤退。1943 年北非德意部队投降，隆美尔最后被刺死。

海外夺油失利后，德国只能高度依赖国内的石油工业。1944 年负责诺曼底登陆的艾森豪威尔将军决定将德国燃料工厂作为主要轰炸目标。9 月德国航空汽油产量跌至年初 6%，空军战斗力大幅削弱。德国最后一次集中兵力闪电战，也因燃料缺乏宣告失败。战争后期甚至出现用牛拉动陆军卡车前进的局面。1945 年 6 月 5 日，苏美英法宣告德国战败。

五、中东的石油大门是如何开启的？

1900 年，波斯（如今的伊朗）政府派出官员到欧洲寻找石油工业投资。1901 年，英国资本家威廉·达西赴德黑兰谈判，获得波斯面积 3/4 地区 60 年开采权，波斯政府可分得净利润的 16%。达西成为中东石油工业的创始人，英国政府也借此扩展了在中东地区的势力。开采初期进展缓慢，直到 1908 年才开始出油。1909 年英国波斯石油公司（后改为 BP）成立，1914 年与壳牌公司、德意志银行联合组建了土耳其石油公司，获得波斯国王授予的石油特许权。同年，第一次世界大战爆发。战争使石油上升至国家战略层面，战后各国加紧对中东势力的渗透。

（一）红线协议之内的欧美联盟

1916 年英国与法国签订的瓜分奥斯曼帝国亚洲部分的赛克斯－皮科特协议。协议将伊拉克、科威特、约旦等划归英国势力范围，叙利亚、黎巴嫩、伊拉克摩苏尔等划归法国。1920 年签订圣雷莫协议，英国控制伊拉克和巴勒斯坦，法国保留摩苏尔和叙利亚的开采权，德国部分权益转让给法国，英法成为中东地区的主要控制方。该协议将美国排除在外，遭到美国的强烈反对。

1927 年伊拉克一号油井喷油，各国石油公司加速推进。1928 年土耳其石油公司改组为伊拉克石油公司，BP、壳牌、法国石油公司和美国近东石油公司（新泽西和纽约标准石油公司等五家美国公司组成）各占该公司 23.75% 的股份，签订了红线协议。从而取代圣雷莫协议。红线区内（埃及以东，波斯以西，除了科威特之外的全部海湾国家）石油资源属于所有成员公司共同拥有，参与者放弃自己在地域内单独从事任何石油活动的权利，所有石油开采作业都由伊拉克石油公司负责。红线协议标志着美国终于在中东石油生产地区占据了一席之地，打破了英国对中东的垄断。1932 年石油“七姐妹”全部加入协议。第二次世界大战后美国成为第一大石油国。1946 年美国公司在政府支持下单方面撕毁红线协议，伊拉克石油公司解体。

（二）红线协议之外的油企扩张

1925 年巴林酋长将石油开采特许权授予帮助在境内打井找水的英国战时军需主任弗兰克·霍尔姆斯少校。1928 年不受红线协议限制的加利福尼亚标准石油公司收购该特许权，成立巴林石油公司，并于 1932 年采出石油。巴林出油的消息使石油公司开始关注距离 20 英里外的阿拉伯半岛。1933 年加利福尼亚标准石油公司以远高于伊拉克石油公司的报价，获得为期 60 年 36 万平方英里的特许权。1936 年伊拉克石油公司获得西部特许权。1938 年达曼区油井喷出大量石油；1939 年首批沙特阿拉伯原油出口海外。此后，沙特阿拉伯不仅吸引同盟国油企，德国、日本、意大利公司也蜂拥而至。除了巴林和沙特阿拉伯，科威特亦成为英美公司关注的对象。1933 年英波公司和海湾公司联合成立科威特石油公司。1934 年科威特石油公司获得 75 年开采权。1938 年科威特南部沙漠发现大规模油流，至此，中东石油开采大门逐步打开。

六、欧佩克成立的情形是怎样的？

美国早期石油工业快速崛起，成为全球最重要的石油出口国之一。1940 年，美国占全球石油产量的 63%，中东石油产量仅 5%。第二次世界大战期间，美国生产了盟国石油的 90%，在能源补给方面扮演着至关重要角色。战后重建及煤炭替代快速推升了对石油的需求；而美国新油田开发逐步放缓，1948 年美国首次成为石油净进口国，油价较 1945 年翻了一番。

（一）中东产量崛起

20 世纪 50 年代，中东大油田陆续投产，原油供应格局逐渐转变。全球原油产量从 1948 年的 870 万桶/日增至 1972 年的 4200 万桶/日；美国从 550 万桶/日增加至 950 万桶/日，份额从 64% 降至 22% 。中东从 100 万桶/日增至 1820 万桶/日。美国份额持续稀释，中东产油国议价能力逐渐提升。1949 年阿美石油公司付给沙特阿拉伯地租 3900 万美元，账面利润为地租的 3 倍；1950 年谈判后双方达成五五平分原则，1951 年沙特阿拉伯收入增至 1.1 亿美元。1952 年五五平分原则在伊拉克也开始生效。邻国伊朗则选择更为强硬的方式：1951 年萨摩台当选首相后，宣布废除租让权，将英伊公司设备及所产石油国有化；1953 年英美策划政变推翻萨摩台；1954 年欧美石油公司组织财团重回伊朗，首次承认石油资源和设施归属伊朗所有，由财团作为代理人经营包销。至此逐渐形成基于系列石油协议的基本经营准则，以及基于五五平分原则的租让与契约关系的中东战后石油新秩序。

（二）苏联争夺份额

中东快速增产的同时，苏联供应亦持续上行。1955—1960 年苏联产量翻一番，约为中东总量 60% ，成为仅次于美国的全球第二产油国。为保护本国油企，美国实行原油进口配额制度，基本关闭了对外市场。苏联对欧洲大量出口折价原油，与销售中东石油的西方石油公司形成直接竞争；在黑海装船的苏联石油价格一度仅为中东石油标价的一半。西方石油公司被动下调市场价格以竞争份额，而五五平分原则中产油国按照相对固定标价收取分成利润；市场价格损失完全由石油公司承担，产油国实际利润占比已达到 60% ~ 70% 。

（三）欧佩克诞生

原油产量快速上行使油价持续下跌，石油公司试图与产油国共同分摊损失。1959 年 2 月英国石油公司首次将标价下调约 10% ，立刻招致产油国强烈抗议。1959 年 4 月召开阿拉伯石油大会，产油国达成初步协议，政府组建石油咨询委员会，成立本国石油公司，五五分成改为四六分成，并向下游发展。1960 年 8 月，新泽西标准石油公司宣布将中东原油标价降低 7%，其余公司纷纷跟进。1960 年 9 月 14 日，石油输出国组织（OPEC）在巴格达成立。初始成员国包括沙特阿拉伯、伊朗、伊拉克、科威特、委内瑞拉，五国占当时全球原油出口 80% 以上。欧佩克将自己的宗旨定义为：协调和统一成员国石油政策，维持国际石油市场价格稳定，确保石油生产国获得稳定收入。

七、石油美元与石油危机的发展如何？

全球石油贸易市场发展初期，主要发达国家在境内及殖民地原油贸易采用各自货币计价。20 世纪 70 年代，随着布雷顿森林体系瓦解，石油取代黄金成为与美元绑定的硬通货；有效维护了美元在全球货币市场的霸权地位，也使原油具备了更重要的金融属性。

（一）布雷顿森林体系

19 世纪 70 年代美国的国内生产总值已经超过英国，但此后半个世纪伦敦仍是全球金融中心，国际货币体系维持以英镑为中心、以黄金为基础的国际金本位制度。第一次世界大战使欧洲强国实力受损，财政赤字大幅增加，参战国接连放弃金本位制。第二次世界大战后美国成为欧洲最大的债权国，占全球生产总值的 45%，占全球黄金储量 70% 以上。1944 年 44 个国家或政府的经济特使在美国新罕布什尔州的布雷顿森林召开了联合国货币金融会议，确立了以美元为中心的布雷顿森林体系：美元与黄金挂钩及其他国家货币挂钩，实行可调整固定汇率。布雷顿森林体系在一定程度上促进了全球贸易和经济的发展，但随着美国财政赤字扩大、美元信誉受损，爆发了多次黄金挤兑和美元危机。1971 年尼克松政府宣布停止履行外国政府可用美元向美国兑换黄金的义务，并取消固定汇率制度，标志着布雷顿森林体系瓦解。

（二）石油美元体系建立

布雷顿森林体系的瓦解使美元储备货币地位动摇，在基辛格穿梭外交极力斡旋下，美国塑造了影响现代国际金融的石油美元体系，石油取代黄金成为与美元绑定的硬通货。对美国而言，用本国印刷的美元购买石油，出口国家美元收入通过购买美元计价的金融资产回流美国；对其余国家而言，如果需要购买石油，就必须通过贸易或贷款等方式获取美元。协议签订前后爆发的石油危机以及全球石油需求增长大幅提升美元需求，巩固了与黄金解绑后的美元地位。

（三）中东石油危机

1973 年埃及进攻以色列开启了中东战争。阿联酋以及其他阿拉伯产油国宣布对美国禁运减产，引发了第一次石油危机。1978 年伊朗爆发伊斯兰革命，石油工人罢工，导致本国石油产量和出口量大幅下降甚至停止出口，触发了第二次石油危机。1980 年两伊战争期间，两国互相攻击油田炼厂管道，出口大幅减少。8 年间油价由 2 美元/桶大幅上行至 31 美元/桶。油价高企促使非欧佩克国家大幅增产，1982 年非欧佩克产量首次超过欧佩克；同时，高通胀诱发西方国家经济衰退石油需求下降。供应过剩油价持续回落，1986 年 12 月欧佩克宣布实施产量配额制度，并以 18 美元/桶为目标价位；此后，进入长达 20 年通过产量配额间接调控油价区间管理期。直至 21 世纪新兴市场国家经济崛起，石油需求快速增加；2005 年欧佩克会议正式放弃目标价格区间政策，油价进入金融市场主导的自由浮动期。

八、21 世纪至今的石油金融情况怎样?

进入 21 世纪，全球石油供需格局逐渐演变。一方面，新兴市场国家需求爆发。第二次世界大战后美国石油需求占全球比例超过 40%，中国则不到 1%。2003 年中国石油需求超过日本，成为全球第二大石油需求国；2017 年中国原油进口首次超过美国，成为全球最大原油进口国。另一方面，页岩油革命使美国产量重回巅峰。美国原油产量自 1970 年达到 1000 万桶/日后持续回落，2008 年降至仅 500 万桶/日；此后，水力压裂及横向钻探技术的突破使美国产量回升，2019 年最高增至 1300 万桶/日，超过俄罗斯和沙特阿拉伯，再度成为全球第一大产油国。

（一）石油定价转移

石油工业在美国发展初期一度由洛克菲勒的美孚石油托拉斯确定；海外蓬勃发展后由“石油七姐妹”等数家国际石油公司掌控价格。中东石油危机使定价权一度回到欧佩克手中，导致欧美部分丧失主动权。为此，美国 1978 年在纽约商业交易所 NYMEX 首次推出取暖油期货合约，1982 年正式推出西德克萨斯中间基原油 WTI 期货合约；英国 1988 年伦敦国际石油交易所 IPE 正式推出布伦特 Brent 原油期货合约，试图将石油定价权重新移回欧美主导的金融市场。此后，逐渐形成了以 Brent 基准的欧洲/非洲价格体系，以 WTI 为基准的美洲价格体系，以 Dubai/Oman 为基准的亚洲价格体系。

（二）石油期货

欧美原油期货上市最初十年表现平平。2000 年后新兴市场需求爆发，欧佩克逐渐放弃目标价格管理政策，油价波动迅速放大；同时，电子交易推广使期货交易更为便利，原油期货成交持仓快速上行，是全球持仓量最大的商品期货。2000 年 WTI、Brent 日均持仓分别为 47 万手、27 万手；2020 年增至 213 万手、255 万手，合计相当于 47 亿桶原油，是全球日均石油需求的 47 倍。原油期货价格已成为现货价格的基准价格，参与者不仅有实货供需商和贸易商，更多金融机构和投机资金也加入原油期货交易，共同影响价格的形成。2018 年 3 月 26 日上海国际能源交易中心 INE 正式推出上海原油期货 SC 合约，成为全球第三大原油期货合约。Brent/WTI/SC 共同形成了覆盖欧洲/美洲/亚洲的全球原油期货体系。

（三）石油金融

新世纪石油与金融结合更加紧密。从实体角度看，石油工业融资渠道更加多元化，除了传统政府支持和银行贷款之外，股票、债券、国际金融机构等也为能源项目提供了丰富的资金支持。石油产业资本进入金融市场进行大量投资，大型金融机构也开始购买油田资产进行套利。从价格角度看，石油定价转移期货市场使油价波动明显加剧。金融因素对油价的影响加剧，油价与股票、债券等互动趋势增强。原油期货实现了产业资本与金融资本的联通，同时也有助于石油企业利用期货、期权、互换等金融工具进行套期保值和风险管理。

自测题

一、填空题

1. 2017 年中国取代美国成为全球第（　　）大原油进口国。

2. 1878 年清政府在（　　）设立矿油局，拉开中国近代石油工业序幕。

3. （　　）曾说，“谁控制了石油，就控制了所有国家；谁控制了粮食，就控制了人类；谁控制了货币，就控制了全球经济。”

4. 1973 年埃及进攻（　　），中东产油国对美国禁运，引发第一次石油危机。

5. 1978 年（　　）爆发伊斯兰革命，触发第二次石油危机。

6. 1982 年（　　）正式推出西德克萨斯中间基原油期货合约。

二、判断题

1. 古代中国已开始将石油用于照明、军事、制墨等用途。（　　）

2. 1911 年丘吉尔担任英国海军大臣，主导英国海军军舰由煤炭驱动转为燃油驱动。（　　）

3. 1928 年英国、法国、德国、美国签订了瓜分海湾石油资源的红线协

议。 ( )

4. 1933 年希特勒当选德国总理，大力发展石油和汽车工业，德国石油供应全部来自本土。 ( )

5. 沙特阿拉伯、伊朗、伊拉克、科威特、委内瑞拉是欧佩克的创始成员国。 ( )

6. 1988 年伦敦国际石油交易所推出的布伦特原油期货合约是全球第一份原油期货合约。 ( )

三、单选题

1. ( ) 年钻成“延一井”是我国境内第一口近代油井。

A. 1878 B. 1907 C. 1921 D. 1927

2. ( ) 年洛克菲勒创建标准石油公司。

A. 1859 B. 1865 C. 1870 D. 1882

3. ( ) 年英国人威廉·达西创立英国波斯石油公司，是英国石油公司 BP 的前身。

A. 1900 B. 1909 C. 1911 D. 1919

4. ( ) 年石油输出国组织（OPEC）在巴格达成立。

A. 1945 B. 1949 C. 1955 D. 1960

5. ( ) 年美国与沙特阿拉伯签订“不可动摇协议”，形成影响全球的石油美元体系。

A. 1971 B. 1974 C. 1978 D. 1980

6. ( ) 年上海原油期货挂牌上市。

A. 1982 B. 1988 C. 2000 D. 2018

参考答案

一、填空题

1. 一 2. 中国台湾 3. 基辛格 4. 以色列 5. 伊朗

6. 纽约商品交易所

二、判断题

1. √　2. √　3. ×　4. ×　5. √　6. ×

三、单选题

1. B　2. C　3. B　4. D　5. B　6. D

延伸阅读

石油大事记

公元1世纪至10世纪：中国古代石油记录	
32—92年	东汉史学家班固在《汉书》中记载："高奴有洧水可燃"。这是关于陕西延长县石油最早的文字记载
398—445年	南朝范晔《后汉书·郡国志》：县南有山，石出泉水，燃之极明，不可食。县人谓之石漆
578年	唐朝李吉甫所著《元和郡县志》：周武帝宣政中，突厥围酒泉。取其脂燃火，焚其攻具，得水愈明，酒泉赖以获济。这是古代中国将石油用于战争的早期记载
915年	《吴越备史》乾化五年，文穆王大战淮人于狼山江，以内亚火油船破之。火油得之海南大食国。大食即阿拉伯，这是外国石油传入中国的最早记录
976—984年	北宋李昉《太平广记》：石油井在延长县北90里，井出石油，取者以雉尾挹之，采入罐中，燃之如麻，多煤烟，为墨至佳，更疗疾病。据考证这是"石油"一词最早出现在文献中
1041—1048年	北宋庆历年间《东坡志林》记载："人力顿钻钻凿，下柱筒套管的卓筒井，是大口浅井向小口深井的过渡标志。"此后，中国多地出现人工开采油气井的文字记载

续表

公元17世纪至19世纪：西方石油工业起源	
1901年	英国人威廉·达西获得波斯国王特许权，60年内可在波斯勘探开发石油天然气
1668年	英伦三岛人工挖成第一口油井
1735年	法国阿尔萨斯省开始手工开采油田
1823年	俄罗斯北高加索地区建立第一座炼油厂
1842年	顿钻开始用蒸汽机驱动
1848年	英国建立第一座炼油厂
1854年	法国建成第一座炼油厂
1858年	加拿大发现并投产第一个油田
1859年	美国宾夕法尼亚州用蒸汽机驱动钻机钻成德雷克井。加拿大建成第一座炼油厂
1860年	美国第一座商业炼油厂投产
1862年	美国宾夕法尼亚州出现第一条输送原油管道
1863年	洛克菲勒开始进入石油工业，合资成立炼油厂
1870年	洛克菲勒创立标准石油公司。当年全球石油产量580万桶，美国占91%
1871年	英国人在缅甸开设仰光石油公司，并建立第一家炼油厂
1873年	瑞典人罗伯特·诺贝尔来到沙俄巴库，创立诺贝尔兄弟石油公司
1878年	清政府在台湾开办苗栗油矿，第一次用机械钻井开采石油
1882年	洛克菲勒创办标准石油托拉斯，是世界第一家托拉斯；控制美国90%炼油能力和输油能力，掌握石油定价权。当年全球石油产量3000万桶，美国占88%
1888年	法国罗斯柴尔德家族率先在英国建立石油销售公司，由英国商人马库斯·塞缪尔全权负责苏伊士河以东罗氏俄国煤油销售
1890年	荷兰皇家石油公司成立
1892年	美国最高法院以反垄断下令标准石油托拉斯解散，拆分为20家地区性公司 皇家荷兰石油公司在苏门答腊炼油厂投产
1898年	马库斯·塞缪尔创办的壳牌公司在印尼巴厘巴板发现油田，并建立炼油厂

续表

20 世纪上半叶：石油需求崛起	
1903 年	亨利·福特在美国创办汽车制造厂。莱特兄弟实现第一次飞机飞行
1905 年	清政府设立延长石油官厂，第一口井两年后出油
1907 年	皇家荷兰石油公司与英国壳牌运输贸易公司按 60:40 的持股比例，组成皇家荷兰壳牌公司集团
1908 年	威廉·达西在波斯发现马斯杰德苏莱曼油田。次年成立英波石油公司
1910 年	美国汽油需求首次超过煤油，标志着石油工业从煤油时代进入汽油时代
1911 年	美国联邦最高法院最终判决标准石油公司垄断市场勒令解体。分立为 34 家公司，包括埃克森（新泽西标准石油）、美孚（纽约标准石油）、阿莫科（印第安纳石油）、雪佛龙（加利福尼亚标准石油）、马拉松（俄亥俄石油）、大陆石油公司等
1912 年	英国新任海军大臣丘吉尔积极推行海军由烧煤改为烧油，得到首相支持。壳牌集团兼并罗斯柴尔德家族全部俄国石油资产，大举进军美国、委内瑞拉，在婆罗洲确立垄断地位。亚美尼亚商人发起成立土耳其石油公司，开发美索不达米亚石油资源
1914 年	第一次世界大战爆发。英波公司与英国政府签订 20 年供油协议。英国政府施压土耳其石油公司改组，英波公司、壳牌集团、德意志银行分别占 47.5%、22.5%、25%
1918 年	德国宣布投降，第一次世界大战结束。俄罗斯联邦苏维埃宣布石油工业国有化
1920 年	英法签订圣莫雷协议，划分中东控制区，美国表示强烈抗议
1921 年	全球原油年产量 1 亿吨，美国占 64%，墨西哥成为全球第二大产油国
1925 年	伊拉克政府授予土耳其石油公司石油开采特许权，有效期 75 年
1928 年	土耳其石油公司改组为伊拉克石油公司，英波公司、壳牌集团、法国石油公司和美国近东石油公司各占 23.75% 股份，签订红线协议取代圣雷莫协议
1929 年	美国加利福尼亚标准石油公司在加拿大注册成立全资子公司巴林石油公司
1931 年	全球原油年产量 2 亿吨。美国、委内瑞拉、苏联、墨西哥分别占 63%、10%、9%、3%
1933 年	沙特阿拉伯政府授予加利福尼亚标准石油公司 60 年石油特许权，租借地约 15 万公顷
1934 年	委内瑞拉通过《石油法》，实行外国石油公司与委政府五五分成原则，成为后来中东产油国分成范本。英国颁布《石油法》，规定矿产资源归皇家所有。阿根廷颁布《石油工业国有化法》，本国石油工业由国家石油公司独家经营。日本颁布《石油工业法》，授权政府控制石油进口，决定公司份额与石油价格。巴西制定《矿产法》，限制外国人对巴西矿业投资

续表

1934 年	英波公司与美国海湾石油公司对半合资成立科威特石油公司，获得科威特政府石油勘探开采特许权，有效期 75 年
1935 年	伊拉克石油公司获得卡塔尔 75 年垄断性石油开采特许权。波斯更名为伊朗，英波石油公司更名英伊石油公司
1938 年	墨西哥总统签署法令，没收外国石油公司全部资产，成立墨西哥国家石油公司
1939 年	第二次世界大战爆发。沙特阿拉伯首船原油出口。甘肃玉门老君庙钻成第一口油井
1941 年	全球原油产量 3 亿吨。美国、苏联、委内瑞拉分别占 63%、10%、9%
1944 年	诺曼底登陆。加利福尼亚阿拉伯标准石油公司更名阿美石油公司
1945 年	德国、日本投降。联合国成立。第二次世界大战期间同盟国消耗石油约 70 亿桶，其中约 60 亿桶来自美国
1946 年	新泽西和纽约标准石油公司单方面宣布红线协议无效，并加入阿美石油公司
1948 年	以色列宣布建国。埃及等五国军队进攻巴勒斯坦，第一次中东战争爆发。美国首次由原油出口国转为净进口国
20 世纪下半叶：石油定价转移	
1949 年	中华人民共和国成立。中央政府设立燃料工业部，着手恢复石油生产冶炼
1950 年	新中国第一次全国石油工业会议召开，燃料工业部设石油管理局。沙特阿拉伯政府与阿美石油公司达成五五分成协议。当时全球最大流量的横贯阿拉伯管道建成。全球产量突破 5 亿吨；中东产量 8800 万吨，英、美油企分别占 55%、43%
1951 年	伊朗萨摩台就任首相，通过将英伊石油公司国有化法案。伊拉克、科威特政府与石油公司签订五五分成协议
1952 年	英国伊朗断交。中国人民解放军第 19 军 57 师 774 人转为石油工程第一师
1953 年	美国策动政变推翻伊朗萨摩台政府
1954 年	英伊石油公司更名英国石油公司（BP）。苏联建造世界第一座核电站
1955 年	中国撤销燃料工业部，成立石油工业部。新疆发现克拉玛依油田
1956 年	7 月埃及纳赛尔总统发表苏伊士运河国有化宣言，10 月以色列进攻埃及，第二次中东战争爆发。埃及沉船 40 艘堵塞苏伊士运河、伊拉克石油公司炸断地中海管道，沙特阿拉伯关闭横贯阿拉伯输油管道，对英法石油禁运，西欧石油供应减少 70%
1957 年	中国在玉门油田建成第一个石油基地。沙特阿拉伯授予日本进出口公司中立区特许权，沙特阿拉伯政府利润占比 56%。伊朗授予意大利埃尼集团特许权，伊朗政府利润占比 75%

续表

1959 年	全球石油年产量 10 亿吨，石油在能源消费占比约 30%
1960 年	沙特阿拉伯、委内瑞拉、伊拉克、伊朗、科威特在巴格达成立石油输出国组织（OPEC）。中国在大庆开展石油大会战，新中国石油工业进入快速发展期
1963 年	新泽西标准石油公司、加利福尼亚标准石油公司、莫比尔、德克萨斯石油公司、海湾石油公司、英国石油公司、皇家荷兰壳牌集团组成的国际石油卡特尔，被称为“石油七姐妹”，控制苏联、中国以外世界石油产量、加工、贸易分别为 82%、65%、62%
1965 年	沙特阿拉伯产量突破 1 亿吨。欧佩克第九次部长级会议达成联合生产计划，首次尝试限制产量维护石油价格。中国年产量 1130 万吨，基本实现石油自给
1967 年	以色列进攻埃及，第三次中东战争爆发。6 月至 9 月沙特阿拉伯等阿拉伯产油国对英美等国实行禁运
1969 年	全球石油产量 20 亿吨，美国、俄罗斯、沙特阿拉伯产量分别为 5 亿吨、3.5 亿吨、2 亿吨。欧佩克产量 11.7 亿吨，占全球产量的 51%，占出口比例的 86%
1971 年	尼克松政府宣布停止外国政府用美元向美国兑换黄金，布雷顿森林体系瓦解
1972 年	欧佩克与西方石油公司谈判，要求补偿美元持续贬值的损失，将标价提高了 8.5%
1973 年	埃及进攻以色列，第四次中东战争爆发。中东产油国对美国实行石油禁运，引发第一次石油危机。10 月中东产油国将油价从 3 美元提高至 5 美元，同时削减产量 5%；11 月再度减产 25%；12 月将基准油价继续上调至 11.6 美元。尼克松指责欧佩克抬价，“水门事件”爆发
1974 年	3 月阿拉伯产油国结束禁运，陆续与外国石油公司达成协议，提高政府参股比例。美国与沙特阿拉伯达成石油美元协议
1975 年	欧佩克提高原油价格 10%。美国建立战略石油储备。英国北海福蒂斯油田投产。苏联产量 5 亿吨，首次超过美国成为全球最大产油国。全球石油产量约 30 亿吨
1976 年	沙特阿拉伯和阿联酋提价 5%，欧佩克其余国家提价 10%。沙特阿拉伯政府与石油公司达成协议废除租让权，回购阿美石油公司全部股份。委内瑞拉实现石油工业国有化。英国北海布伦特油田投产
1978 年	中国撤销石油化学工业部，分别成立石油部、化工部。中国年产量突破 1 亿吨
1979 年	伊朗爆发伊斯兰革命，引发第二次石油危机。1 月巴列维国王出走，2 月霍梅尼回国。7 月萨达姆成为伊拉克总统。11 月伊朗学生闯入美国大使馆劫持人质。产油国轮番涨价，引发欧美滞胀危机

续表

1980 年	两伊战争爆发。欧佩克将最高限价从 37 美元提高至 41 美元
1981 年	非欧佩克产油国快速增产，欧美减少进口抛售库存，油价触顶回落。苏联、沙特阿拉伯、美国原油产量分别为 6 亿吨、4.9 亿吨、4.7 亿吨；欧佩克产量、出口占比分别降至 38%、35%
1982 年	中国海洋石油总公司成立
1983 年	中国石油化工总公司成立。纽约商业交易所推出全球首个原油期货合约 WTI。国际市场供过于求，欧佩克自成立以来首次下调标价至 29 美元
1985 年	6 月欧佩克会议决定由于产量份额大幅下降，宣布放弃限产保价政策，转为优先维护市场份额。产油国开启价格战，6 月油价降至 11 美元
1986 年	非欧佩克产油国加入价格战，油价从 17 美元降至 7 美元。6 月欧佩克会议重新达成减产保价协议，将目标价格定为 18 美元。苏联发生切尔诺贝利核电站事故
1988 年	伦敦国际石油交易所推出布伦特原油期货合约。阿美石油公司改组为沙特阿拉伯阿美国家石油公司
1990 年	伊拉克进攻科威特。欧佩克将官价从 18 美元调至 21 美元，是 1986 年后首次提价
1991 年	美国出兵伊拉克，海湾战争爆发。苏联解体。俄罗斯石油天然气总公司改组为俄罗斯石油公司 Rosneft 和天然气公司 Gazprom。阿根廷、委内瑞拉、秘鲁、巴基斯坦等陆续允许石油工业私有化
1993 年	俄罗斯石油工业私有化，Rosneft 陆续分离出 Lukoil、Yukos 等十余家公司
1994 年	俄罗斯成立西伯利亚—远东石油公司，与中国石油天然气总公司签署合作备忘录
1995 年	美国克林顿政府对伊朗实施经济制裁，停止进口伊朗原油
1998 年	亚洲金融危机，油价跌破 10 美元。中国石油天然气总公司、中国石油化工总公司在京举行企业交接仪式；中国石油天然气集团公司、中国石油化工集团公司重组后正式成立
1999 年	欧佩克将目标价格调整为 22～28 美元，如果油价连续 20 天超出价格带，则自动增产或减产 50 万桶/日。普京出任俄罗斯总理
21 世纪：石油金融时代	
2000 年	中国石油、中国石化在中国香港证券市场上市。普京当选俄罗斯总统。全球石油年产量 33.6 亿吨，沙特阿拉伯、俄罗斯、美国、伊朗、中国年产量分别为 4 亿吨、3.2 亿吨、2.9 亿吨、1.8 亿吨、1.6 亿吨

续表

2001 年	8 月美国制裁伊朗和利比亚；9 月 11 日美国本土遭受恐怖分子袭击；10 月美国发动阿富汗战争，成立阿富汗临时政府。12 月中国正式加入世界贸易组织。中国石化在 A 股上市
2002 年	欧元成为欧元区合法货币，原有货币停止流通。国家电网有限公司成立。中国航空油料集团公司成立。中国西气东输工程开工
2003 年	美国入侵伊拉克。中国石油在苏丹发现大油田，与哈萨克斯坦共建输管道投产
2004 年	WTI 油价首次超过 50 美元/桶。中国原油进口突破 1 亿吨，筹备战略储备基地建设
2005 年	WTI 年均值 57 美元/桶，最高 70 美元/桶，最低 42 美元/桶。欧佩克会议放弃原油产量配额及目标价格带管理制度。卡特林娜飓风中断美国石油生产，国际能源机构宣布成员国在 30 天内投放 6000 万桶储备库存。伦敦国际石油交易所结束公开叫价交易，改为电子系统交易。中国成立国家能源领导小组，由国务院总理任组长，13 个部委负责人为成员。中国石油收购哈萨克斯坦石油公司，成为亚洲最大上市公司。陕西省组建延长石油有限责任公司
2006 年	WTI 年均值 66 美元/桶，最高 77 美元/桶，最低 55 美元/桶。伊朗成立以欧元为结算货币的国际石油交易所；伊朗政府下令中央银行将美元资产全部换成欧元。中国原油加工量突破 3 亿吨。中国石油与俄罗斯石油公司签订东方能源有限责任公司创建协议。中国石化收购俄罗斯乌德穆尔特石油公司。中海油与伊朗签订北帕尔斯气田开发协议。中信集团收购加拿大 Nations Energy 在哈萨克斯坦石油资产
2007 年	WTI 年均值 72 美元/桶，最高 98 美元/桶，最低 50 美元/桶。美国通过《2007 年伊朗防扩散法案》，加强对伊朗制裁。阿联酋迪拜商品交易所 DME Oman 原油期货合约开始交易。俄罗斯在圣彼得堡建立石油交易所，采用卢布结算。中国石油在 A 股上市。国家石油储备中心成立。舟山岙山国家石油储备基地投产
2008 年	WTI 年均值 100 美元/桶，最高 145 美元/桶，最低 34 美元/桶。美国爆发金融危机席卷全球。12 月美联储紧急出台第一轮量化宽松。欧佩克达成协议减产 150 万桶/日。中国国家能源局正式挂牌运作
2009 年	WTI 年均值 62 美元/桶，最高 81 美元/桶，最低 34 美元/桶。全球央行联手救市经济企稳回升。奥巴马就任美国总统，大力提倡以清洁能源为核心的能源新政。中国原油年进口量（2 亿吨）首次超过产量（1.9 亿吨）

续表

2010 年	WTI 年均值 80 美元/桶，最高 92 美元/桶，最低 68 美元/桶。美联储启动第二轮量化宽松计划。俄罗斯至德国的北溪天然气管道开工。中俄原油管道工程竣工。中国—中亚天然气管道竣工投产。川气东送工程投产。中缅石油天然气管道开工建设
2011 年	WTI 年均值 95 美元/桶，最高 114 美元/桶，最低 76 美元/桶。埃及、利比亚、也门等地爆发阿拉伯之春颜色革命。利比亚产量大幅下降，国际能源机构宣布成员国在一个月内投放 6000 万桶石油储备。日本发生福岛核电站事故。德国计划分阶段关闭所有核电站。俄罗斯北溪一号天然气管道完工。中俄原油管道投入商业运营
2012 年	WTI 年均值 94 美元/桶，最高 110 美元/桶，最低 78 美元/桶。美国对伊朗实施新一轮单边制裁，欧盟宣布禁止与伊朗油品贸易等新制裁，伊朗原油产量降至 20 年低位
2013 年	WTI 年均值 98 美元/桶，最高 111 美元/桶，最低 87 美元/桶。委内瑞拉总统查韦斯去世，马杜罗就任新总统。上海国际能源交易中心挂牌
2014 年	WTI 年均值 93 美元/桶，最高 107 美元/桶，最低 53 美元/桶。3 月普京宣布承认克里米亚是独立主权国家。美国对俄罗斯实施大规模经济制裁，欧盟扩大对俄制裁。欧佩克增产油价大幅下挫。中俄签订 30 年天然气供应长期合同，中俄“西伯利亚力量”天然气管道开建，在原油贸易中可使用卢布或人民币支付。中国原油加工量突破 5 亿吨，进口数量超过 3 亿吨。中国国家石油储备一期工程建成投用
2015 年	WTI 年均值 49 美元/桶，最高 61 美元/桶，最低 35 美元/桶。欧佩克维持产量配额，油价继续下跌。伊朗与六国达成伊核问题协议，解除对伊朗经济制裁。美国取消原油出口禁令。委内瑞拉与俄罗斯达成 140 亿美元油气投资协议开发奥里诺科石油带，与中国签署 50 亿美元贷款协议用于增加原油产量。伊朗与中国签订石油换商品协议。中国对地方炼厂开放非国营原油进口权和使用权
2016 年	WTI 年均值 43 美元/桶，最高 54 美元/桶，最低 26 美元/桶。欧佩克与俄罗斯为代表的非欧佩克国家达成联合减产协议，油价触底回升。联合国气候变化框架公约缔约方签订《巴黎协定》。沙特阿拉伯公布“愿景 2030”改革计划，与伊朗断绝外交关系。哈萨克斯坦卡沙甘油田投产。中国石化与沙特阿拉伯阿美共建的延布炼厂投产。国家发改委设定成品油地板价保护机制。中国 40 年来首次进口加工美国原油
2017 年	WTI 年均值 51 美元/桶，最高 60 美元/桶，最低 43 美元/桶。特朗普就任美国总统，推出美国优先能源计划，宣布退出《巴黎协定》。穆罕默德·本·萨勒曼成为沙特阿拉伯王储。欧佩克延长减产协议。中国成为全球第一大原油进口国。中俄原油管道二线工程投产。中国西气东输二线投产。中缅原油管道正式投入运营

续表

2018 年	WTI 年均值 65 美元/桶，最高 76 美元/桶，最低 43 美元/桶。美国原油产量创新高，40 年来再度成为全球最大产油国。特朗普退出伊核协议，恢复对伊制裁，伊朗产量大幅下降。特朗普开启对华贸易战，对中国进口商品多轮加征关税，中国对等反制。上海国际能源交易中心正式推出上海原油期货
2019 年	WTI 年均值 57 美元/桶，最高 66 美元/桶，最低 47 美元/桶。美国对委内瑞拉石油行业实行新一轮制裁。美国制裁俄罗斯北溪二号天然气管道。俄罗斯“土耳其流”天然气管道开通。沙特阿拉伯阿美在国内证交所上市。中国原油进口突破 5 亿吨。中国首批对民营企业开放的重大炼化项目恒力石化和浙江石化投产
2020 年	WTI 年均值 39 美元/桶，最高 63 美元/桶，最低 -38 美元/桶。新冠疫情全球大暴发，金融市场恐慌下跌，WTI 创下负油价历史记录。欧美推出大规模经济刺激计划紧急救市。欧佩克与非欧佩克产油国达成史上最大规模 970 万桶/日的减产协议。下半年金融市场企稳回升
2021 年	WTI 年均值 68 美元/桶，最高 85 美元/桶，最低 48 美元/桶。欧美央行超宽松货币政策推升资产价格普涨，美国通胀水平达到 1982 年以来的最高水平。美国撤军阿富汗。中国原油产量 2 亿吨，原油进口 5 亿吨；原油加工量 7 亿吨，炼油能力约 9 亿吨

第三章

全球供需概况

本章要点

全球原油供需分布不均衡，影响原油国际贸易流动。供应分布取决于先天地理资源禀赋，主要集中在波斯湾、墨西哥湾、西西伯利亚等地区。需求分布取决于经济发展，美国、中国、欧盟为前三大需求经济体。美洲大体可以实现供需自平衡，欧洲东部与西部可形成局部平衡，中东到东亚是全球最大的原油贸易流向。

一、原油储量情况如何？

（一）储量定义

原油储量（Reserves）是指在现行的经济与技术条件和政府法规下，预计在指定日期之后能从地下的油、气藏中采出的原油、天然气和天然气液的数量。通常分为探明储量（Proved）、概算储量（Probable）和可能储量（Possible）三级。

1. 探明储量

探明储量是已完成评价有探井、测井、岩心、生产测试等资料，储量参数取全或基本取全并被探明了的储量。该储量是编制油气田开发方案的重要基础。

2. 概算储量

概算储量是指已完成有评价探井，测井具有油气显示或与探明的邻区可能具有统一的油气水边界，但这些井均未测试，储量参数尚未落实的储量；或是尚没有评价探井，仅根据探明的邻区类比推断的储量，或原来认为没有油气显示的评价井经过重新复查后待探明的储量。

3. 可能储量

可能储量是指未探明的油气田范围内，经过地震详查以及其他方法已经提供了圈闭，根据地质、工程条件分析和类比，有可能存在的油气储量。

（二）全球储量

全球石油探明储量整体呈现逐年增长趋势。根据《2020 年 BP 世界能源统计》数据，2000 年、2010 年、2020 年全球探明储量分别为 1.30 万亿桶、1.64 万亿桶、1.73 万亿桶。2020 年全球探明储量是年产量的 50 倍。储量排名前十位的国家分别是：委内瑞拉（3038 亿桶）、沙特阿拉伯（2975 亿桶）、加拿大（1681 亿桶）、伊朗（1578 亿桶）、伊拉克（1450 亿桶）、俄罗斯（1078 亿桶）、科威特（1015 亿桶）、阿联酋（978 亿桶）、美国（688 亿桶）和利比亚（484 亿桶）（见图 3－1）。我国已探明储量为 260 亿桶，占全球储量的 1.5%。

（三）储量分布

分地区来看，全球石油资源分布极不均衡（见图 3－2 和表 3－1）。探明储量主要分布在北半球：北纬 20°～40°纬度带内有波斯湾、墨西哥湾、北非油田，北纬 50°～70°内有俄罗斯西西伯利亚和北海油田。

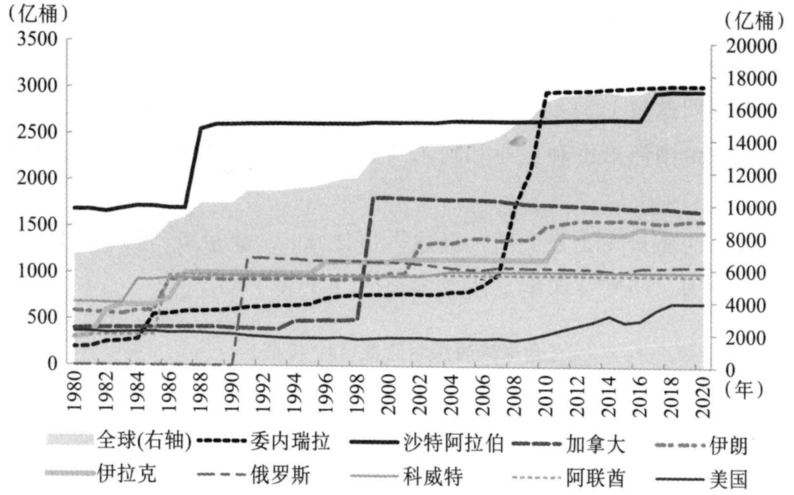

图 3－1　全球原油探明储量

数据来源：BP，中信期货研究所。

1. 中东地区

中东地区探明储量 8360 亿桶，占全球 48.3%，储量/产量比为 83 年。油田主要分布于波斯湾沿岸，易开采、油质好、产量高，是名副其实的“世界油库”。

2. 中南美洲

中南美洲探明储量 3230 亿桶，占全球 18.7%；近 20 年来储量增幅全球最高达到 230%，储量、产量比达到 150 年。包括委内瑞拉全球最大重油富集带奥里诺科重油带、巴西东南海域和桑托斯盆地等。

3. 北美洲

北美洲探明储量 2430 亿桶，占全球 14.0%，储量/产量比为 28 年。包括美国墨西哥湾海上区块、页岩油陆上区块、阿拉斯加北极区块，以及加拿大油砂等，近年来页岩油、油砂、深海等非常规油气资源开发逐渐改变了全球供应格局。

4. 欧洲及欧亚大陆

欧洲及欧亚大陆探明储量 1600 亿桶，占全球 9.2%，储量/产量比为 30 年。主要分布于俄罗斯西西伯利亚和伏尔加—乌拉尔地区，里海高加索地区、英国和挪威的北海油田等。

5. 非洲

非洲探明储量1251万亿桶，占全球7.2%，储量/产量比为50年。主要集中在北部地中海沿岸利比亚和阿尔及利亚、西部几内亚湾尼日利亚等国。

6. 亚太

亚太探明储量452万亿桶，全球占比2.6%，储量/产量比为17年。主要分布于中国、印度、印度尼西亚等地区（见表3－1）。

表3－1　　全球原油探明储量（10亿桶）

年份	全球	中东	中南美洲	北美	独联体	非洲	亚太	欧洲
2000	1301	697	96	237	120	93	38	21
2010	1637	766	320	220	144	125	48	14
2020	1732	836	323	243	146	125	45	14
占比	100%	48%	19%	14%	8%	7%	3%	1%
年份	委内瑞拉	沙特阿拉伯	加拿大	伊朗	伊拉克	俄罗斯	科威特	阿联酋
2000	77	263	182	100	113	112	97	98
2010	297	265	175	151	115	106	102	98
2020	304	298	168	158	145	108	102	98
占比	18%	17%	10%	9%	8%	6%	6%	6%
年份	美国	利比亚	尼日利亚	哈萨克斯坦	中国	卡塔尔	阿尔及利亚	巴西
2000	30.4	36.0	29.0	5.4	15.2	16.9	11.3	8.5
2010	35.0	47.1	37.2	30.0	23.3	24.7	12.2	14.2
2020	68.8	48.4	36.9	30.0	26.0	25.2	12.2	11.9
占比	4.0%	2.8%	2.1%	1.7%	1.5%	1.5%	0.7%	0.7%
年份	挪威	安哥拉	阿塞拜疆	墨西哥	阿曼	印度	越南	埃及
2000	11.4	6.0	1.2	24.6	5.8	5.3	2.0	3.6
2010	6.8	9.1	7.0	10.4	5.5	5.8	4.4	4.5
2020	7.9	7.8	7.0	6.1	5.4	4.5	4.4	3.1
占比	0.5%	0.4%	0.4%	0.4%	0.3%	0.3%	0.3%	0.2%

数据来源：BP，中信期货研究所。

二、全球原油供需情况是怎样的？

（一）供应演变

从19世纪中叶全球石油工业诞生初期至第二次世界大战期间，美国是全球最大的原油生产国。1870年美国占全球原油产量约90%，1945年占比约64%。20世纪中叶中东和苏联陆续发现并投产大油田，成为全球供应增长中心；1969年欧佩克国家原油产量占比51%，出口占比86%；1973年苏联首次超过美国成为全球最大原油生产国。1973—1980年间两次石油危机大幅推升油价重心，刺激全球上游投资；美国产量触顶回落，欧佩克产油国限产保价，其余国家产量快速上行，全球供应进入多元稳定增长期。2010年后美国页岩油、加拿大油砂、巴西深水油田等非常规油气资源开发，美洲产量快速回升；2018年美国再度超过俄罗斯和沙特阿拉伯，成为全球最大产油国。

（二）产量分布

全球原油产量分布与储量分布基本匹配，除南美地区投资不足导致产量低位外，中亚—北美—独联体三大供应中心占全球产量约3/4。1970年、1990年、2010年、2019年全球原油产量分别为4808万桶/日、6502万桶/日、8329万桶/日、9485万桶/日。2020年因新冠疫情导致产量同比减少7%，产量降至8839万桶/日；中东、北美、独联体产量分别占比31%、27%、15%，亚太、非洲、南美分别占比8.4%、7.8%、6.6%。产量排名前十位的国家分别是：美国（18.6%）、沙特阿拉伯（12.5%）、俄罗斯（12.1%）、加拿大（5.8%）、伊拉克（4.7%）、中国（4.4%）、阿联酋（4.1%）、伊朗（3.5%）、巴西（3.4%）和科威特（3%）（见图3-2）。

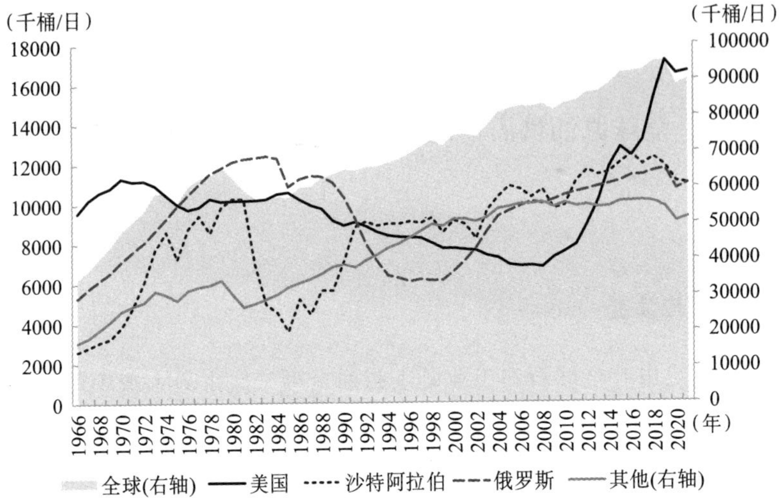

图 3-2 全球石油供应

数据来源：BP，中信期货研究所。

（三）需求演变

石油工业发展初期主要作为照明煤油使用。1893 年福特发明汽油动力汽车，1909 年福特推出廉价 T 型车导致销量大增，推升了汽油需求增加。1914—1918 年第一次世界大战期间，石油开始替代煤炭成为军备燃料；1939—1945 年第二次世界大战期间，石油晋升为国家战略物资。战后重建带动了石油需求的快速增长，1965 年石油需求首次超过煤炭，美国、欧洲、苏联需求分别占比 37%、27%、11%，中国占比仅为 0.7%。此后，全球需求随经济增长稳步上行，欧美占比持续回落。2000 年美国、欧洲、日本、中国、印度需求分别占比 26%、21%、7%、6%、3%。21 世纪中国和印度等新兴市场国家经济崛起，需求中心逐渐转移。2017 年中国超越美国成为全球最大原油进口国，2020 年中国超过欧洲成为全球第二大需求经济体。

（四）需求分布

全球石油需求分布与经济分布基本一致，需求增速与经济增速亦基本匹配。1970 年、1990 年、2010 年、2019 年全球石油需求分别为 4532 万桶/日、6634 万桶/日、8657 万桶/日、9760 万桶/日。2020 年新冠疫情导致全球油品需求同比下降约 9%，产量降至 9700 万桶/日；前三大经济体美国、中国、欧盟的 GDP 分别占比 25%、18%、18%，油品需求分别占比 19%、16%、15%。需求排名前十位的国家分别为：美国（19.4%）、中国（16.1%）、印度（6.3%）、沙特阿拉伯（4.0%）、日本（3.8%）、俄罗斯（3.7%）、韩国（2.9%）、巴西（2.6%）和加拿大（2.6%）（见图 3－3）。

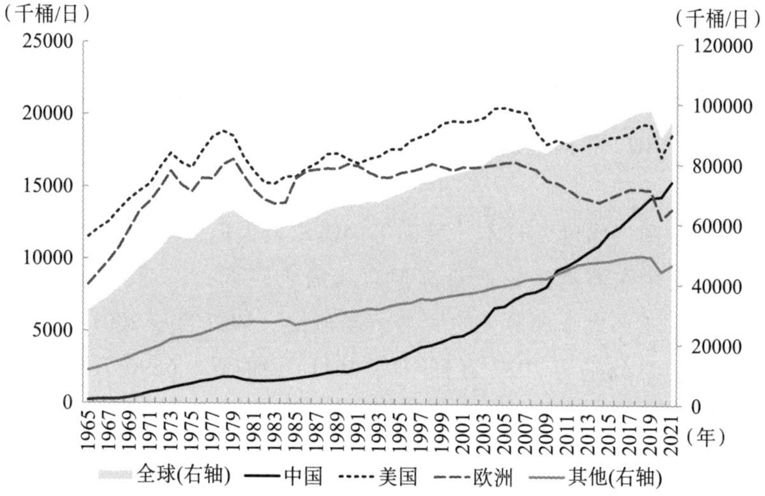

图 3－3　全球石油供应

数据来源：BP，中信期货研究所。

三、全球原油贸易趋势如何？

（一）贸易流向

全球原油供应中心位于北美、中亚、俄罗斯，取决于先天资源禀赋；需求中心主要在北美、东亚、西欧，取决于经济发展程度。由于石油供应和需求分布的不匹配，需要通过国际贸易来平衡地区之间的供需缺口。大体可分为三大贸易平衡体系：

1. 美洲

美国既是全球最大的原油生产国，也是最大的成品油加工和消费国。加拿大和南美原油出口至美国，美国生产的成品油则反向出口南美。近年来，美国本土原油增产，进口减少而出口增加；逐渐形成了石油供需自循环格局。

2. 欧洲

俄罗斯是全球第三大产油国，而欧盟是全球第三大油品需求经济体。俄罗斯与欧盟间可形成一定程度的贸易平衡。2021 年俄罗斯石油占欧盟进口的四成以上，2022 年因地缘因素导致俄罗斯石油更多转向出口亚洲。

3. 亚洲

东亚的中国、印度、日本、韩国等国需求较大但供应较少，占全球原油进口约六成。中东海湾国家产量高但自身需求较低，占亚洲进口来源约六成。中东到东亚形成全球最大的原油贸易流向。1981 年、2001 年、2021 年全球原油贸易量分别为 2937 万桶/日、4611 万桶/日、6696 万桶/日，分别占当年全球产量的 49%、60%、71%。

（二）原油进口

全球原油净进口地区主要集中在亚太和西欧，两地消费量高但资源匮乏。2021 年中国、欧洲、美国、印度、日本原油进口分别占全球贸易量的 26%、23%、15%、10%、6%；成品油进口分别占比 8%、16%、9%、4%、4%（见图 3-4）。

第一，亚太是全球最大原油进口地区，占全球贸易量约 60%；进口原油主要来自中东（60%），之后分别为独联体、非洲、拉丁美洲、北美，分别占比约 10%、10%、8%、7%。进口增量主要来自中国和印度，日本需求持续下降。第二，欧洲进口占比全球约 20%，进口来源相对多元化，独联体、非洲、中东、北美分别占比约 45%、20%、19%、15%。第三，美国由于本土产量增加，原油进口自 2007 年从 1005 万桶/日触顶回落，2021 年

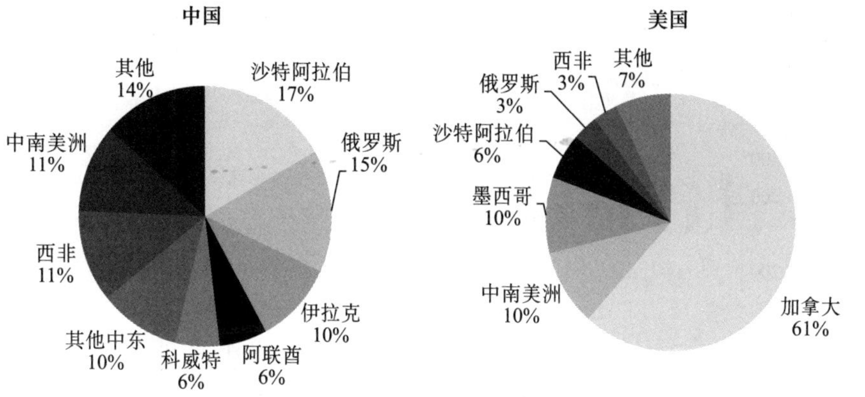

图 3-4 原油进口来源占比（2021 年）

数据来源：BP，中信期货研究所。

降至 8500 万桶/日；占全球贸易约 13%。八成以上进口来自美洲，其中加拿大、墨西哥、拉丁美洲分别占 61%、11%、10%。

（三）原油出口

全球原油净出口地区主要为中东、独联体、西北非、拉丁美洲，资源丰富但需求有限，原油产量大部分用于出口。2021 年沙特阿拉伯、俄罗斯、加拿大、伊拉克、美国原油出口分别占全球贸易量的 16%、13%、10%、9%、7%；美国、俄罗斯、欧洲、新加坡、印度、中国成品油出口分别占比 20%、11%、9%、6%、6%、5%（见图 3-5）。

第一，中东是全球最大的原油出口地区，出口量占全球约 40%，产量八成用于出口。近年来，随着美国进口量减少，亚太成为中东市场出口的主要目的地，占中东出口约 80%。第二，独联体原油七成用于出口，出口量占全球 17%；对欧洲、亚洲出口分别占比 58%、34%。未来俄罗斯对亚太地区出口占比或将继续增加。第三，非洲原油出口占总产量的 85%，占全球贸易的 12%。对亚洲、欧洲出口分别占比 51%、38%。第四，北美原油出口占全球约 20%。其中，加拿大、墨西哥主要原油出口至美国，分别占两国出口量的 95%、60%。美国出口则主要流向亚太（42%）和欧洲（37%）。第五，拉丁美洲原油出口占产量约 60%，占全球贸易约 7%。传统出口主要销往美国，美国进口减少后积极开拓亚太市场，对亚洲出口增至 70%。

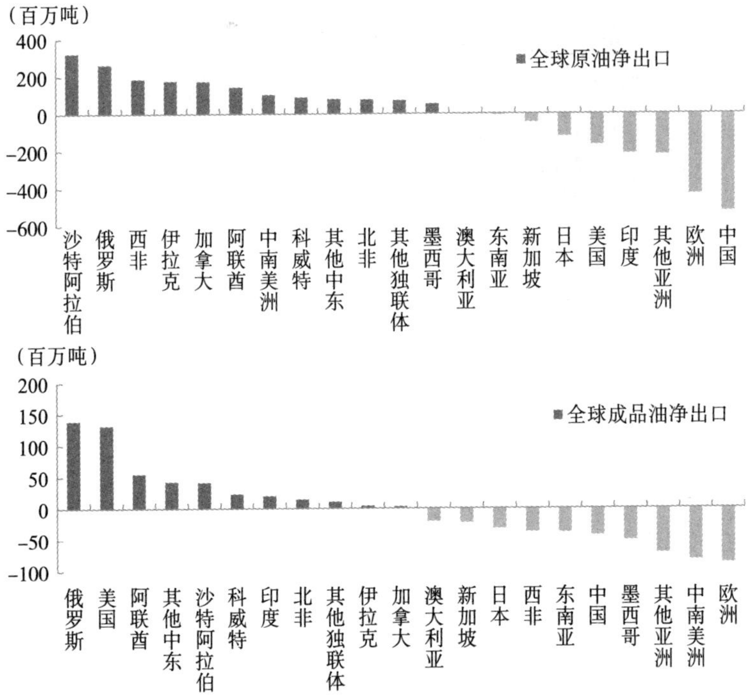

图 3-5 全球石油净出口（2021 年）

数据来源：BP，中信期货研究所。

四、中国原油供需情况如何？

（一）能源供应

中国是全球最大的能源生产国和消费国。煤炭仍是保障能源供应的基础能源，2010—2020 年原煤年产量保持在 34.1 亿～39.7 亿吨。努力保持原油生产稳定，2010—2020 年原油年产量保持在 1.9 亿～2.1 亿吨。天然气产量明显提升，从 2012 年的 1106 亿立方米增长到 2021 年的 2075 亿立方米。可再生能源开发利用规模快速扩大，水电、风电、光伏发电累计装机容量均居世界首位。截至 2021 年底，核电装机容量为 5463 万千瓦，居世界第三位，在建核电装机容量居世界第一位。

（二）能源需求

能源消费结构向清洁低碳加快转变。2019 年煤炭消费占能源消费总量比重为 56.0%，比 2012 年降低 12.5 个百分点；天然气、水电、核电、风电等清洁能源消费量占能源消费总量比重为 25.5%，比 2012 年提高了 10 个百分点；非化石能源占能源消费总量比重达 16.6%，比 2012 年提高了 6.9 个百分点。新能源汽车快速发展，2021 年新增量和保有量分别达 350 万辆和 784 万辆，均占全球总量一半以上；全国电动汽车充电基础设施达 120 万处，建成世界最大规模充电网络，有效促进了交通领域能效提高和能源消费结构优化。中国原油供需和成品油供需见图 3－6、图 3－7。

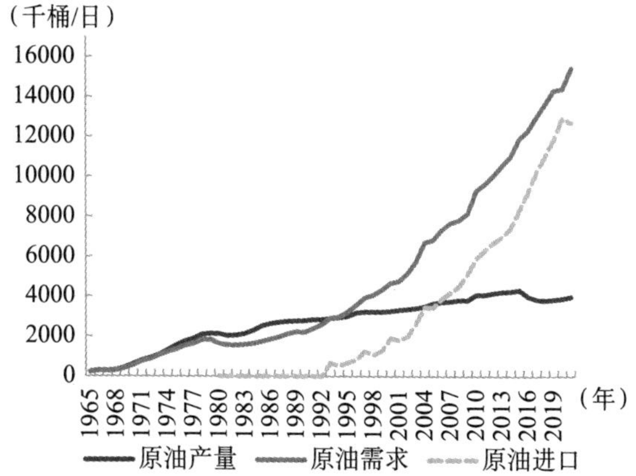

图 3－6　中国原油供需

数据来源：BP，中信期货研究所。

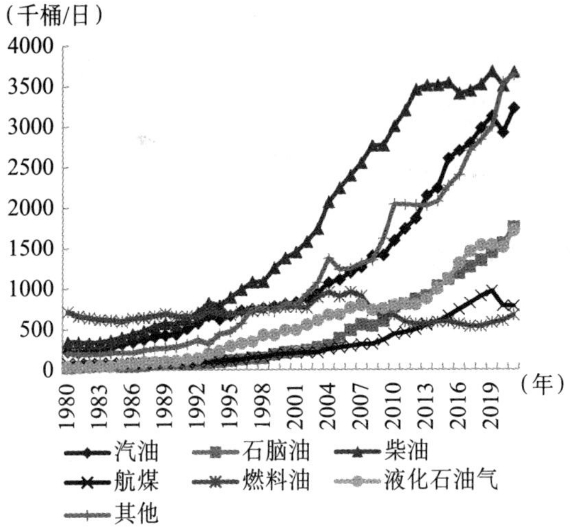

图 3－7 中国成品油需求

数据来源：BP，中信期货研究所。

（三）原油产量

2021 年中国累计探明石油储量 422 亿吨，剩余探明技术可采储量 37 亿吨；原油产量 2 亿吨，是全球第六大原油生产国（见图 3－6）。已探明油田 771 个，主要包括大庆油田、胜利油田、辽河油田、克拉玛依油田、四川油田、华北油田、大港油田、中原油田、吉林油田、河南油田、长庆油田、江汉油田、江苏油田、青海油田、塔里木油田、吐哈油田、玉门油田等，近年来渤海地区和南海地区的海上油田成为我国探明储量和产量的重要增长来源。

（四）石油需求

我国的国内生产总值在 2020 年超过欧盟成为全球第二大经济体，同时也是仅次于美国的第二大石油需求国（见图 3－7）。2021 年中国原油加工量为 7.04 亿吨，炼油能力约达 9.1 亿吨，已超过美国成为全球炼油能力最高的国家。其中，中石化、中石油、中海油炼厂分别占比约 31%、24%、6%，民营炼厂占比约 30%。分地区来看，山东省、辽宁省、广东省、浙江省、江苏省分别占约 21%、15%、9%、7%、6%。分油品来看，柴油、汽油、燃料油、沥青、煤油、石脑油需求分别占比约为33%、27%、7%、13%、8%、9%。随着新增炼能升级，炼化一体化深加工趋势增强，成品油出口率下降，柴汽油占比逐渐回落。

（五）原油进口

新中国成立初期，石油工业百废待兴，几乎完全依赖国外进口。1960年石油大会战开始后，原油产量逐渐增加，1978年产量首次突破1万吨。此后，中国经济开始加速，石油需求增速超过产量，1993年由净出口国变为净进口国。21世纪后，产量稳定、需求腾飞，进口依赖度快速上行。2017年中国超过美国成为全球最大的原油进口国；2021年中国原油进口5.1亿吨，进口依赖度达到72%。过半原油来自中东地区，沙特阿拉伯、俄罗斯、伊拉克、巴西、安哥拉分别占比15.2%、15.0%、10.8%、7.8%、7.7%。

五、亚太地区原油供需情况如何？

（一）印度

作为新兴市场大国之一，印度经济在21世纪快速增长；已成为全球第三大能源需求国，仅次于中国和美国。2019年印度油品需求创515万桶/日的历史高位，2020年新冠疫情导致经济和需求大幅回落，2021年印度油品需求488万桶/日，全球占比5.2%，其中，柴油、汽油、液化石油气占比分别为33%、13%、22%。柴油是印度的主要交通油品；液化天然气主要作为民用燃气，入户率已超过97%。印度国内原油产量维持低位，2021年仅有75万桶/日，约一半来自海上油田（见图3-8）。原油高度依赖进口，主要来自中东。2021年伊拉克、沙特、阿联酋分别占比23%、18%、11%；2022年因地缘冲突导致供应格局重塑，来自俄罗斯的进口量大幅增加。

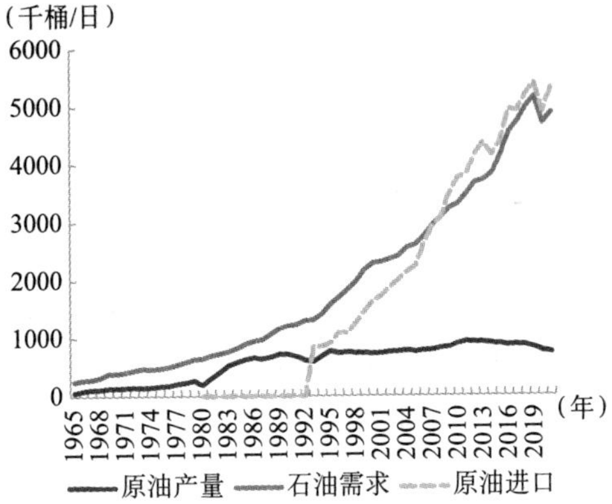

图 3－8 印度原油供需

数据来源：BP，中信期货研究所。

（二）日本

第二次世界大战后日本经济快速成长，1996 年石油需求达到 600 万桶/日峰值，全球占比 8.3%，是当时仅次于美国的第二大需求国；此后，由于经济增速放缓、能效提高、人口老龄化等因素，需求持续回落。2012 年由于福岛核电站故障，日本采用原油直燃发电替代部分核能发电，石油需求短暂回升至 470 万桶/天；随后延续下降至 2021 年的 334 万桶/日，全球占比 3.6%，排名第五位。因本土油气资源匮乏，日本政府致力于提倡节约能源、提高能源使用效率，从而降低石油进口的依赖度；石油占日本能源消费比重从 1970 年的 80%下降到了 2020 年的 40%。日本是发达经济体中能源密度最低国家之一。日本原油几乎全部依赖海运进口；九成以上进口来自中东，沙特阿拉伯、阿联酋、卡塔尔、科威特分别占比 36%、29%、9%、8%（见图 3－9）。

（三）韩国

2021 年韩国石油需求为 281 万桶/日（见图 3－9），全球占比 3%，排名第八位。韩国是一个出口导向型国家，石油消费主要受国内外经济波动的影响。同日本政府一样，韩国本土几乎没有原油产量，高度依赖海运进口。韩国进口来源相对多元化，传统进口主要来自中东，近年来美国对韩国原油出口持续增加；2019 年沙特阿拉伯、美国、科威特、伊拉克、阿联酋分别占 27%、14%、14%、11%、8%。出于能源安全及经济性考虑，韩国政府也在致力降低石油消费密度，未来石油消费增长趋势可能会逐渐放缓。

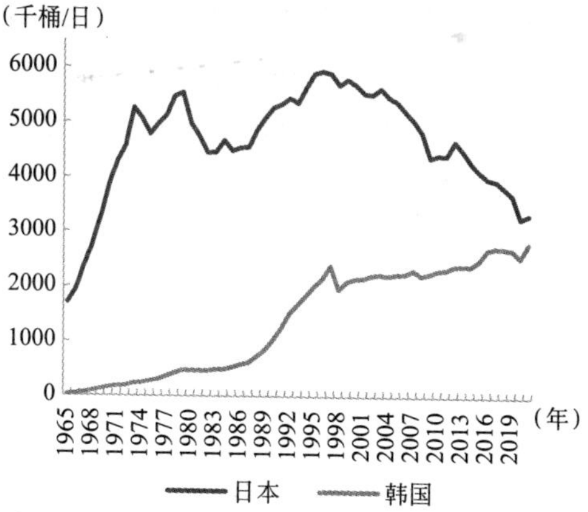

图 3-9　日韩原油供需

数据来源：BP，中信期货研究所。

（四）印度尼西亚

印度尼西亚是全球最大的煤炭出口国、最大生物柴油生产国、第七大 LNG 出口国、亚太第三大原油生产国（仅次于中国和印度）。原油储量主要分布在苏门答腊岛、加里曼丹岛等地区。印度尼西亚是亚洲重要的原油出口国，近年来产量持续回落，已经由净出口国转为净进口国（见图 3-10）。2021 年原油产量 69 万桶/日，主要出口至泰国、中国、印度等周边国家。

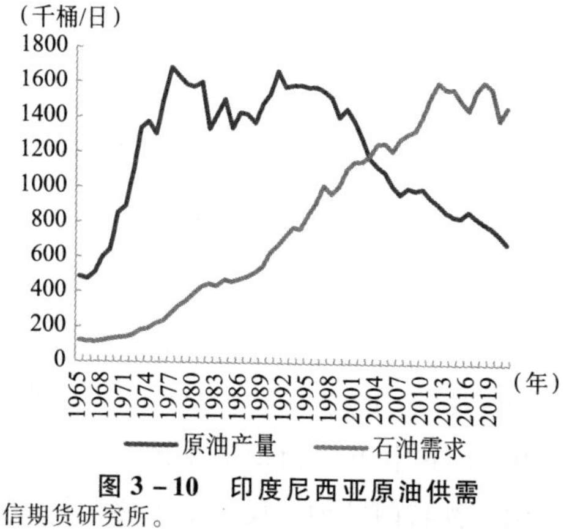

图 3-10　印度尼西亚原油供需

数据来源：BP，中信期货研究所。

（五）哈萨克斯坦

哈萨克斯坦是除俄罗斯外最大的原油生产国。近年来产量出口持续增加，八成以上出口至欧洲。2021 年原油产量 181 万桶/日，主要来自西北部的 Tengiz 和 Karachaganak 陆上油田，以及 Kashagan 海上油田。

中亚原油供需见图 3－11。

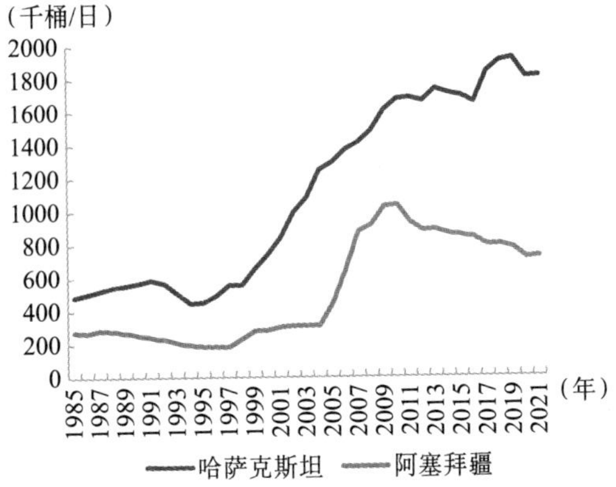

图 3－11　中亚原油供需

数据来源：BP，中信期货研究所。

六、中东地区原油供需情况如何？

（一）沙特阿拉伯

沙特阿拉伯是全球第二大原油生产国，仅次于美国，占比 12%（见图 3－12）；是全球第二大原油储量国，仅次于委内瑞拉，占比 15%；储采比为 73 年，产能潜力巨大。2021 年沙特阿拉伯原油产量 1095 万桶/日，出口 770 万桶/日。沙特阿拉伯产量七成以上用于出口，亚洲、欧洲、美洲占比分别为 77%、10%、9%，其中 26% 出口至中国，占中国总进口量的 15%，是中国最大进口来源国。沙特阿拉伯国民经济主要依靠石油行业，近年来政府推进经济多元化，石油收入占比逐渐回落，2020 年石油出口占政府收入的 53%。沙特阿拉伯作为欧佩克创始国之一和全球重要的供应缓冲垫，其产量、政策对原油价格具有较大影响力。

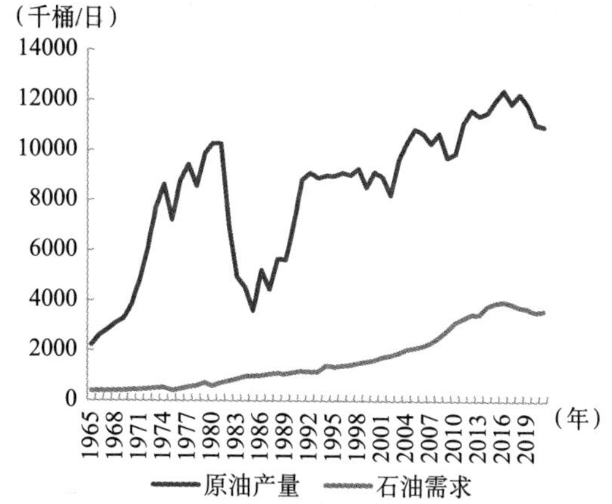

图 3－12　沙特阿拉伯原油供需

数据来源：BP，中信期货研究所。

（二）伊拉克

伊拉克是欧佩克第二大、全球第五大产油国（见图 3－13）。近 50 年来，战争频发影响了石油工业的发展：1980 年两伊战争，1991 年海湾战争，

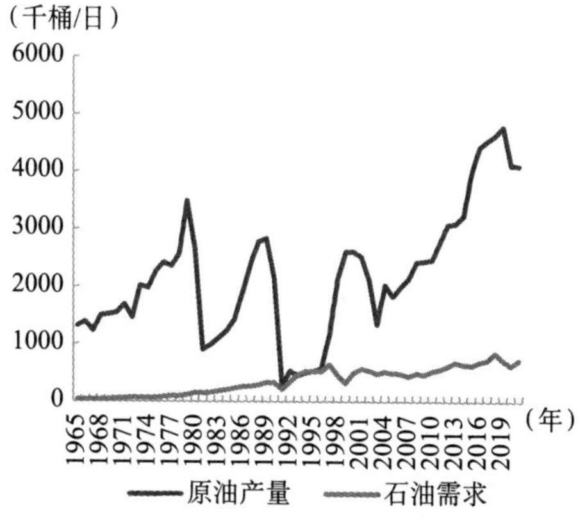

图 3－13　伊拉克原油供需

数据来源：BP，中信期货研究所。

2003 年伊拉克战争等，导致产量长期中断；2005 年后进入持续增产期。2021 年产量 410 万桶/日，占全球 4.6%；储量占比 8%。产量八成以上用于出口，其中，约九成是通过南部巴士拉港口出口的巴士拉原油，其余通过北部库尔德地区管道输送至土耳其杰伊汉港口出口。亚洲、欧洲在出口占比中分别为 62%、24%，中国和印度各占约 1/4。

（三）伊朗

伊朗是全球第三大原油储量国、第二大天然气储量国（见图 3 – 14）。伊朗经济相对多元化，石油出口占政府收入约 40%。1901 年伊朗与英国人签订石油租让协议，是中东地区最早对西方国家开放石油探采权的国家之一。1974 年产量最高达到 600 万桶/日。1979 年，美国开始对伊朗实行一系列经济制裁。从此，伊朗投资不足导致产量增长缓慢。2012 年因为伊朗铀浓缩活动，美欧对伊朗实施全面制裁，产量短期大幅下降。2015 年 7 月联合国安理会一致通过伊核问题全面协议。2017 年产量一度恢复至 480 万桶/日。2018 年特朗普任美国总统，宣布退出伊核协议，恢复对伊朗制裁，伊朗的产量再度回落。2021 年产量 362 万桶/日，全球占比 4.0%。

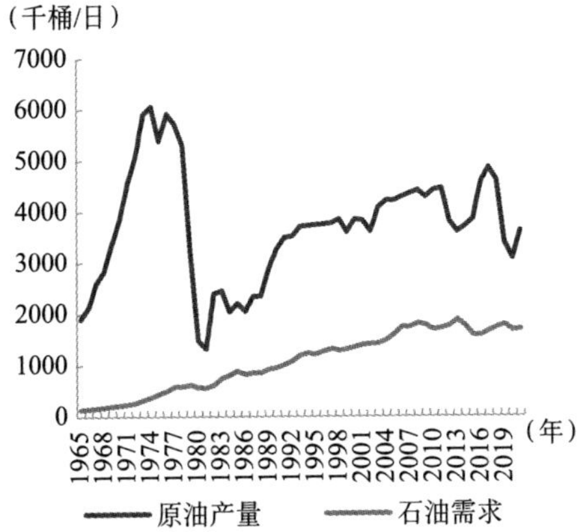

图 3 – 14　伊朗原油供需

数据来源：BP，中信期货研究所。

（四）阿联酋

阿联酋是欧佩克第三、全球第八大产油国（见图 3-15）。2021 年原油产量 367 万桶/日，全球占比 4.1%；九成以上产量集中在阿布扎比，九成以上出口至亚洲国家，主要为重质和轻质原油。近年来，阿联酋着重发展提高采收率技术，用以延长已开发油田的可开采寿命，使油气产量保持稳定增长。通过运用提高采收率技术，过去几十年阿布扎比原油可开采量提高了一倍。阿联酋表示计划到 2030 年将石油产能提升至 500 万桶/日。

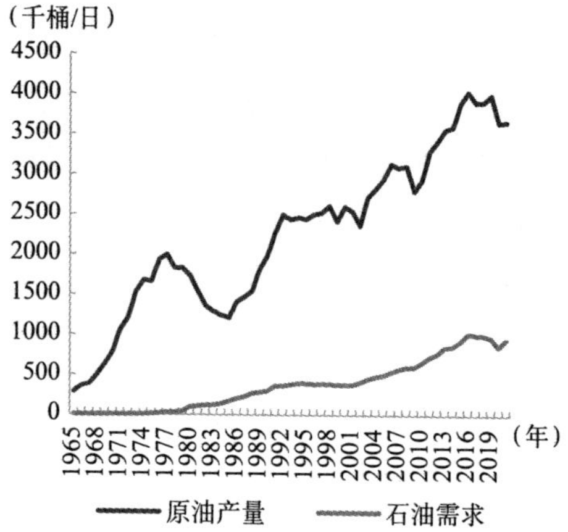

图 3-15 阿联酋原油供需

数据来源：BP，中信期货研究所。

七、美洲地区原油供需情况如何？

（一）美国

美国是全球最大的石油生产国和消费国（见图 3-16）。19 世纪中叶到

20 世纪中叶，美国是石油工业发展初期最大的供应和需求国家。供应方面，随着中东和苏联石油工业崛起，美国产量占比回落。1970 年美国产量达到 1130 万桶/日峰值，此后持续下降至 2008 年 678 万桶/日。2009 年页岩油技术突破使产量止跌回升，2021 年升至 1658 万桶/日（含凝析油和天然气凝析液），再度成为全球最大生产国，占全球总产量 18%。需求方面，第二次世界大战后随着欧洲、苏联、日本石油需求的恢复，美国需求总量增长但占比回落；21 世纪新兴市场国家经济崛起使美国需求份额继续下滑，全球占比从 1960 年的约 40% 降至 2021 年的 20%。

贸易方面，20 世纪 50 年代战后重建和经济发展带动需求增速远大于供应，美国逐渐成为石油净进口国。页岩油复兴促进美国石油独立，2020 年美国再度成为原油净出口国，原油出口量达到 308 万桶/日。2022 年原油出口阶段性创新高。美国增产主要为轻质页岩油，而传统炼厂设计主要加工中重质中东原油，因此仍需通过贸易实现组分平衡。进口重质原油主要来自加拿大，出口轻质原油则主要销往亚太和欧洲。

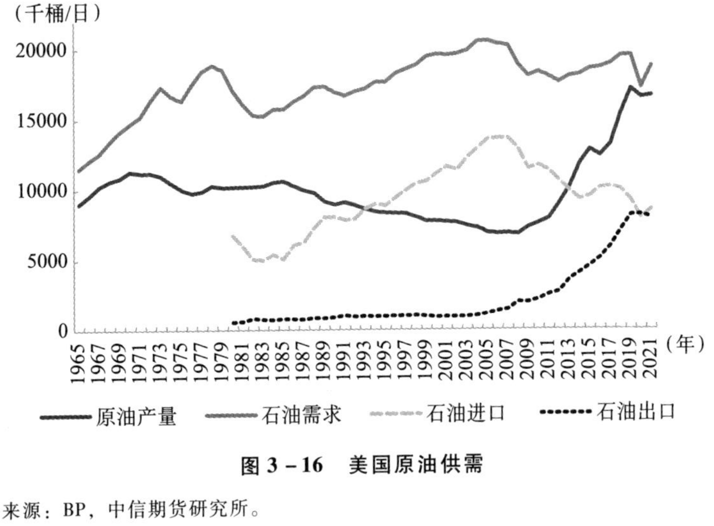

图 3－16　美国原油供需

数据来源：BP，中信期货研究所。

（二）加拿大

加拿大是美洲第二、全球第四大生产国。2021 年加拿大石油产量为 543

万桶/日，全球占比约6%。加拿大原油生产主要来源于三部分：阿尔伯塔省油砂、西部沉积盆地常规原油资源和大西洋的海上油田，其中，油砂占八成以上。生产原油约85%用于出口，基本全部出口至美国，主要从加拿大西部流向美国中西部地区，而加拿大东部人口密集石油产量较少的地区，也会从美国进口部分石油产品。美国轻质原油进口骤降，但对加拿大重油需求有增无减，因为美国炼油设备比较善于加工中重质油，炼厂将进口重油与本土轻油调和后再加工。加拿大从美国进口原油占比从2011年的25%提高至2020年的约60%。

（三）墨西哥

由于成熟油田衰减，资本开支增幅有限，墨西哥原油产量持续下降。从2004年的383万桶/日降至2021年的193万桶/日。大约有75%墨西哥原油产自海上油田，飓风季节生产容易受到热带风暴的影响；其余主要来自南部陆上轻质原油。墨西哥原油主要出口至美国，多数为中重质油如玛雅原油等。

（四）巴西

巴西是美洲第三、全球第九大生产国。得益于深海油田开采技术的进步，近年来产量持续增长。2021年巴西石油产量300万桶/日，占全球3.3%；其中，约六成来自海上油田。巴西原油七成以上出口至亚太，其余主要流向美国。

（五）委内瑞拉

委内瑞拉探明储量3038亿桶，是全球储量最高的国家。21世纪以来，由于国内政治经济危机导致投资缺乏。原油产量持续下降，从2006年的334万桶/日降至2021年的仅66万桶/日。委内瑞拉生产的主要为超重质高硫原油，需要通过混掺轻油或加工处理后才能流入市场。委内瑞拉的原油主要出口美国，近年来出口中国用于偿还贷款比例逐渐增加。

美洲原油供应见图3-17。

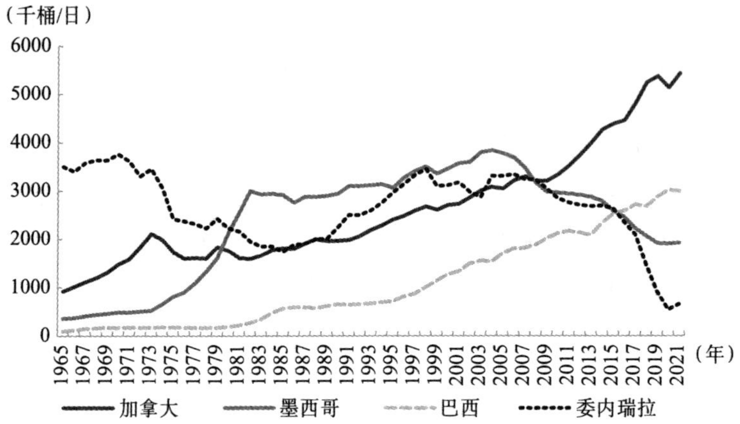

图 3－17 美洲原油供应

数据来源：BP，中信期货研究所。

八、欧洲和非洲地区原油供需情况如何?

（一）俄罗斯

俄罗斯是全球第三大原油生产国、第二大天然气生产国。2021 年石油产量 1094 万桶/日，全球占比 12.2%；石油出口 823 万桶/日，占比 12.3%。原油生产主要集中在西西伯利亚及乌拉尔—沃尔加地区，八成以上来自 Rosneft、Lukoil、Surgutneftegas、Gazprom、Tatneft 五家石油公司。2021 年俄罗斯约六成原油出口至欧盟，占欧盟总进口量约四成；乌拉尔原油是俄罗斯西部出口至欧洲的主要品种，属于中质含硫原油。其余约 40% 原油主要出口至亚太地区，中国是进口俄罗斯原油最多的国家，占俄罗斯总出口量 30%，占中国总进口量 15%；主要为通过东西伯利亚—太平洋管道出口的中质低硫 ESPO 原油。2022 年地缘冲突导致俄罗斯对欧洲出口大幅减少，对亚洲出口大幅增加（见图 3－18）。

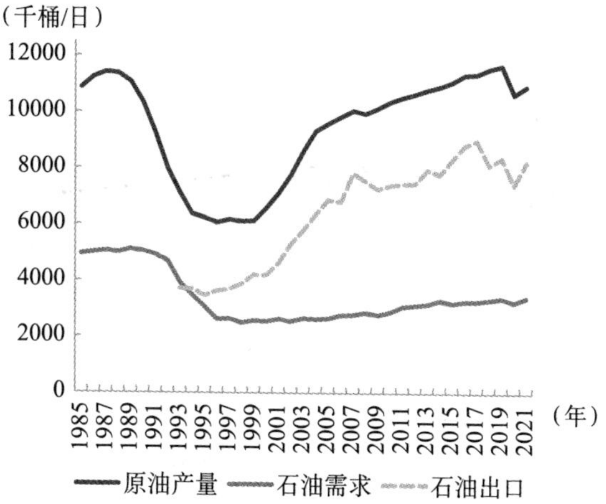

图 3－18 俄罗斯原油供需

数据来源：BP，中信期货研究所。

（二）挪威

挪威是欧洲第二大油气生产国。20 世纪 80 年代北海油田被发现，使挪威产量持续增长，2001 年达到 340 万桶/日的峰值。此后，油田衰减产量下滑，2021 年降至 200 万桶/日，全球占比 2.3%。挪威原油基本全部出口至欧洲（见图 3－19）。

（三）西欧

西欧是欧洲主要的消费中心，本土原油产量较少，高度依赖进口。德国是西欧最大能源消费国。石油、天然气、煤炭分别占约 35%、25%、18%，油气供应基本全部依赖进口。2021 年石油需求 205 万桶/日，俄罗斯、挪威、英国进口各占约 31%、11%、11%。法国是西欧第二大能源消费国。2021 年石油需求 143 万桶/日，几乎全部来自进口。英国是西欧第三大能源消费国。得益于北海油田开发，2002 年达到产量峰值 250 万桶/日，2021 年降至 87 万桶/日（见图 3－19）。石油需求自 1973 年达到 222 万桶/日峰值后逐渐回落，2021 年降至 124 万桶/日。进口主要来自挪威。

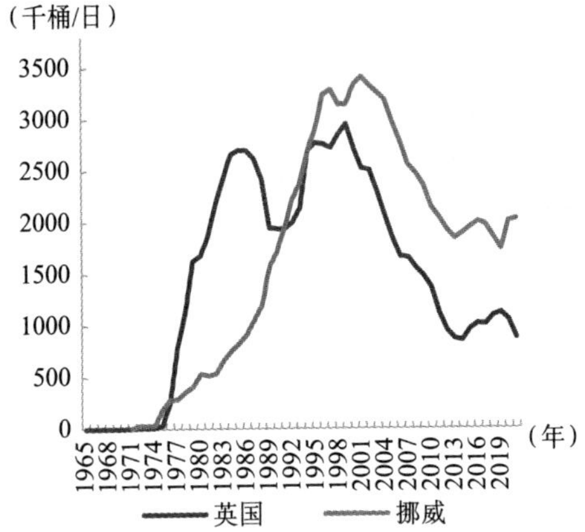

图 3-19 北海原油供应

数据来源：BP，中信期货研究所。

（四）非洲

非洲地区石油的储量和产量在全球占比均为7%。由于投资有限，近年来产量持续下滑。尼日利亚是非洲最大石油生产国。2010年产量达到250万桶/日后逐渐回落，2021年降至163万桶/日。阿尔及利亚是非洲第二大石油生产国。2007年产量达到200万桶/日峰值，2021年降至135万桶/日。安哥拉是非洲第三大石油生产国。2008年产量最高达188万桶/日，2021年降至116万桶/日。利比亚是非洲最大的石油储量国。因国内政治动荡导致产量极不稳定。1970年产量最高，为335万桶/日，直到2010年在150万桶/日上下波动；2011年阿拉伯之春利比亚内战后，产量大幅下滑。2020年降至43万桶/日，2021年升至127万桶/日。

自测题

一、填空题

1. 全球原油探明储量最高的国家是（　　）。

2. 全球前三大原油生产国是（　　）、（　　）和（　　）。
3. 全球前两大石油需求国是（　　）、（　　）。
4. （　　）是进口俄罗斯原油最多的国家。
5. （　　）是进口沙特阿拉伯原油最多的国家。
6. （　　）是进口伊拉克原油最多的国家。

二、判断题

1. 中东至亚洲是全球最大的原油贸易流向。（　　）
2. 挪威和英国的原油产量主要来自北海油田。（　　）
3. 印度是石油净出口国。（　　）
4. 西欧是石油净进口地区。（　　）
5. 美国页岩油革命后增产的主要是重质原油。（　　）
6. 尼日利亚和利比亚是非洲主要的原油生产国。（　　）

三、单选题

1. （　　）是全球最大的能源生产国和消费国。
A. 中国　　B. 美国
C. 印度　　D. 沙特阿拉伯
2. （　　）不属于前十大原油消费国。
A. 中国　　B. 美国
C. 印度　　D. 沙特阿拉伯
3. （　　）不属于前十大原油生产国。
A. 德国　　B. 伊朗
C. 加拿大　　D. 巴西
4. 加拿大的原油九成以上出口至（　　）。
A. 日本　　B. 中国
C. 墨西哥　　D. 美国
5. 日本原油进口九成以上来自（　　）。
A. 美国　　B. 俄罗斯　　C. 中东　　D. 南美
6. 以下（　　）不属于沙特阿拉伯的主要出口原油。

A. 沙特阿拉伯轻质原油　　B. 沙特阿拉伯重质原油
C. 沙特阿拉伯中质原油　　D. 巴士拉原油

参考答案

一、填空题

1. 委内瑞拉　2. 美国、俄罗斯、沙特阿拉伯　3. 美国、中国
4. 中国　5. 中国　6. 中国

二、判断题

1. √　2. √　3. ×　4. √　5. ×　6. √

三、单选题

1. A　2. D　3. A　4. D　5. C　6. D

第四章

原油产业知识

本章要点

石油产业链可分为三个板块：上游是石油勘探开采，中游是石油储运贸易，下游是石油加工零售。上游环节包括油气的勘探、开发和生产，是一个专业化程度较高、资金密集和技术密集的板块，同时有着高风险、高回报的行业特点。中游环节是连接油气生产、加工、分配、销售诸环节的纽带，包括油气田集输、长距离输送管道、远洋航运、储存与装卸及城市输配系统等。下游环节具体包括炼油、化工、销售等板块。

一、原油有哪些特性？

原油（Crude oil），也被称为黑色金子，是液态或半固态的可燃物质，与煤、天然气一样属于不可再生的化石燃料，是世界上重要的一次性能源之一。它是由不同的碳氢化合物混合组成，成分非常复杂，主要包含烃类化合物（烷烃、环烷烃、芳烃）和非烃类化合物（含氧、硫、氮化合物，胶质、沥青质等）。

（一）原油的物理性质

原油的物理性质因产地而异，因油层而异，没有固定的化学组成，因此也没有固定的物理常数，一般而言，原油的密度为0.8～1.0g/cm^3，黏度范围很宽，凝固点差别也很大（－60℃～32℃），沸点范围为常温到500℃以上，可溶于多种有机溶剂，不溶于水，但可与水形成乳状液。在人们的第一印象中，原油是黑色的，但实际上被誉为黑金的原油颜色非常丰富，有红、金黄、墨绿、黑、褐红，甚至透明，原油的颜色是它本身所含胶质、沥青质含量的体现，通常原油的颜色越浅，表明胶质、沥青质含量越低，密度越小、含低沸点成分也越高，世界部分地区甚至有无色的原油产出，我国重庆黄瓜山和华北大港油田有的井产无色石油，克拉玛依石油呈褐色至黑色，大庆油田、胜利油田、玉门油田的石油均为黑色。无色石油在美国加利福尼亚、苏联巴库、罗马尼亚和印尼的苏门答腊均有产出。无色石油的形成，可能同运移过程中带色的胶质和沥青质被岩石吸附有关。但是不同程度的深色石油占绝大多数，几乎遍布世界各大含油气盆地。

（二）原油的化学性质

就组成原油的化学元素成分而言，原油主要是碳元素和氢元素组成的多种碳氢化合物，即石蜡烃、烯烃和芳香烃等所统称的“烃类”。原油中碳元素比重占83%～87%、氢元素占比为11%～14%，其余为硫（0.06%～0.8%）、氮（0.02%～1.7%）、氧（0.08%～1.82%）、微量非金属元素（磷、氯、碘等）以及微量金属元素（镍、钒、铁、锑）等杂质。虽然组成原油的基本元素类似，但不同产地出产的原油品种则是纷繁众多。原油主要成分为烷烃、环烷烃、芳香烃等，但各种烃类结构和所占比例相差很大。原油开采出来时也含有金属盐分，主要是钠、钙、镁等氯化物的混合物，因此原油从地下开采出之后需要脱水脱盐才能进行加工。

（三）原油和石油的区别

人们习惯上将石油等同于原油，实际上这并不是一种严谨的说法，1983年第11届世界石油大会正式对石油等名词进行了定义：

（1）石油（Petroleum）是指气态、液态和固态的烃类混合物，具有天然产状。

（2）原油（Crude Oil）是石油的基本类型之一，储存于地下储层中，常压下呈液态，其中也包括一些液态非烃类组分。一般来说，原油在油藏状态下黏度不超过10mPa·s。

（3）天然气（Natural Gas）是石油的基本类型之一，在地层条件下呈气态或溶解于原油中，开采后常温常压下呈气态。天然气中也可能含有少部分非烃类组分。

（4）天然气液（Natural Gas Liquids）是指天然气的一部分，在天然气处理装置中呈液态回收，主要包括天然气汽油和凝析油，也可能含有少量C1～C4烷烃和非烃组分。

（5）天然焦油（Natural Tar）是指石油沉积物，呈半固态或固态，如加拿大油砂，常温常压下黏度大于10mPa·s，常含有少量硫、氮、氧、金属的非烃物质。

虽然行业层面对石油以及原油的定义较为统一，但各国在定义方面仍有一定分歧，关键问题在于天然气液和凝析油（油田伴生）以及从天然焦油、沥青中提取的油流是否符合原油的定义，目前国际能源署（IEA）、欧佩克（OPEC）等主流官方机构都未把天然气凝析液包含在内；而只要凝析油可以从工业油流中分离出来，也应该被排除在外，但在美国能源信息署（EIA）的定义当中，也将部分矿场开采出的凝析油纳入了原油的范畴。

（四）凝析油

凝析油是指从凝析气田或者油田伴生天然气凝析出来的液相组分，又称天然汽油。凝析油的特点是在地下以气相存在，称为凝析气，采出到池面后则呈液态。其主要成分是C5～C7烃类的混合物，并含有少量的大于C8的烃类以及硫化物等杂质，其馏分多在20℃～200℃，挥发性好。凝析油可以直接用作燃料，也是炼油工业的优质原料，通常石脑油收率在60%～80%，柴油收率在20%～40%，API值在50度以上，其与超轻质原油的界限并不明显。

二、原油是怎样分类的？

由于地质构造、生油条件和年代的不同，世界各地所产原油的性质和组成的差别很大，有的却十分相似；同一地区的原油，由于采油层位不同，性质都可能出现差别。性质和组成相似的原油，其加工、储运等方案也相近。因此，根据原油特性进行分类，对制定原油加工方案和储运、销售都是十分必要的。原油的组成十分复杂，对其确切分类很困难。原油的分类方法有许多种，通常从商品、地质、化学或物理等不同角度进行分类。在此只阐述广为应用的原油化学分类法和商品分类法。

（一）化学分类法

原油的化学分类以原油的化学组成为基础，通常用与原油化学组成直接有关的参数作为分类依据，如特性因数分类、美国矿务局关键馏分特性分类、相关指数分类、石油指数和结构族组成分类等。其中，以前两种应用最广。通常认为，按这两种方法分类，对原油特性可得到一个概括认识，不同原油间可作粗略对比。

1. 特性因数K值分类法

原油特性因数是根据相对密度和沸点组合成的复合常数，常用来判断原油的化学组成。各类烃的特性因数不同，烷烃最高，环烷烃次之，芳烃最低。特征因数K值又称Watson K值或UOP K值，它是油品平均沸点和相对密度的函数，其具体关系如下式：

$K = 1.216T/d$

式中：T——油品平均沸点，以绝对温度来表示；d——测定密度。

特性因数K值与油品化学组成有关。当沸点相近时，烷烃的K值最大，环烷烃的次之，芳香烃的最小。因此，可以大体按照其特性因数将原油分成石蜡基、中间基和环烷基。K值大于12.1的为石蜡基，K值在11.5～12.1的为中间基，K值为10.5～11.5的为环烷基（见表4－1）。

表4－1 根据特性因数可以将原油分成三大类

原油类别	石蜡基	中间基	环烷基
特性因数K	>12.1	11.5～12.1	10.5～11.5

特性因数分类法多年来为欧美各国普遍采用，它在一定程度上反映了原油的组成特性。例如通过这一方法分类我们能知道这种原油是含烷烃多还是含环烷烃多。但它也存在明显的缺点：其一是不能表明原油中低沸点馏分和高沸点馏分中烃类的分布规律，因此它不能反映原油中轻、重组分的化学特性；其二是由于原油的特性因数K难以准确确定，用其他参数计算或查特性因数K容易造成误差，因此这一方法并不能完全符合原油组成的实际情况，所以目前已经很少用于原油分类。

2. 关键馏分特性分类法

按原油经一次加工（常减压蒸馏）后残留物组成与性质分为石蜡基原油、环烷基原油和中间基原油三大类。1935年美国矿务局提出了对原油的关键馏分特性分类方法，也是目前世界上应用得最多的常规方法。关键馏分特性分类法是将原油用Hempel简易精馏装置切取250℃～275℃和395℃～425℃两个轻重关键馏分，分别测定其相对密度，对照分类标准表确定两个关键馏分的基数，然后根据关键馏分特性分类表确定原油的类别。第一关键馏分是指原油常压蒸馏250℃～275℃的馏分；第二关键馏分相当于原油常压蒸馏395℃～425℃的馏分。

按两个关键馏分的基属类别确定原油的分类。若是轻、重馏分皆属石蜡基，则原油属于石蜡基；若轻馏分属石蜡基，重馏分属中间基，则原油属石蜡—中间基。以此类推，可细分或组合成石蜡基原油（P），石蜡—中间基原油（P－I）、中间—石蜡基原油（I－P）、中间基原油（I）、中间—环烷基原油（I－N）、环烷基—中间基原油（N－I）、环烷基原油（N），石蜡—环烷基（P－N）及环烷基—石蜡基（N－P）9个可能类别。

石蜡基原油富含烷烃，其蒸馏残留物以固体石蜡为主，挥发性轻质物含量较高，该类原油的汽油产量较高，可加工生产出石蜡和优质润滑油。环烷基原油以环烷烃、芳香烃为主，其蒸馏残留物主要是柏油，此种原油颜色较浓，重质油分较多，黏度也较大，其精加工成本也因此较高。中间基原油的性质则是介于石蜡基和环烷基原油之间，是石蜡烃与环烷烃含量均较高的原油，含硫量适中，也有称之为混合基原油，目前全球的此类原油产品居多。这种分类方法可大体反映原油的化学组成的类型。但不一定能反映减压渣油组成特征，而我国的原油一般偏重，其中减压渣油含量往往达到40%～50%，对于这类较重的原油，这种分类方法则明显存在着缺陷。

（二）商品分类法

原油的商品分类法又称工业分类法，是化学分类方法的补充。商品分类指标可以很多，如分别按原油的密度、硫含量、氮含量、蜡含量和胶质含量分类等。国际石油市场多用比重指数API度分类和含硫量分类。

1. 按照API分类

欧美在商业上习惯用API度（American Petroleum Institute gravity）来表示原油的轻重，它与相对密度的关系是：

$API^{\circ} = 141.5/d - 131.5$（d为原油与水在同等条件下测得的密度比值）

由上式可见，相对密度越小的相应的API度越大，相对密度越大的原油则其API度越小。根据美国石油学会（American Petroleum Institute），国际上通常将API＞50的原油称为超轻质原油或凝析油，API为31.1～50的原油称为轻质石油（Light），API为22.3～31.1的原油称为中质原油（Medium），API为10～22.3的原油称为重质原油（Heavy），而API＜10的成为超重原油（见表4－2）。不同国家和公司对密度的划分标准可能会有所差异，现实中并不完全机械地遵循这些标准，往往还会考虑定价基准等其他因素。

表 4－2　　　　根据 API 的分类方法

原油类别	超轻	轻质	中质	重质	超重
API（度）	>50	31.1～50	22.3～31.1	10～22.3	<10

2. 按含硫量分类

鉴于原油的硫含量对原油的加工及应用有不利影响，所以往往需要按硫含量的高低进行分类，原油的含硫量是指原油中所含硫（硫化物或单质硫分）的质量百分比。根据含硫量的不同，可以将原油分为低硫原油、含硫原油和高硫原油。低硫原油的含硫量小于 0.5%，含硫原油的含硫量介于 0.5% 和 2% 之间，高硫原油的含硫量大于 2%（见表 4－3）。市场习惯将含硫量低于 0.5% 的原油称为甜油（Sweet），高于 0.5% 的原油称为酸油（Sour）。

表 4－3　　　　根据含硫量的分类方法

原油类别	低硫	含硫	高硫
硫含量	<0.5%	0.5%～2%	>2%

（三）我国原油分类

我国原油主要特点是含蜡较多，凝固点高，硫含量低，镍、氮含量中等，钒含量极少。对我国原油进行分类时，考虑到硫含量在加工中重要性，尤其是对炼制设备的要求，在分类中补充了硫含量的说明，将关键馏分类别与按含硫量与酸值分类相结合（见表 4－4）。

表 4－4　　　　我国原油分类

油田	含硫量	密度	第一关键馏分	第二关键馏分	分类
大庆	0.11	0.8615	0.814	0.850	低硫石蜡基
胜利	0.83	0.9144	0.832	0.881	含硫中间基
大港	0.14	0.8896	0.860	0.887	低硫环烷中间基
孤岛	2.03	0.9574	0.891	0.936	高硫环烷基

三、如何识别原油品质？

（一）原油品质价值

基于API值与含硫量可以将原油品种大致划分为轻质低硫、中质含硫、重质高硫等三个类别。一般而言，对于原油的商业价值和炼油工艺来讲，最好的原油API度介于40～45，这个重度区间的原油最容易加工，生产出来的主流油制品（汽柴油）较多（收率最高），经济价值相对较高（见图4－1）。重度太低，会有更多杂质产出；重度太高，分子链过短也不利于炼油加工。

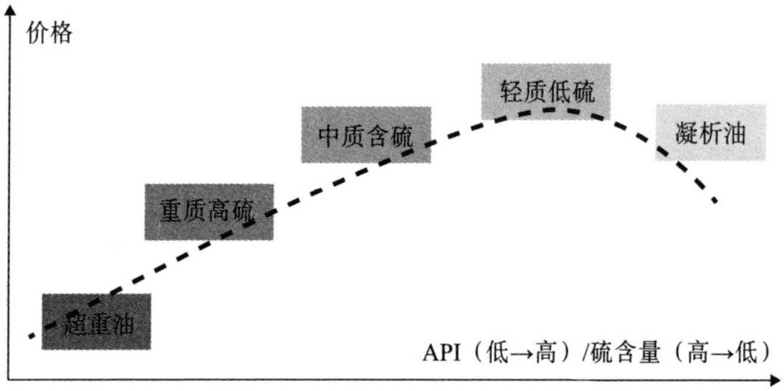

图4－1　原油品质与价格关系

数据来源：中信期货研究所。

（二）原油品质分布

轻质低硫原油主要分布在北海、西非、北美以及东南亚等地区，中重质含硫原油主要分布在中东、苏联与拉美地区。纽约商品交易所WTI及伦敦洲际交易所Brent原油期货均为轻质低硫原油，上海国际能源能交易中心SC

原油期货为中质含硫原油。近年来，随着北美页岩油产量增长，轻质低硫原油产量占比有所提升；但总产量占比最大品种仍为中质含硫与重质高硫原油，主要分布在中东、俄罗斯，拉美等地。

（三）原油品质评价

国际上有上百种原油种类，贸易量较大的品牌也超过 70 种，每个品牌的原油都有不同的指标，如 API 度、含硫量、含蜡量、酸值等。这些品质指标对炼油商来说十分重要，为了能准确反映每个原油牌号的品质，生产商一般会公布自己所生产牌号的原油评价（Crude Assay）。原油评价相当于产品说明书，内容一般涵盖原油本身物理与化学性质。有了原油评价作为依据，炼厂才能设计出针对该品牌的原油加工方案。

（四）混合原油的品质变化

世界各地原油通常是根据其出产地命名，如英国北海布伦特、中国大庆、迪拜原油等。有正式名称的原油通常是距离较近几个油田的原油的混合物，这样便于共享输油管道、油罐车和运输终端设施。来自不同油田原油性质不同，同时各油田产量并不稳定，因此混合原油品质也在发生变化，原油品质的短期变化是由于油田或管道的维修，而长期逐渐的变化则是由于不同油流产量增加或减少导致的。生产商要控制原油品质变化，细小变化对炼油商很重要，重大品质变化需相应修订原油评价。炼油商们需要对某一原油的性质了如指掌，一旦该原油品质发生变化，他们可以向生产商及时反馈。一个典型的例子是伊拉克巴士拉轻油，由于新的高硫油田投产并汇入巴士拉油流，导致其品质发生剧烈变化，受到了炼油商抵制，巴士拉轻油与相同品质原油价差一度拉得很大。为了维持巴士拉原油在市场中的地位，自 2015 年 6 月开始，伊拉克国家石油营销组织（SOMO）将原本的巴士拉轻油分离成巴士拉轻油与巴士拉重油两个不同的牌号进行销售。

（五）原油品质与炼厂加工

对于不同 API 度的原油而言，轻质原油往往比重质原油更贵，因为通过简单的蒸馏，轻质原油的轻油收率更高（汽油、柴油、航油），而对于中质油和重质油而言，得到等量的馏分油必须经过更多的加工工序，如催化裂化，延迟焦化等，这也意味着加工成本也更高，以布伦特、阿曼和杜里三种原油为例，它们分别代表轻质原油、中质原油和重质原油，经过相同的蒸馏过程后，布伦特的汽柴煤三种最有价值的产品总收率在60%以上，而阿曼原油的收率占50%，而最重的杜里原油收率还不到25%，因此将轻质原油作为原料，意味着炼厂通过简单的工序就能加工出价值相对价高的轻质馏分，所以其相对价值也更高。

对于不同含硫量的原油而言，含硫量越少，原油的品质越好，在炼厂炼制的过程中，硫会腐蚀设备，一些原油中含有的硫化氢有剧毒，在加工的过程中需要特别监控，此外，过多的硫也会影响成品油的品质，导致汽油含硫量过高，在目前各国环保标准趋严的背景下，炼厂往往要通过增加脱硫设备来降低成品油中的含硫量，因此，考虑到炼厂加工成本，低硫原油比高硫原油有更高的价值。

此外，对于炼厂而言，在建厂时就已经确定了加工原油的油种，一般而言，轻油与重油、低硫与含硫这些不同品质原油间加工的工艺与装置有一定差别，因此，加工轻油的炼厂很难加工重油，因为缺少如延迟焦化等重油提炼装置，加工重油的复杂型炼厂虽然可以加工轻油，但往往意味着因加工负荷的下降而导致的整体经济性下滑，因此，除非炼厂进行设备改造，否则加工原油的品质不会发生太大的变化。

四、原油是如何形成的？

学术界对原油成因曾经存在分歧，根据其来源与成因基本分成“无机学派”和“有机学派”，目前“有机说”是学术界的主流观点。无机生成说认为，石油来源于无机物的合成，是由碳化无机物反应形成的，即无机物（如二氧化碳、氢气等）在地下深处高温、高压条件下的岩浆中合成石油。

有机生成论的观点依据是，几乎所有的油田都是在沉积岩中发现的，而沉积岩中可以见到丰富的生物遗迹，如化石等。通过实验，生物体中三大组成部分的蛋白质、碳水化合物、脂肪在一定条件下可以形成与石油中碳氢化合物类似的物质，在石油中发现的血红素和叶绿素等有机物质，前者来自动物的血液，后者来自植物的叶绿素。早在10多亿年前，地球上就出现了生物，各种动物、植物（特别是藻类、细菌、蚌类、鱼类等低等的动植物）埋藏于不断下沉缺氧的海湾、湖泊、三角洲等沉积岩中，在地质变迁、地心热力和地壳压力等适宜环境内，经历着生物化学、热催化、热裂解，高温变质等许多物理化学阶段，有机物质被陆续分解、转化，最终逐渐形成石油，并运移、积聚和富集于具有圈闭条件的储层，以气体状态存在的则是天然气，以液体存在的即是原油，因此两者常常伴生。由于有机生成学论提出的观点理由非常之多且较为充分，使有机生成学说得到科学界的广泛认同和普遍接受，因此现在油气生成的研究方法和内容都建立在有机生成观点的基础之上。

五、原油是怎样开采的？

油田勘探开发过程包括勘探、开发、生产三大阶段，需要地质学专家、地球物理学专家、钻井专家、储层工程师和生产工程师等专业人员的通力合作。勘探是指地质专家找油的过程，他们的任务是查明矿藏分布，测定油藏具体情况，估算储量，为油田开发打基础。油田开发主要任务是布置井网，钻井作业、压裂作业等，工程人员通常会编制油田开发方案（ODP），合理高效采集地下石油资源。生产环节主要任务是将井底的原油抽提出来，尽可能提高石油产量，通常看到的提油机采油就是属于这个环节（见图4-2）。

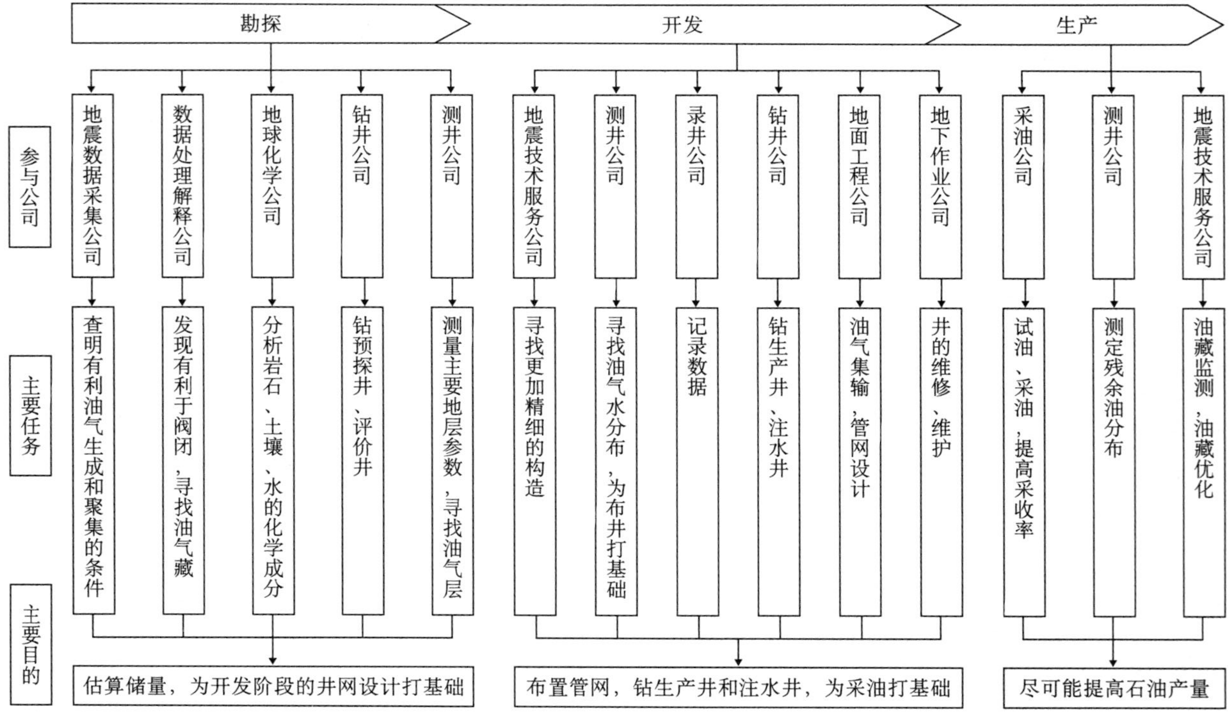

图 4－2　石油勘探开发的主要流程

数据来源：公开资料整理，中信期货研究所。

（一）一次采油：让油自己喷出来

在一次采油阶段，在地层里沉睡了亿万年的石油可以依靠天然能量通过油井流到地面。这种能量正是来源于覆盖其上的岩石对所处地层和地层中流体施加的重压，使岩石和流体中集聚了大量弹性能量。油层通过油井与地面连通后，井口是低压而井底是高压。在压差作用下，上覆地层将石油从油层挤到油井中，并举升到地面。随着原油及天然气的不断产出，油层岩石及地层中流体的体积逐渐扩展，弹性能量也逐渐释放。

（二）二次采油：用水把油顶出来

在二次采油阶段，通过向油层中注气或注水提高油层压力，为地层的岩石和流体补充弹性能量，使地层流体可以始终流向油井，从而采出仅靠天然能量不能采出的石油。但是，由于地层的非均质性，注入流体总是沿着阻力最小的途径流向油井，处于阻力相对较大的区域中的石油将不能被驱替出来。有的原油在地下就像沥青一样，根本无法在地层这种多孔介质中流动。因此，二次采油方法提高原油采收率的能力是有局限的。

（三）三次采油：靠科技把油洗出来

在三次采油阶段，通过采用物理方法或化学方法改变原油黏度和对岩石吸附性，可以增加原油流动能力，进一步提高原油采收率。三次采油的主要方法有聚合物驱、化学驱、气驱、热力采油、微生物驱等。聚合物驱是指在注入水中加入水溶性的高相对分子质量聚合物，增加水相黏度和降低水相渗透率，改善油水黏度比，从而扩大体积波及系数，达到提高原油采收率的方法。

油田全面投入开发以后，随着时间推移原始状态会发生一系列变化，进入油田开发中期的综合调整阶段。综合调整就是以油田地质特征再认识和开发效果评价两方面为前提。通过油田动态分析，对油藏地质认识深化后，对原先的方案设计与油田开发过程中暴露出的各种矛盾加以调整。油田后期到了递减阶段，应尽可能减缓其递减速度，主要是采用加强油井的管理，如对油层进一步复产，打开开采程度相对较低的油层，或是开发初期漏油层寻找剩余油的富集区，改变其液流方向，钻侧井或补打调整井，开采出更多的剩余原油。

六、原油的运输有哪些特点？

全球原油产量分布来源于地理资源禀赋，而需求分布则取决于经济发展状况。原油供需分布不均衡，需要通过远距离运输从产油地到达需求地。原油运输有海运和陆运两种方式，陆运可通过管道、火车、汽车运输，海运则通过不同类型油轮完成。

（一）管道运输

管道运输是陆地运送原油的主要方式。管道输送具有建设快、占地少、成本低、污染小、安全可靠以及连续流动等特点，运输成本也比其他运输方式要低，因此，凡是能够建设管道的地方都会尽量采用管道输送。目前，许多国家或地区油气管道都已形成管网系统，真正成为四通八达的“地下大动脉”。全世界油气管道总长度超过 200 万公里，其中一半以上在美国和苏联地区。

1. 距离最长的原油管道——俄罗斯友谊输油管道

友谊输油管线又名德鲁兹巴输油管道，是由俄罗斯向中欧和东欧国家输送原油的大型输油管道系统，是世界上长度最长输油管道。南线于 1964 年投产，管道经乌克兰西部进入捷克斯洛伐克和匈牙利，长度 4412 公里；北线于 1972 年完工，经过白俄罗斯向波兰和德国供油，长度 5500 公里。该管线设计日输送量约为 200 万桶，对中东欧国家的能源供应影响很大。由管道输送到部分国家的原油甚至占该国石油消费量一半以上，其中匈牙利和斯洛文尼亚两国石油基本依靠该条管线输送。

2. 管径最大的输油管道——沙特阿拉伯东—西原油管道

该输油管道于 1969 年动工，1983 年投入使用，耗时长达 14 年，全长

1202 公里。管道起于东海岸阿卜凯克，横贯中部地区，终点位于西海岸港口城市延布。由两条并行管线组成，管输能力约 480 万桶/日：其中一条 56 英寸管道管输能力为 300 万桶/日，另一条 48 英寸管道由天然气管道改造而成。主要运送从红海直接出口至欧洲市场的沙特阿拉伯轻质和超轻质原油。

3. 最大的成品油管道——美国科洛尼尔管道

该管道于 1963 年投产，是全球长度最长、管径最大和输送量最大成品油管道。管道起于得克萨斯州休斯敦，终点位于新泽西州林登；把美国墨西哥湾沿海地区炼厂成品油输往东海岸近 10 个州，其中 50% 油品输送到纽约港。管道可以输送汽油、煤油和柴油等 100 多个牌号和品级的成品油；输送方式采用顺序输送，一组油品的循环周期是 5 天，一年有 72 个周期，犹如一节节载有不同油品的循环列车。

4. 最长的天然气管道——中国—中亚天然气管道

管道起于阿姆河右岸土库曼斯坦和乌兹别克斯坦边境，经乌兹别克斯坦中部和哈萨克斯坦南部，从霍尔果斯进入中国，成为“西气东输二线”。管道全长约 1 万公里，其中土库曼斯坦境内长 188 公里，乌兹别克斯坦境内长 530 公里，哈萨克斯坦境内长 1300 公里，其余约 8000 公里位于中国境内。是目前世界上线路最长、供应覆盖面积最大、受益人口最多的一条天然气管道。

（二）海上运输

自 1861 年油轮运输便已经开始，距今已有 150 多年历史，一直是世界原油贸易的主要运输方式之一。一般把 20 万吨以上的油轮称为大型油轮（Very Large Crude Carrier，VLCC），其中 20 万～30 万吨级的油轮是原油远程海运市场的主力。

全球原油海运主要流向，以中东、西非、南美为主的产油区，运往美国、欧洲、东亚为主的消费区。（1）最大海运流量来自波斯湾的中东原油，经由霍尔木兹海峡出至阿拉伯海，向东去往印度或过马六甲海峡运往中日韩；向西经由曼德海峡过苏伊士运河，或绕好望角运往欧洲或美湾/美东海岸。（2）西非原油过好望角至东亚，或经大西洋至欧洲或北美；北非过苏伊士运河至亚洲。(3) 俄罗斯向西经苏伊士运河至亚洲；向东过日本海至中日韩。(4) 南北美东岸过大西洋经好望角至东亚国家，西岸过太平洋至亚洲。另外，还有南美—北美、东南亚—东亚、地中海—北海，西非—西欧、西非—北美、西欧—北美等中短途区域间航线。

原油海上运输一般会循着固定线路进行，油轮在行进途中要经过几处无法绕过的“咽喉”——狭窄的海峡，这些海峡重要性不言而喻，被称为海上交通要塞，如霍尔木兹海峡、马六甲海峡、苏伊士运河、博斯普鲁斯海峡、曼德海峡、巴拿马运河等。

1. 霍尔木兹海峡

隶属于伊朗的霍尔木兹海峡是全世界最主要的原油“咽喉”要道，被西方誉为“海上生命线”。中东地区沙特阿拉伯、伊朗和阿联酋等海湾地区产油国90%以上的原油都需要通过这条航道向外出口。全球4条主要油轮航线有3条需要经过霍尔木兹海峡；其日通过量高达1700万桶，占全球原油海上贸易量的35%。霍尔木兹海峡几乎是中东国家原油出口的唯一通道。只有伊拉克杰伊汉管道、沙特阿拉伯“东—西”管道和阿联酋阿布扎比原油管道可以绕过霍尔木兹海峡将原油运出波斯湾，不过目前这些管道的合计剩余输送能力不超过300万桶/日，因此霍尔木兹海峡的战略地位无可替代。

2. 马六甲海峡

马六甲海峡位于印度尼西亚、马来西亚和新加坡之间，连接印度洋、南中国海和太平洋，是中东和石油需求日益增长的亚洲市场之间最短的航线。每年有超过6万艘船只经过马六甲海峡，石油通过量达到1520万桶/日，仅次于霍尔木兹海峡，一旦海峡被封锁，世界上近一半的船队将被迫更改航线，通过巴厘岛和龙目岛间的龙目岛海峡或者是爪哇和苏门答腊岛之间的其他海峡，成本将大幅攀升。据测算，每天通过马六甲海峡的船只近6成是中国船只，中国进口原油的80%左右要通过马六甲海峡。近年来不断有专家形容这条石油供应链“对中国来说是脆弱的和危险的”。2015年2月，中缅原油管道正式投产，输送量达到44万桶/日，一定程度上缓解了马六甲海峡的运载压力，不过从长期来看，中国等东北亚国家原油航运依赖马六甲海峡的局面不会发生太大的变化。

七、原油能加工成什么产品？

（一）原油炼厂

通常情况原油不能直接使用，必须经过提炼才能生产出满足需求的成品油。全世界有600多座炼厂，仅在中国就有100多座。炼厂地理位置存在差异，产品及设备也各不相同，设计时都要综合考虑一系列具体特殊情况。炼厂造价非常高昂，一个普通规模的现代化炼厂的全部投资超过100亿元，包括建造炼油设备、油罐、混兑设备、油轮泊位和其装卸设施、公路和铁路装卸设备、基本设施（水、电、热等），以及车间、仓库、消防设施和办公室等方面。

（二）加工能力

石油炼制的规模非常大，大部分炼厂原油加工能力为5万~15万桶/日，一些超大型炼厂可以达到40万桶/日（1万桶/日相当于50万吨/年）。炼厂的加工能力通常以整数表示，一般指的是设备的名义加工能力。加工能力是指在每一日历日（桶/日历日）或年内，对某一特定原油进行常减压蒸馏得到的设计生产能力或实际生产能力。炼厂的实际加工能力会随着炼制原油的不同而变化，通常原油越轻，加工能力越小。炼油厂的开工能力也可按每开工日的产量（桶/开工日）计算，开工日是指炼厂正常运转的时间。开工日比日历日表示的加工能力要高，因为必须考虑到定期维修停工的时间，通常称为“检修期”，大部分炼厂的计划平均开工天数为每年330~350天，减黏裂化炉、热裂化装置和焦化装置必须要经常停工除焦，不计算在内。

（三）炼油过程

要将原油转化为石油产品，必须将原油送入炼厂进行蒸馏，将原油中的烃分割为不同挥发范围的馏分，同时经过精制过程剔除不符合要求的非烃化合物。这些工序通过简单蒸馏和单独精制就可以实现，但是要改变原油中烃分子的大小和形状还不够，可以通过以下过程实现：（1）物理分离，按照分子大小和形状对烃进行分类；（2）精制，剔除不符合要求的杂质；（3）转化，改变烃分子的大小和形状。转化是炼制过程中必要的环节，有两个原因：第一，蒸馏得到的汽油馏分辛烷值不够大，达不到机动车使用要求，通过转化过程就可以得到与普通蒸馏不同的、辛烷值更高的烃；第二，需要对一次加工得到的馏分产品进行二次加工。一些非蒸馏渣油和燃油馏分需要裂化成更小的、易挥发的烃作为馏分燃料使用。

1. 蒸馏

蒸馏是所有提炼工艺的基础，也是炼厂的龙头装置，蒸馏是一个连续不断的过程，在将原油通过泵持续送入蒸馏塔中的同时，各种不同的馏分也在源源不断地析出。蒸馏的原理很简单，是将原油加热到350℃以上后送入蒸馏塔中，在蒸馏塔的顶部持续降温，底部持续加热，这样在塔内形成温度梯度，塔顶较冷，塔底较热，沸点不同的烃就会分布在塔内不同部分，形成各种不同的烃馏分。如果塔内某部分温度高于某类烃的沸点，该类烃就会继续蒸发向上流动；同理，塔内某一部分温度过低，烃就会液化向下流动。利用这一原理，通过测线就可以在塔身各个部位抽出特定沸点范围内的馏分。简单来讲，蒸馏就是用温度将不同沸点范围的烃切割出来。蒸馏分为常压蒸馏与减压蒸馏，常压蒸馏的最高温度在370℃，当高于370℃时，原油中的重质烃开始分解裂化，生成的焦炭沉淀物容易阻塞蒸馏装置。原油越重（API度越小），蒸馏装置中留下的未蒸馏物质越多，习惯把这些物质称为常压渣油。在减压或真空条件下，通过蒸馏常压渣油还可以获得更多的馏分产品，这就是减压蒸馏，温度在390℃～400℃。通常情况下，50%以上的常压渣油能被蒸馏为减压瓦斯油和蜡油，剩下的杂质为减压渣油。

2. 精制

精制的作用是剔除或中和各馏分中存在的少量、有害的非烃物质，最常见的是硫化物，还有其他杂质，如环烷酸等。低硫原油经过蒸馏得到的馏分中硫化合物含量非常少，可以忽略不计，所以不需要进行精制。但是没有一个炼厂是百分之百依靠低硫原油或无硫原油作为原料，所以，所有的炼厂都有精制过程，如加氢精制。加氢精制应用范围广，可以对任何石油馏分进行脱硫，但通常只应用在馏分油的精制上，能去除90%的硫，甚至可以达到几乎完全去除，不过加氢精制的缺点是需要提供额外的氢气。

3. 转化

转化过程包括催化重整、热裂化、催化裂化、加氢裂化、延迟焦化等，这些加工过程发生了化学反应，改变了烃类的大小和形状，目的是提高质量更轻但更有价值的诸如汽柴油等产品的收率。催化重整是将直链烷烃转化为芳香烃的过程，用来生产高辛烷值汽油和芳烃，并副产氢气。热裂化、催化裂化、加氢裂化和延迟焦化是通过不同手段将重馏分如渣油等裂解成轻质馏分的过程，其中催化裂化是二次加工中最为核心的工艺，是炼厂生产汽油的关键，它可以把大约75%的原料转化成车用汽油馏分，由于得到的汽油馏分富含烯烃，辛烷值较高，因此催化裂化技术是重油轻质化和改质的重要手段。

4. 调和

很少成品油是经过精制之后直接送入油罐当中的，大部分成品油是由炼油加工生成的一系列馏分调和而成。调和的主要目的是用最经济的方法生产符合标准的成品。单个馏分很难同时满足成品油需要的所有指标，如辛烷值、雷德蒸气压、挥发性等，将两种或多种馏分调和可以很好地满足指标要求，而且不会造成价格太高或者质量下降。同时，将多种相对含量少的不同馏分等级调和可以使成品油多元化，节省大量时间和储存费用。

（四）石油产品

从石油中能得到上千种产品，我国将石油产品分为以下六大类，分别是石油燃料、润滑剂类、石蜡和沥青、石油焦类、石油溶剂和化工原料。其中，各种燃料产量最大，约占总产量的80%；包括汽油、柴油、喷气燃料（航空煤油）等发动机燃料以及灯用煤油、燃料油等。各种润滑剂品种最多，产量约占5%。各国都有自己制定的成品油标准，以适应生产和使用的需要。

1. 汽油

汽油是消耗量最大的品种。汽油的沸点范围（又称馏程）为30℃～

205℃，密度为0.70～0.78克/立方厘米，商品汽油按辛烷值区分，标记为辛烷值90号、93号、97号或更高，在我国车用汽油标准升级到国五后的标号下调为89号、92号、95号。标号越大，对高压缩比的发动机适应性越好，汽油主要用作汽车、摩托车、快艇、直升机的燃料。

2. 柴油

沸点范围有180℃～370℃和350℃～410℃两类。习惯上对沸点或沸点范围低的称为轻柴油，高的称为重柴油。商品柴油按凝固点分级，如0号、-10号、-20号等，表示柴油凝固的最高温度，柴油广泛用于大型车辆、船舰。柴油质量是看燃烧性能和流动性。柴油燃烧性能用十六烷值表示，一般十六烷值高的柴油，抗爆性好，燃烧均匀，使发动机热效率提高，寿命延长；但过高的十六烷值会在燃烧中形成黑烟，因为燃料的着火滞燃期太短，自燃时未与空气混合均匀，导致燃料燃烧不完全。高速柴油机用的轻柴油十六烷值为42～55，低速柴油机在35以下。

3. 煤油

航空煤油主要供飞机使用。沸点范围为60℃～280℃或150℃～315℃。为适应高空低温高速飞行需要，这类油要求发热量大，在-50℃不出现固体结晶。照明煤油沸点范围为180℃～310℃，主要供照明、生活炊事用。要求火焰平稳、光亮而不冒黑烟。

4. 燃料油

有锅炉用燃料油和船舶用燃料油。船用燃料油一般是由重油与轻质馏分油调制而成的，流动性对燃料油非常重要，因此以黏度的最大值作为燃料油的划分指标，常见规格有120、180、380，单位是厘斯。

5. 液化石油气

以C3、C4为主，是炼厂气或天然气加压、降温、液化得到的一种无色、挥发性液体，可作为工业、民用、交通燃料以及化工原料。

6. 润滑剂及润滑脂类

包括润滑油和润滑脂，主要用于降低机械部件之间的摩擦，以减少能耗、延长机械寿命。产量仅占石油产品总量的5%左右，但品种达数百种之多。除润滑性能外，还具有冷却、密封、防腐、绝缘、清洗、传递能量的作用。产量最大的是内燃机油（占40%），其余为齿轮油、液压油、汽轮机油、电器绝缘油、压缩机油，合计占40%。

7. 石蜡、沥青和石油焦类

石蜡油中包括石蜡、地蜡、石油脂等。石蜡主要做包装材料、化妆品原料及蜡制品，也可作为化工原料产脂肪酸。沥青主要供道路、建筑使用。石油焦用于冶金、化工行业做电极。

8. 溶剂和化工原料

溶剂用于香精、油脂、试剂、橡胶加工、涂料工业做溶剂，或清洗仪器、仪表、机械零件。石脑油裂解出的乙烯、丙烯、丁二烯、苯、甲苯、二甲苯以及乙炔等，是现代化学工业的重要原料，如乙烯是制造合成纤维、合成橡胶和合成塑料的基本化工原料。此外，苯、甲苯、二甲苯也是上述三大合成材料和农药、医药、炸药的重要原料。

八、世界上有哪些著名的石油公司?

（一）国际石油公司

国际石油公司（IOC）是指一体化大型跨国石油公司。如埃克森美孚、雪佛龙、BP、壳牌、道达尔等，它们曾经是世界石油工业的“王者”，控制着世界石油生产经营。从早期的“七姐妹”到如今的“六巨头”，IOC的变化史就是一部微观的世界石油工业发展史。尽管资源控制能力大不如前，但综合一体化优势、先进的管理方法、强大的科技创新能力、丰富的国际化经营经验等，让这些国际石油公司仍然深刻影响着全球石油市场。

（二）国家石油公司

国家石油公司（NOC）是由国家控股以实现战略目标为使命的石油公司，包括沙特阿拉伯国家石油公司（Saudi Aramco）、俄罗斯石油公司（Rosneft）、中国石油天然气集团公司（CNPC）、伊朗国家石油公司

(NIOC)、委内瑞拉石油公司（PDVSA)、巴西石油公司（Petrobras）等。国家石油公司拥有世界绝大部分油气储量，借助于国家支持和日益增强的技术、管理和人才力量，积极利用全球并购市场扩大规模，越来越多地直接参与世界级大型油气田项目获取资源，竞争力日益增强，使传统国际石油公司的行业地位受到挑战。

（三）国际石油合同

国际石油合同通常是指资源国（主权国或者以国家石油公司为代表）同外国石油公司为合作开发本国油气资源依法订立，包括油气勘探、开发、生产和销售的合同。石油合同主要是为了明确资源国与石油公司之间收益划分，是资源国在招标引资的过程重要的一环，也是国际石油公司进行勘探、开发、投资及实施生产作业的法律依据。目前，国际通用的合同模式有五种。

1. 矿税制合同

矿税制合同也被称作许可证协议（License Agreement)，即资源国政府根据本国的油气资源发展规划，划出油气区块，通过国际招标方式把待勘探开发的油气区块租让给中标的外国石油公司；外国石油公司在一定时间和范围内拥有该油气区块的专营权并支付矿区使用费和税收。

对于储量较优的油田开发项目，矿费税收制合同能够保证承包商获得足够的原油收入，用来扣减油气生产成本、缴纳税金和税后利润分配。而如果产（储）量低，则可能使项目面临亏损。除产量因素外，油价风险也是无法忽视的。一旦油价低迷，导致项目税前亏损，则承包商很可能在合同到期时无法回收投资与利润分成。

对资源国政府而言，这种合同最有利的方面在于经济风险小，管理简便，成本较低。此外，如果采用竞争性招标，资源国还可以获得高额定金或矿区使用费以及所得税。这种租让制合同条款的缺点主要是缺乏灵活性，政府对石油作业的经营管理比较少。

2. 产量分成合同

产量分成合同（Production Sharing Agreement）是指在资源国保留矿产资源的所有权的前提下，承包商通过与资源国政府签订合同，从事作业服务，利用生产出的原油进行成本回收和获得产品分成。在产量分成模式下，承包商要承担勘探风险及开发和生产费用。全部产量分为用来偿还石油公司投入成本费用的“成本油”和由资源国政府与承包商按规定的比例分享的“利润油”两部分。

产量的高低，即储量和油藏的风险对于合同者效益影响较大。投资者面临因实际产量低于预期产量而带来的成本费用不能完全回收的风险，但也可能享受高产带来的超额利润。与矿费税收制合同类似，产量分成模式下油价过低也会大大影响承包商收益。尽管如此，相较于其他合同，产量分成合同仍赋予承包商直接取得大量原油的机会，具有相当的吸引力。

3. 服务合同

主要分为风险服务合同和技术服务合同。在实践中，较常用的是风险服务合同。即资源国经过招标选定外国油气公司作为本国某一油气区块的承包商，承包商提供所有的勘探资金和技术，负责实施具体的作业并承担全部的勘探风险。若无商业性价值的油气发现，承包商自负盈亏；若有商业性价值的油气发现并投入生产，全部的产量归资源国所有，承包商不能参与分成。

在风险服务合同中，外国石油公司一般只能在规定期限内以市场价格3%~5%的折扣购买20%~50%的所产原油，能够获得的利润也极为有限。因此，期望通过海外投资获取大量原油的石油公司，通常并不热衷于风险服务合同。实行风险服务合同的国家往往拥有丰富数量的探明储量或有优势的石油地质前景，但由于技术或其他原因无法开采，这些国家希望在外国石油公司的帮助下增加本国原油产量。在风险服务合同中，资源国政府与外国石油公司间是雇佣与被雇佣的关系。因此，在几种主要石油投资合同中，风险服务合同的条件对资源国政府最为有利。

4. 回购合同

回购合同（BUY BACK）实际上是一种特殊形式的项目服务合同，承包商承担一切项目勘探开发费用和技术服务，从产品销售收入中回收其资本支出和作业费用等，并可以提取一定的利润。当承包商全部收回其投资和合同规定的报酬后，就不再拥有项目的作业权，将项目交还给资源国政府。回购合同模式的核心内容是确定通过承包建设投资，获得相应投资报酬。由于合同者的报酬由总投资额乘以固定的报酬指数确定。因此，投资的大小、报酬指数的高低对于合同者来说影响较大。

在回购合同中，合同者不存在投资无法回收的情况，只有投资回收之外报酬大小的区别。与产量分成合同相比，回购合同的合同期限一般较短，因此难以获得油田开发中后期的收益。虽然在回购合同中合同者的成本回收和获得报酬也与项目的产量和油价有关，但相对关系不是很紧密。产量只是确定每年获得报酬的上限，报酬总额与产量无关。这是与矿费税收制合同及产量分成合同模式的最大区别。

5. 联合经营合同

合作经营合同通常又称政府参股，是指由资源国（或其国家石油公司）为一方，外国石油公司为另一方，共同组建一个新公司，负责石油勘探、开发、生产、运输和销售等经营活动。双方各参与一定比例的股份，按比例分享利润。双方共同承担勘探风险和纳税责任。这一模式往往与投资项目合同结合使用，在分散风险的同时一方面加强了资源国政府对项目的控制，另一方面有助于资源国政府在石油经营方面获得专业技能和管理经验。

自测题

一、填空题

1. 原油主要是（　　）元素和（　　）元素组成的多种碳氢化合物。
2. 原油的商品分类法中，（　　）和（　　）是两个主要的参考指标。
3. 1 桶原油等于（　　）加仑。
4. 大型油轮 VLCC 通常指（　　）万吨以上的油轮。
5. 原油通过炼厂加工后，产量最大的石油产品是（　　）和（　　）。
6. 蒸馏是利用温度梯度将不同（　　）范围的烃分离出来的过程。

二、判断题

1. 原油是可再生的化石能源。（　　）
2. 原油的 API 值越大，密度越高。（　　）

3. 高硫原油通常也称为酸油。（　　）
4. 学术界对原油来源与成因可分成“无机学派”和“有机学派”。（　　）
5. 蒸馏是炼油厂装置的基础工艺。（　　）
6. 霍尔木兹海峡是全世界最主要的原油海域要塞之一。（　　）

三、单选题

1. （　　）属于轻质低硫原油。

A. 大庆　　B. 布伦特　　C. 巴士拉轻油　　D. 马瑞

2. （　　）是全球最长的原油管道。

A. 沙特阿拉伯东西原油管道　　B. 中缅原油管道

C. 阿拉斯加原油管道　　D. 俄罗斯友谊输油管道

3. （　　）是世界上第一条从北极地区外输的原油管道。

A. 沙特阿拉伯东西原油管道　　B. 中缅原油管道

C. 阿拉斯加原油管道　　D. 俄罗斯友谊输油管道

4. （　　）是中东至中亚运输原油主要航线上的海运要塞。

A. 曼德海峡　　B. 苏伊士运河　　C. 巴拿马运河　　D. 马六甲海峡

5. 通常把向油层注入水、气补充能量的开采被称为（　　）。

A. 一次采油　　B. 二次采油　　C. 三次采油　　D. 四次采油

6. 以下哪种不属于三次采油的主要方法（　　）。

A. 聚合物驱　　B. 微生物驱　　C. 热力采油　　D. 核能驱动

参考答案

一、填空题

1. 碳，氢　　2. API，含硫量　　3. 42　　4. 20　　5. 汽油，柴油

6. 沸点

二、判断题

1. × 2. × 3. √ 4. √ 5. √ 6. √

三、单选题

1. B 2. D 3. C 4. D 5. B 6. D

第五章

原油定价机制

本章要点

原油现货基本计价公式为基准价格加减升贴水。基准价格主要为期货价格或现货指数价格。升贴水受到原油品质、相对供需、销售策略等影响。美洲地区多以 WTI 价格体系作为基准价格，欧洲和西北非地区主要基于 Brent 价格体系，中东原油主要以 Dubai、Oman 为基准作价。中国原油期货若发展顺利，有望成为东北亚地区基准价格之一。

一、原油的定价机制是如何演变的？

世界石油工业诞生已有 170 多年历史，然而真正意义上自由交易的国际石油市场直到 20 世纪 70 年代后期才出现萌芽。随着跨国石油公司或欧佩克任何一方单方面控制石油市场格局逐步瓦解，国际油价波动加剧，市场产生了规避价格风险的强烈需求。在此背景下，石油期货和相关金融衍生品市场发展迅速。总体而言，定价体系经历了西方石油公司主导的原油牌价、欧佩克官方销售价格、多元化主体参与定价、原油期货定价等几个主要阶段。

（一）西方石油公司主导的原油牌价

20世纪上半叶，由于政治、经济、技术等优势，西方大型石油公司在中东石油定价中占据绝对主导。1928年英国、法国、荷兰、美国石油公司代表签署《红线协议》，确立中东石油资源势力范围。同年，埃克森、英国石油公司、壳牌公司签订《阿奇纳卡里协定》。划分各签订方市场份额，并规定了石油定价方式。即无论原油的原产地，其价格均为墨西哥湾离岸价格加上从墨西哥湾到目的地的运费。

早期西方石油公司与中东产油国主要通过特许探采经营权方式合作，特许权租金收取主要基于原油牌价。而且跨国公司多为上下游垂直一体化经营，中东原油售价是下游业务的成本来源。因此，原油牌价长期被压制在较低水平，引发了中东产油国的不满。

20世纪中叶，随着欧洲战后重建及美国经济发展，大幅推升了石油需求。美国从最大的石油净出口国转为净进口国，中东在全球原油出口份额不断增长，因此也有了更强的议价能力。1960年欧佩克组织成立。此后，产油国开始要求增加分成比例，提高原油牌价等以增加收入。原油牌价开始由跨国公司与产油国协商制定。

（二）欧佩克官方销售价格

20世纪70年代，随着美国产量逐渐见顶回落，欧佩克对全球原油供应影响愈加重要。1973年，中东产油国为抗议美国支持以色列，决定对美国实行石油禁运，引发第一次石油危机。当年欧佩克开始单方面宣布官方销售价格，取代了西方公司的原油牌价。官方价格以沙特阿拉伯轻质原油为基准价格，其他原油以升贴水形式体现价差。欧佩克将原油价格从每桶3美元左右上调到每桶10美元以上，触发了第二次世界大战后发达国家最严重的经济危机。1979年，伊朗伊斯兰革命导致第二次石油危机。1981年，油价已升至每桶 34 美元。

油价高位引发欧美衰退；同时，也刺激非欧佩克国家产量大幅增加，并逐渐超过欧佩克国家。为对冲价格下行压力，1984 年欧佩克开始施行限产保价政策，产量比 1979 年高峰期接近减半。减量主要来自沙特阿拉伯，其他成员国则持续超额生产。1986 年沙特阿拉伯放弃减产，转而大幅增产，以增加市场份额，导致油价大跌至 10 美元以下。欧佩克单方面定价时代结束，原油进入以多元化主体定价阶段。

（三）多元化主体参与的现货价格

非欧佩克产油国最初定价模式参考欧佩克，也各自发布官方售价。价格在欧佩克官价基础上，还反映了各自供需基本面因素。随着西方石油公司垄断权消失，国际原油贸易的参与主体逐渐多元化。原油进入欧佩克与非欧佩克官价并存时期。

原油价格大幅波动推动现货贸易渐趋繁荣。当原油供应减少时，贸易商可能转向现货市场采购，从而推升现货价格高于官方价格；原油供应增加时，产油国可能将剩余原油在现货市场出售，导致现货价格低于官方价格。现货价格不再完全跟随长期合同价格变化，而成为评估短期供需的重要参考。

来自非欧佩克的份额竞争使欧佩克定价权削弱。为适应变化，欧佩克也开始采用长期合同与现货价格挂钩方式进行定价，有两种方式：一种是定期通过谈判商定价格，另一种基于现货价格均值来确定合同油价。1985 年，沙特阿拉伯开始采用净回值价格，即在消费国成品油售价基础上，减去中间的物流成本、加工费用、贸易利润后，得出原油离岸价格。1986 年，欧佩克将官价参考基准调整为由七种原油组成的一揽子油价，并取消净回值交易。

（四）基于原油期货的定价机制

现货市场繁荣为期货市场诞生奠定基础。1982 年，美国纽约商品交易所（NYMEX）推出了西德克萨斯中间基原油（WTI）期货合约；1988 年，英国国际石油交易所（IPE，后被 ICE 收购）推出以远期合约为基础的布伦特（Brent）期货合约；2007 年，迪拜商品交易所（DME）推出阿曼（O-man）原油期货；2018 年，上海国际能源交易中心推出中国原油期货（SC）。

目前，原油期纸货交易量已经远超现货实际贸易量，期货价格也成为全球原油现货贸易的主要基准价格。原油期货参与方不再局限于传统商业主体，更多非商业投资者也参与到原油价格形成。一方面，原油期货为各机构提供了价格发现与套期保值功能，可以有效地规避现货价格波动风险；另一方面，原油期货的强金融属性也增强了油价的波动。

二、全球原油贸易计价公式是什么？

全球原油贸易目前普遍采用公式定价的模式，即买卖双方以国际市场广为接受的某个基准原油或基准价格为基础，根据原油品质、供需等具体情况协定一个升贴水，以此确定交易的价格。由此可见，基准价格可谓当今世界原油贸易的基础，哪种原油能够被国际市场接受作为基准原油以及该基准原油的定价机制如何，在很大程度上决定了定价权的归属。

（一）计价公式

原油贸易可分为长期合约与现货市场。长约合同是原油贸易的主要方式，除个别国家外，一般是签订年度合同，确定油种、数量、时间等条款。现货贸易则由买卖双方根据具体交易签订贸易合同。按照离岸或到岸贸易条款又可分为 FOB（Free on Board）、CFR（Cost and Freight）、CIF（Cost Insurance and Freight）、DES（Delivered Ex Ship）等。

原油实货贸易基本计价公式为：原油价格 = 基准价格 ± 升贴水。即以国际市场广为接受的某个基准价格为基础，根据品质、供需等具体情况确定一个升贴水，作为实货贸易价格。大部分原油升贴水波动在 10 美元/桶之内，因此基准价格是原油价格的主要组成。

（二）基准价格

基准价格包括期货基准价格和实货基准价格两种主要类型。期货基准价格如 ICE Brent、NYMEX WTI、DME Oman、INE SC 等；现货价格基准价格如 Dated Brent、Dubai 等。期货价格可以通过“价差合约”传递至现货价格，如 Brent 期货价格可以通过 EFP 价差合约转换至 Brent 远期，而 Brent 远期进一步通过 CFD 价差合约传递至 Dated Brent。由于现货交易和场外价差互换合约价格并非公开透明，因此还需要报价机构如 Platt、Argus 等对成交情况进行评估，得出最终可以作为基准价格的现货价格水平。

以地域划分，在北美生产或销往北美的原油多以 WTI 为基准价格；欧洲和西北非地区原油则主要以布伦特作为基准；中东产油国销往亚洲原油多以迪拜或阿曼原油为基准作价。例如，沙特阿拉伯长约合同对亚洲原油出口基准价格是（Platts Dubai + DME Oman）/2，对欧洲基准价格是布伦特原油期货加权平均价格（BWAVE），对美洲基准价格是阿格斯高硫原油指数 ASCI。

（三）升贴水

不同贸易方式的升贴水来源存在差异。例如，中东产油国每月公布针对特定基准价格的官方定价 OSP 作为长期合约升贴水；现货升贴水则多在成交时由双方协商确定。油价升贴水影响因素众多，包括品质差别、加工收益、出口对象、计价周期等。通常轻质原油轻质组分出率更高，相对重质原油升水更高；低硫原油相对高硫原油升水更高。

例如，伊拉克最早出口的原油是巴士拉轻质原油，2015 年分离出巴士拉重质原油，2021 年进一步拆分出巴士拉中质原油。巴士拉轻质原油、中质原油、重质原油平均 API 分别约为 31.4、27.9、24.0；硫含量分别约为 2.7%、3.0%、4.1%。品质差异导致升贴水调整幅度不同。巴轻、巴中、巴重的合同 API 分别为 33、29、24；实际销售时，测定 API 每降低 0.1，升贴水分别下调 0.04 美元/桶、0.04 美元/桶、0.06 美元/桶。

市场份额也是影响官价升贴水的重要因素，产油国可能通过额外下调升贴水以获取更多份额。例如，在 2020 年 3 月的“OPEC +”会议，沙特阿拉伯和俄罗斯未能就减产达成共识。沙特阿拉伯转而大幅增产开启价格战，将4月官价下调6美元/桶，同时产量迅速增加110万桶/日。而在2022年因地缘冲突导致欧洲局部原油供应短缺风险，沙特阿拉伯通过上调亚洲官价和下调欧洲官价，使资源相对更多地分配至欧洲。

（四）计价期

由于原油国际贸易周期较长，因此采购期、装船期、计价期可能会存在较大差异。以我国为例，南北美洲、西北欧到中国油轮航行时间为40至50天，因此最早4个月前就开始采购；中东、西非、地中海到中国20至30天，可能在到港前两三个月确定购买合同；亚太运距7至10天，提前一至两个月交易即可。因此，M月交易的原油，可能是M+2月装船和计价、M+3月到港和加工。

同样的基准价格，不同的计价期可能也会对最终价格产生较大影响。通常采用装船提单日为基础作为计价周期。如中东原油主要使用提单日所在月全月均价；北海原油采用提单日后5日均价；西非原油常为前后5日均价等。在实际贸易中，为了规避5日计价波动较大风险，可能会使用场外互换，将5日均价转为全月均价，即卖出5日计价合约，买入全月计价合约。

2015年中国开放民营炼厂原油进口和使用权后，部分民营炼厂采用更为灵活的点价形式，使计价期可能在提单日前后半年甚至一年内浮动。其原理也是通过期纸货工具建立保值仓位，从而将实货计价期进行转移。

三、原油价格评估是怎样的？

公式计价法的基准价格来自期货市场或价格报告机构（PRA，Price Reporting Agency），因此PRA在原油定价系统中极为重要。尽管PRA报价基于现货市场交易成交价格计算，但报价本身又会影响期货和现货市场走势。

报价评估关键在于如何能够准确地反映市场价格，核心为价格评估机制。目前，原油市场两家主要报价机构为普氏（Platts）和阿格斯（Argus），后续内容将详细介绍二者报价机制。

不同报价机构由于其价格评估机制差异，对同一种原油可能会产生不同报价。阿格斯采用的是加权平均价（Volume - Weighted Average）和高低价（Low and High Prices）报价。加权平均价格能更好地反映日内综合成交情况，尽量避免发生价格操纵。普氏报价采用收市价估价（MOC，Market - on - close）计算。MOC衡量的是特定时间、地点、数量交割的特定油种在每天特定时刻的成交价格。同一时刻对于价差计算尤其重要。价格时间戳（Timestamp）是MOC关键，通常下午为活跃成交段，新加坡、迪拜、伦敦、纽约、休斯敦报价时间点分别为16：30、12：30、16：30、15：15、14：15。

MOC报价通过普氏窗口评估（见图5 - 1）。尽管普氏全天接收报价信息，但仅窗口内成交才会计入当日定价范围；大量成交压缩至窗口时间段进行，有助于提高窗口期市场流动性。窗口交易为场外市场，双方身份信息公开。普氏有权决定报价是否有效，如被认定为关联交易、买方报价高于卖价、卖方报价低于买价、报价出现大幅偏离等情况，均可认定无效。

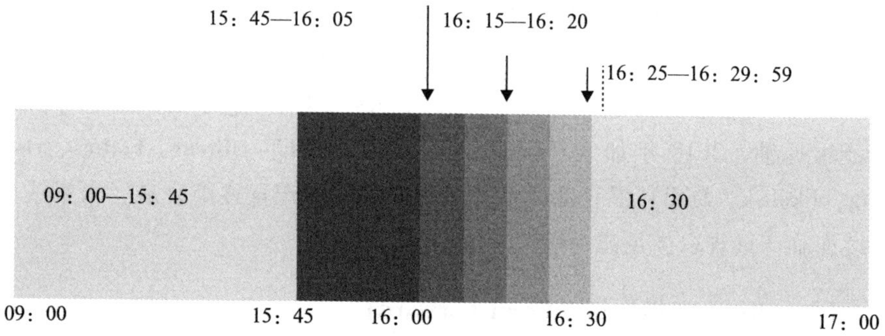

图5 - 1 普氏窗口定价示意图

数据来源：Platts，中信期货研究所。

新加坡窗口时间为16：00 ~ 16：30，具体交易在ICE开发的eWindow平台进行。通常买卖意向在16：05之前提交，窗口期内可逐级调整报价。

若买卖双方达成一致，则可确认成交。价差及掉期定价如 CFD 在 16：15 至 16：25 之间完成。16：25 至 16：29：59 为报价最后调整时间。16：30：00 时的最新交易成交价即为当日定盘价格。

四、Brent 价格体系是怎样的?

北海的 Brent 基准市场是当今全球原油定价体系的核心，超过 60% 的国际石油贸易直接或间接将 Brent 市场体系中形成产生的价格作为价格基准。1978 年 Brent 油种首次出口，1988 年 Brent 原油期货首次推出；依托欧洲金融中心，规模逐步扩大，结构不断纵深，逐渐形成了包括即期现货、远期现货、期货、期权及其他场外衍生品在内的复杂定价体系。

（一）Brent 混合油

Brent 原油早期被作为北海原油代表，报价机构根据其贸易情况确定北海原油的价格。随后 Brent 原油产量急剧下降，导致了价格扭曲、价格操纵和逼空的发生，进而使得 Brent 原油的价格相对北海地区的其他原油脱节，继续将 Brent 作为北海原油的代表显然会导致许多问题。1990 年 Ninian 原油被加入到 Brent 混合油中，2002 年加入 Forties 和 Oseberg 原油，2007 年加入 Ekofisk 原油，2018 年加入 Troll 原油，形成 BFOET（Brent、Forties、Oseberg、Ekofisk、Troll）混合油体系。随着北海原油产量逐渐衰减，未来或将继续面临产量难以满足流动性要求的困境。

（二）Brent 远期市场（Brent Forward）

在布伦特基准价格体系中最早形成，是其最重要的层级之一。布伦特远期本质上是一种远期船货合约，买卖双方确定了交易量、交易价格以及交割月份，但船货的具体装船日期未定，买方需要在装船前提前一定天数通知卖方。通知时间最初为 15 天、21 天、25 天，并于 2015 年 2 月改为 30 天，又可称为 30 天 Brent、30 天 BFOE。远期交易内容包括交易量和交易价格等都是由买卖双方协商确定，交易双方没有义务将交易细节公开给第三方，该市场中价格实际上是不公开、不透明的。报价机构的功能就是收集这些原本不公开的交易信息，对这个不透明市场进行报价，并以付费方式将这些报价出售。虽然远期合约因实货交割单位较大而仅有少数国际石油公司和贸易商参与交易，但作为期货合约现金交割结算价及其他市场基准仍具有重要意义。

（三）Brent 期货合约（Brent Future）

最早由伦敦国际石油交易所（IPE）于 1988 年推出，2001 年被洲际交易所（ICE）收购。期货市场相对远期市场参与主体更多元化、流动性更高，为避免远期合约价格被少数参与者操纵风险，沙特阿拉伯等国于 2007 年转为使用 Brent 期货加权平均价格（BWAVE，Brent Weighted Average）代替 BFOE 远期价格作为出口欧洲现货贸易官方定价基准价格。Brent 期货采用的是期转现（EFP）+现金交割的复合交割模式。通过 EFP 交易机制，贸易商可以非常方便地将布伦特期货头寸转为远期布伦特头寸，或者将远期布伦特头寸转化为布伦特期货头寸，一旦两者价格出现明显背离，现货商便可通过 EFP 进行跨市套利，因此两者呈现很强的联动性。如果将布伦特原油期货持有到期，不会进入实物交割环节，而会与国内股指期货一样采用现金结算。结算价是基于远期价格的 Brent 指数（Brent Index）。布伦特指数是每日 5 个时点远期市场价格的算术平均值，远期市场价格计算方法有三种：第一种是用期货价格估算远期价格，第二种是以报价机构估算远期价格，第三种是以远期市场实际成交估算价格。

（四）Brent 即期现货（Dated Brent）

即期 Brent 是指确定具体装船日期的现货交易。由于合同不能立即装船，一般需要至少滞后十天装船，因此 Dated Brent 可认为在 10～30 天内的远期价格。Dated Brent 和 Brent Forward 可通过场外价差交易掉期合约（CFD，Contract For Differences）联结。CFD 反映 Brent 远期和即期之间的时间价差，可在普氏窗口或场外协商交易。Dated Brent 通常计算方法为：

（1）期货价格（Futures Price）+期转现（EFP）=远期价格（Forward Price）；（2）远期价格（Forward Price）+价差合约（CFD）=远期即期价格（Forward Dated Brent）；（3）不同日期的远期即期价格取平均值=平均即期价格（10－30 Average of the Forward Dated Brent）。

（五）布伦特价差合约（Contract for Differential，CFD）

CFD是一种相对短期的标准化的场外互换，其价格代表了在互换期间内，即期布伦特估价与远期布伦特价格之间的市价差（见图5－2）。普氏能源资讯提供未来8周的CFD估值，并在每周定期评估。市场上也有公开交易的一月期和两月期的CFD。CFD通过将互换期间内即期布伦特与远期布伦特之间随机的市价差转换为固定的价差，可以为BFOE现货头寸的持有者对冲即期布伦特市场的风险，也可以用于投机。与CFD类似的掉期金融工具还有DFL，它交易的是布伦特首行原油期货与普氏即期布伦特之间的价差。

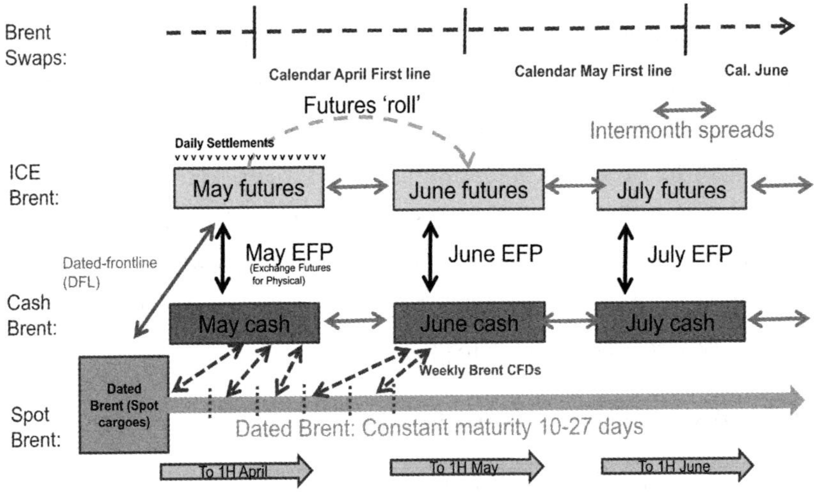

图5－2 布伦特价格体系示意图

数据来源：Platts，中信期货研究所。

五、WTI 价格体系是怎样的？

美国国内原油价格绝大部分与 WTI 期货价格挂钩，即买卖双方确定的是具体油种相对 WTI 期货合约价差，也有部分使用炼厂确定的井口购买牌价。美国国内原油主要通过输油管道运送到市场和终端用户，通常采用输油管内交货贸易方式在井口或原油集散地（如俄克拉何马州的库欣等地）交货。NYMEX WTI 代表交割地库欣的现货价格，存在先天不足之处。虽然库欣作为现货仓储物流中心，是理想的管道混装交割地，但由于外运途径单一，极易受到管道库容限制，从而使价格脱钩全球油价，成为仅反映本地供需的区域价格。如 2011—2013 年因美国内陆产量增加，而美湾至库欣管道外运能力不足，库欣累库导致 WTI 贴水 Brent 高达 25 美元/桶，引发产油国对于 WTI 计价失真的严重不满。沙特阿拉伯等中东国家转为使用 Mars，Poseidon，Southern Green Canyon 三种原油加权平均价 ASCI（Argus Sour Crude Index）作为基准价。在此期间 Brent 成交持仓也逐渐超越 WTI。虽后期随管道反向改造及产量继续增加，WTI 重夺最高成交量，但作为基准价格公信力持续受到市场质疑。

WTI Cushing 为中心发散出的丰富地区价差体系形成美国原油区域套利机制。库欣—美湾—北海组成美国原油出口套利三角：（1）NYMEX WTI - ICE Brent 价差 = 美湾至北海海运运费 + 库欣至美湾陆运运费。海运运费较为稳定，波动主要来自陆运。若两地价差大于物流成本，将产生出口套利空间，因此，该价差与美国原油出口量高度相关。（2）ICE Brent - WTI Houston 反映北海至美湾海运成本，主要受海运费率影响。WTI Houston 相对可以更好地反映美国原油海运出口地的实际价格，可作为 WTI Cushing 的替代参考现货基准价格。（3）WTI Houston - Cushing 反映炼厂消费区休斯敦与交割地库欣之间的管道物流成本。价差受库欣库存变动影响较大，若库欣累库则可能导致 WTI Cushing 走弱，两地价差走扩。

库欣—美湾—产区组成美国原油内陆套利三角：（1）WTI Midland - WTI Cushing 反映主产区米德兰至物流中心库欣运输成本。2018 年 Permain 大幅增产导致外运能力不足，出现管容瓶颈将导致产区贴水大幅走弱；2019 年管道投产缓解物流压力，两地价差再度收窄。（2）WTI Houston - Midland 反映产区至消费区直接运输成本，是 Permain 新增管道的主要流向。传统 Midland 原油先运输至 Cushing 再装运至美湾，新管道投产后从 Permain 直接至美湾运力大幅增加。若 Houston - Midland 价差小于 Midland - Cushing 加上 Cushing - Houston，将出现物流套利空间。（3）WCS - WTI Cushing 反映加拿大原油相对 WTI 强弱。若加拿大至美国运能不足或中断，亦会导致 WCS 大幅走弱。

六、Dubai 价格体系是怎样的？

Dubai 价格体系是中东出口亚洲原油主要基准价格，亦为俄罗斯 ESPO、Sokol、Sakhalin Blend 原油出口参考价。Dubai 价格体系包括 Platts Dubai、Oman 价格报告机构基准价，以及 DME Oman 官价期货基准价。20 世纪 80 年代迪拜原油由于是当时现货市场可交易的为数不多的中东原油，而极其偶然地成为参考价格。

2007 年成立的迪拜商品交易所 DME 推出了中东地区首个原油期货 Oman，成为迪拜和阿曼原油的官方基准价格。2008 年 CME 通过收购 NYMEX，成为 DME 的最大股东之一。2018 年沙特阿拉伯阿美将官价由 Platts Dubai、Oman 均价调整为 Platt Dubai 与 DME Oman 均价。DME Oman 上市至今期货合约成交量以及流动性匮乏，主要作为现货交易市场存在。

报价机构 Platts 的 Dubai、Oman 主要定价机制为通过每天下午 4：00 至 4：30 新加坡普氏窗口竞价，形成 4：30 的收市价。最初 Dubai 合约现货仅 Dubai 原油，随着产量衰减，2002 年、2006 年、2016 年先后加入 Oman、Upper Zakum、Murban、Al - Shaheen 原油。

Argus 则通过 Brent 期货与掉期产品反推 Dubai 价格。期货转掉期（EFS，exchange for swap）价格衡量 Brent 期货与 Dubai 掉期（月度均价与固定价格掉期）的差值。Argus 首先通过 Brent 与 EFS 计算出特定月份 Dubai 掉期价格，该价格为两个月后船期的远期价格；然后通过 Dubai 月差合约换算至近月价格。Oman 则通过 Dubai、Oman 价差继续反推。除绝对价格外，Brent 与 Dubai 的互换合约和月差合约为目前市场上大量交易的迪拜体系衍生品。

普氏窗口参与门槛较高，其特点表现为通过少量现货盘面操作，撬动庞大现货市场价格。虽普氏详细公布估价原理方法，但窗口操纵可能仍引发市场担忧。DME Oman 作为 Oman 现货基准价格，除每天下午 4：25～4：30 以现货竞价窗口形成实货交割价格之外，其余时间因成交量过低而无法满足期货保值要求。Dubai 体系对实货贸易影响巨大，但大量纸货保值盘位仍然通过 Brent 期货操作，并使用价差交割合约（如 EFS，Exchange for Swap 等）进行转计价。未来若上海原油期货成为东北亚地区部分原油贸易基准价格，则可直接通过 INE SC 进行国内原油采购套期保值与点价锁价等操作。

七、INE SC 价格体系是怎样的？

欧美原油期货发展 40 余年至今已非常成熟，亚洲依旧缺乏代表性原油期货。中东出口亚洲价格主要参考 Platts Dubai、Oman 均价加减现货升贴水或官价 OSP。由报价机构每日发布的定盘价作为现货基准价格，无法实现期货连续交易功能。保值操作主要通过场外掉期合约或转移至 Brent 原油期货上进行。

2018 年上海国际能源交易中心推出 SC 原油期货，是中国首个原油期货合约，全球首个人民币计价原油期货，交割标的为中质含硫原油。上市初始期货合约交易量已超过 DME Oman，成为全球第三大原油期货。

INE SC 交割标的为 Oman、Dubai、Murban、Basrah Light、Upper Zakum、Qatar Marine、Masila 中东原油以及国产胜利油，交易价格为交割油种的人民币到岸价。INE SC 可提供包含运费、汇率等所有成本在内的一站式保值操作，在内外盘价差偏离时提供期现套利机会，从长远角度来看，更适合中国需求方进行原料套利保值。

INE SC 理论价格为中东原油 FOB 离岸价格加运费、保险、港杂等费用得出到岸美元价，乘以汇率得到人民币价格。FOB 价格有多重来源：（1）DME Oman 期货价格；（2）Platts Oman/Dubai/Basrah Light 报价；（3）ICE Brent 期货价通过 Dubai、Brent swap 及 Oman、Dubai swap 换算至 Oman 价格。

八、国际原油机构有哪些？

（一）石油输出国组织（OPEC）

1. 发展历史

全球石油工业发展初期，石油定价权长期由西方石油公司主导。20 世纪中叶，随着中东大油田的陆续投产和战后石油需求崛起，阿拉伯产油国对全球供应愈发重要。1960 年在巴格达会议上，沙特阿拉伯、伊朗、伊拉克、科威特、委内瑞拉五个创始国成立石油输出国组织（OPEC）；1965 年在维也纳设立总部；1965 年得到联合国承认其国际组织的合法地位；1968 年通过《成员国石油政策宣言声明》，强调所有国家对其境内的自然资源行使永久主权。

20 世纪 70 年代由于中东产油国对西方禁运导致的两次石油危机大幅推升全球石油价格，欧佩克逐渐掌控定价主导权。高油价导致西方经济衰退需求回落，同时推动非欧佩克产量快速增加。欧佩克减产保价失败后，转为大幅增产开启价格战，导致 20 世纪 80 年代中期石油价格大幅下行。此后，欧佩克采用目标价格调控政策，成为原油市场重要的摇摆供应商。21 世纪金融市场加剧石油价格波动，欧佩克继续通过调节产量稳定油价。2016 年欧佩克与 10 个非欧佩克国家签订史无前例的合作宣言，产量调控范围进一步扩大。至今欧佩克产量政策对原油价格仍然具有重要影响。

2. 目标愿景

根据欧佩克章程：（1）首要目标是协调统一成员国家能源政策，决定最好的方式维护个体和集体利益。（2）同时应该确保全球石油市场稳定，消除不利和不必要的价格波动。（3）在保证产油国利益的前提下，为消费者提供高效、经济、稳定的石油供应，为能源行业投资者提供公允的资本回报。（4）如果由于欧佩克决议，导致成员国受到直接或间接制裁，其他成员国也不能接受制裁方的任何优惠待遇。

3. 成员国家

2022 年欧佩克共有 13 个成员国：沙特阿拉伯、伊朗、伊拉克、科威特、委内瑞拉、阿联酋（1967 年）、利比亚（1962 年）、尼日利亚（1971 年）、安哥拉（2007 年）、阿尔及利亚（1969 年）、加蓬（1975—1995 年及 2016 年至今）、刚果（2018 年）、赤道几内亚（2017 年）。此前加入后退出的国家包括：卡塔尔（1961—2019 年）、印度尼西亚（1962—2009 年）、厄瓜多尔（1973—1992 年，2007—2020 年）。

4. 欧佩克大会

欧佩克大会是欧佩克最高权力机构，由成员国代表组成，每个国家有一个投票权。每年至少召开两次常规会议，每次大会至少需要 3/4 的成员国参与。会议决定欧佩克章程、理事会主席、秘书长任命、成员国申请、产量政策、预算审计等重要内容。

5. 组织架构

秘书长是欧佩克的法定代表和秘书处首席执行官，代表理事会管理组织事务。欧佩克大会每三年重新任命秘书长，可连续担任两届。秘书处为秘书长提供支持，协助管理内部事务和对外联络。法律办公室向秘书长提供法律咨询，并监督秘书处的法律合同事务。支持部门负责人力、财务、技术、行政等事务。研究部门负责提供战略和政策指导，以及数据和报告服务。目前，对外提供的报告包括石油市场月报、石油市场年报、欧佩克组织月报、欧佩克组织年报、统计数据年报等（见图 5 - 3）。

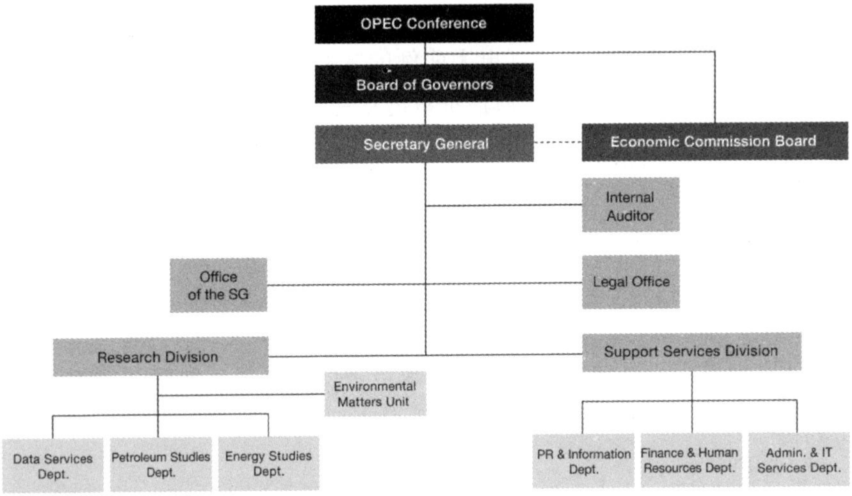

图 5－3　欧佩克组织架构

数据来源：OPEC，中信期货研究所。

（二）国际能源署（IEA）

1. 发展历史

在 1973 年第一次石油危机对西方国家经济造成严重冲击后，1974 年 2 月石油消费国成立能源协作小组，11 月经济发展与合作组织（OECD）在巴黎决定成立国际能源署（IEA，International Energy Agency），并签署《国际能源计划协议》（Agreement on International Energy Program）作为基础框架。IEA 初期核心目标是确保能源供应安全和能源政策协作，包括设立联合行动框架来有效应对潜在的石油供应短缺；并逐渐拓展至能源政策、能耗效率、气候变化等领域。

2. 目标愿景

IEA 的成员国旨在创造条件使能源行业对经济发展、人民福祉、环境效益最大化，重视能源安全与环境保护，促进国际能源市场的有效运行。具体包括以下政策目标：（1）能源行业多元化、效率、灵活度是长期能源安全的基础条件。（2）能源系统应该有能力快速应对能源危机。（3）能源活动应尽可能减少对环境的影响，环境决策也应考虑能源结果。（4）鼓励和提倡环境友好能源。(5) 提高能源效率，同时推动能源安全和保护。(6) 对新技术研发和投入在实现以上目标上至关重要。

3. 成员国家

IEA 的创始成员国包括奥地利、比利时、加拿大、丹麦、德国、爱尔兰、意大利、日本、卢森堡、荷兰、挪威、西班牙、瑞典、瑞士、土耳其、英国、美国。后来加入的国家包括希腊（1976 年）、新西兰（1977 年）、澳大利亚（1979 年）、葡萄牙（1981 年）、芬兰（1992 年）、法国（1992 年），匈牙利（1997 年）、捷克（2001 年）、韩国（2002 年）、斯洛伐克（2007 年）、波兰（2008 年）、爱沙尼亚（2014 年）、墨西哥（2018 年）、立陶宛（2022 年）。智利、哥伦比亚、以色列正在申请加入。

4. 组织架构

IEA 的主要决策机构是理事会，由成员国的能源部长或高级代表组成。每两年召开高级别部长级会议，设定 IEA 的优先战略目标。根据部长级会议结论，秘书处制订具体工作计划，最终提交至理事会审批通过。在理事会之外，IEA 下设多个独立委员会，包括：应急问题常设小组（SEQ）、石油市场常设小组（SOM）、长期合作常设小组（SLT）、全球能源对话常设小组（SGD）、能源研究和技术委员会（CERT）、研发优先事项设定和评估专家组（EGRD）、预算和支出委员会（CBE）。IEA 经费主要来自成员国政府、民间基金、捐献等，在 OECD 财务框架内运作，由成员国审计机构进行独立外部审计。

5. 协作机制

《国际能源计划协议》主要内容包括：(1) 紧急供应。成员国应建立相当于 60 天消费量的战略石油储备库存，1975 年后进一步提升至 90 天。(2) 限制需求。成员国应始终准备一套能有效降低石油消费的措施。(3) 分配机制。当部分成员国出现供应短缺时，其余国家可执行库存共享机制。(4) 激活条款。当全体成员国出现供应短缺时，则激活强制降低消费等条款。(5) 国际石油市场的信息系统。成员国定期提交本国能源行业和石油公司的详细信息。(6) 石油企业沟通机制。成员国应建立与石油公司持续交流和咨询的机制。(7) 长期能源合作计划。成员国应采取合作项目降低长期能源依赖度。(8) 石油生产国和消费国的关系。成员国应建立与发展中消费国和产油国的良好沟通机制，共同维护全球能源市场稳定。

6. 战略库存

从 1973 年建立战略储备库存机制以来，截至目前共进行过五次联合投放：1991 年海湾战争、2005 年飓风卡特琳娜、2011 年利比亚内战、2022 年在俄罗斯和乌克兰冲突后 3 月和 4 月两次宣布联合投放（见表 5 - 1）。

表 5 - 1　　OECD 战略和商业石油库存水平（百万桶）

CLOSING STOCKS	Total	Government[1] controlled	Industry	Total	Government[1] controlled	Industry
		Millions of Barrels			*Days of Fwd. Demand*[2]	
1Q2019	4430	1557	2874	94	33	61
2Q2019	4483	1549	2934	93	32	61
3Q2019	4488	1544	2944	94	32	62
4Q2019	4429	1535	2894	98	34	64
1Q2020	4519	1537	2982	121	41	80
2Q2020	4779	1561	3217	113	37	76
3Q2020	4733	1551	3182	111	36	74
4Q2020	4579	1541	3038	109	37	72
1Q2021	4464	1546	2918	102	35	67
2Q2021	4398	1524	2875	97	33	63
3Q2021	4268	1513	2755	92	32	59
4Q2021	4131	1484	2648	91	33	58
1Q2022	4060	1442	2618	90	32	58

1 Includes government-owned stocks and stock holding organisation stocks held for emergency purposes.
2 Days of forward demand calculated using actual demand except in 1Q2022 (where latest forecasts are used).

数据来源：IEA，中信期货研究所。

（三）美国能源信息署

美国能源信息署（EIA，Energy Information Administration）是隶属于美国能源部的信息统计机构，是美国十个联邦统计机构之一，其组织架构见图5 - 4，旨在收集、分析、传播能源信息，促进政策制定、公众理解、市场分析。法律规定其数据、分析、预测独立于任何联邦政府雇员。2021 年机构预算 1.27 亿美元。

1. 发展历史

在 1973 年阿拉伯产油国对西方禁运导致第一次石油危机后，1974 年美国通过《联邦能源管理法案》（Federal Energy Administration Act），成立并授权联邦能源管理局收集、评估、分析能源信息，向政府和公众提交能源报告和预测。1976 年通过《能源节约和生产法》（Energy Conservation and Production Act），成立能源信息与分析办公室，全面运行国家能源信息系统。1977 年通过《能源部组织法》（Department of Energy Organization Act），正式

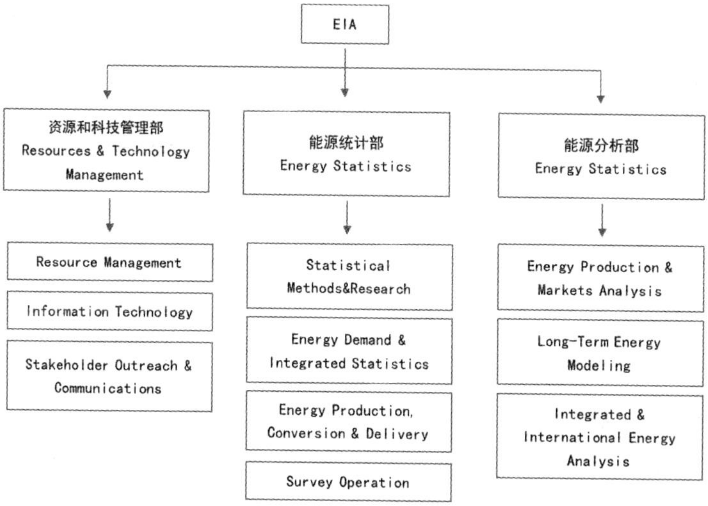

图 5－4　EIA 组织架构

数据来源：EIA，中信期货研究所。

成立 EIA 作为唯一的联邦政府能源信息管理机构。之后，通过多条法案陆续扩大 EIA 覆盖领域，加强数据收集、分析质量、报告类别。

2. 产品体系

EIA 提供日度、周度、月度、季度、年度和不定期的数据、报告、地图、视频等研究产品，覆盖石油、天然气、煤炭、电力、核电、可再生能源等领域，包括全球及美国、其他主要国家能源分析预测。网站月访问量约 200 万次，用户范围主要涵盖商业、研究、学术、政府、公众、金融、媒体等领域。

3. 信息质量

根据 EIA 信息质量指南，要求发布信息具有：（1）客观性。包括可靠信息源、合理分析和预测方法、信息质量审批、历史数据修正、统计方法公开等。（2）实用性。包括产品容易获得、确定发布日程、提供解释材料、征求反馈意见、专家委员评估等。（3）完整性。原始信息严格保密，符合《隐私权法案》《信息自由法案》等。（4）透明度和可重复性。分析方法可重复再现，分析过程透明可验证等。（5）及时性等。

自测题

一、填空题

1. 原油贸易基本计价公式为（　　）加（　　）。

2. 中东原油长约的计价期通常使用提单月（　　）均价。

3. Brent 基准价格体系中最早形成的纸货种类是（　　）。

4. Brent 期货采用的是（　　）和（　　）的复合交割模式。

5. Brent 期货的交割结算价格是（　　）。

6. BFOET 是指（　　）、（　　）、（　　）、（　　）、（　　）五种原油的混合体系。

二、判断题

1. 原油贸易可分为长约合同与现货市场。（　　）

2. 原油现货贸易多数采用绝对价格报价。（　　）

3. 超过六成的国际石油贸易将 WTI 作为基准价格。（　　）

4. 新加坡普氏窗口交易时间是 14：00～14：30。（　　）

5. Brent 远期市场的通知时间是 60 天。（　　）

6. Brent CFD 是指期转现价差。（　　）

三、单选题

1. 北美地区原油现货贸易的基准价格主要基于（　　）价格体系。

A. WTI　　B. Brent　　C. SC　　D. Dubai、Oman

2. 欧洲地区原油现货贸易的基准价格主要基于（　　）价格体系。

A. WTI　　B. Brent　　C. SC　　D. Dubai、Oman

3. 沙特阿拉伯出口至亚洲的长期合约的基准价格主要基于（　　）价格体系。

A. WTI　　B. Brent　　C. SC　　D. Dubai、Oman

4. 俄罗斯 ESPO 原油基准价格主要基于（　　）价格体系。

A. WTI　　B. Brent　　C. SC　　D. Dubai、Oman

5. 俄罗斯 Urals 原油基准价格主要基于（　　）价格体系。

A. WTI　　B. Brent　　C. SC　　D. Dubai、Oman

6. 以下哪个不属于原油现货价格评估机构（　　）。

A. Platts　　B. Argus　　C. RIM　　D. NYMEX

参考答案

一、填空题

1. 基准价格，升贴水　　2. 全月　　3. Brent 远期合约

4. 现金交割，期转现　　5. Brent 指数

6. Brent、Forties、Oseberg、Ekofisk、Troll

二、判断题

1. √　　2. ×　　3. ×　　4. ×　　5. ×　　6. ×

三、单选题

1. A　　2. B　　3. D　　4. D　　5. B　　6. D

第六章

原油价格研究

本章要点

原油是重要的国家战略、经济、民生物资，原油价格分析具有重要意义。宏观角度，产油国需要分析油价对财政收入影响，调整财政支出预算和生产配额政策；需求国则需要分析油价对居民消费成本和能源安全影响，为货币和行业政策调整作出指引。微观角度，石油生产、贸易、需求企业需要分析油价，确定投资经营和套期保值策略；金融投资机构需要分析油价，确定资产配置和投机交易策略等。

一、什么是原油价格的三重属性？

原油价格影响因素纷繁复杂，大体可分为政治、金融、商品属性三类。

不同时期主导因素可能存在差异。如果三重属性对油价指引方向形成共振，则可能形成较强趋势行情；如果三重属性分化，则取决于综合作用结果。

从影响层面而言，（1）政治属性是原油价格最上层的影响因素。石油是重要的民生和战略物资，其供应和价格安全是大国战略的重要组成部分。由于全球原油供应具有高度垄断集中特性，少数产油国领导人决策就可以影响大部分原油供应边际变量，从而改变原油价格走势。（2）金融属性与原油价格相互影响。一方面，经济周期影响油品实物需求，金融周期影响期货投机需求；另一方面，原油价格通过通货膨胀反作用于货币政策和金融市场。（3）供需属性是最能直接影响实货价格底层因素的，也是政治对供应影响和金融对需求影响综合作用的结果。

从实际分析角度而言，（1）供需属性可以进行相对确定的量化分析。由于库存与油价具有较明显的类线性相关性，因此可以作为对油价的基础估值参考。（2）金融属性对油价有一定指引，因影响路径复杂多变，难以与油价建立确切的定量关系，但可以通过经济周期分析对油价提供方向指引。（3）政治属性则需要通过主观评价分析。可以在以上两步的基础上对各种地缘背景进行情景分析，然后进行概率加权评估（见图6－1）。

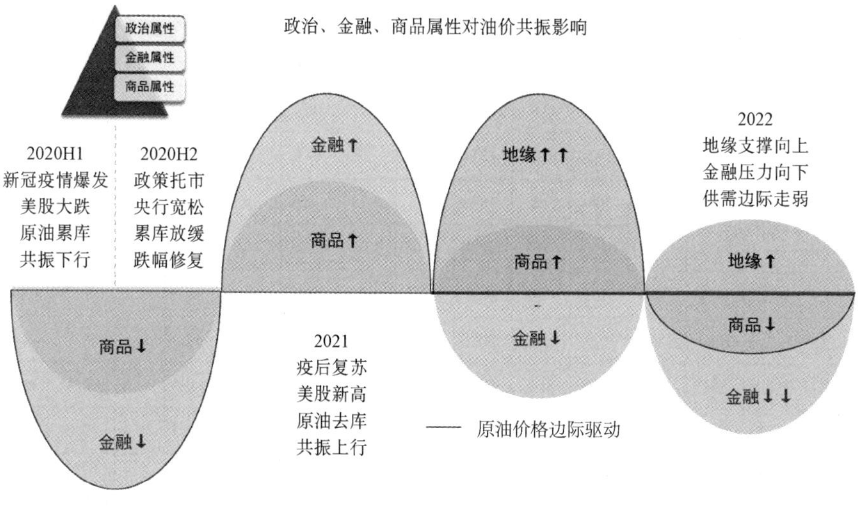

图6－1 三重属性影响示意图

资料来源：中信期货研究所。

二、什么是原油的供需平衡表？

供需平衡表是供需分析的汇总体现。按频率可以分为年度、季度、月度、周度；按地区可分为全球、洲际、国别等；按品种可分为原油、汽油、柴油等。历史数据根据统计汇总，未来数据根据模型预估。原油供需平衡表侧重于原油产量和成品油需求两端分析，一般不太涉及中间贸易行为（见表6-1）。由于平衡表中涉及项目很多，通常都存在一定的误差，因此每个月进行的修正往往必不可少。

表6-1　　全球原油供需平衡表

	年度均值（万桶/日）					同比变化（万桶/日）				同比增幅（%）			
	2019	2020	2021	2022	2023	2020	2021	2022	2023	2020	2021	2022	2023
供应													
OECD	3422	3060	3110	3232	3368	-92	50	122	136	-2.7	1.6	3.9	4.2
美国	2136	1862	1896	2022	2106	-91	34	126	84	-4.3	1.8	6.6	4.2
加拿大	610	524	554	569	590	-24	30	15	21	-4.0	5.7	2.7	3.8
墨西哥	179	193	192	189	185	2	-1	-3	-4	1.0	-0.5	-1.8	-2.2
其他OECD	497	481	468	452	487	21	-13	-15	35	4.2	-2.7	-3.3	7.6
非OECD	6673	6330	6456	6760	6699	-548	126	304	-62	-8.2	2.0	4.7	-0.9
OPEC	3419	3070	3165	3409	3437	-391	95	244	28	-11.4	3.1	7.7	0.8
其中：原油	2866	2560	2627	2859	2885	-367	67	233	26	-12.8	2.6	8.9	0.9
其中:其他液体	554	510	538	550	552	-24	29	11	2	-4.4	5.6	2.1	0.4
苏联	1231	1344	1374	1379	1234	-117	31	5	-144	-9.5	2.3	0.3	-10.5
中国	527	486	499	516	524	0	13	17	8	0.0	2.7	3.3	1.5
其他非OECD	1496	1430	1417	1456	1503	-40	-13	39	47	-2.7	-0.9	2.7	3.2
全球总供应	10095	9390	9566	9992	10067	-640	176	426	75	-6.3	1.9	4.5	0.7

政策和新能源继续推广落实，OECD 油品需求增速或继续放缓。

非 OECD 需求。中国和印度等非 OECD 国家是 21 世纪全球油品需求增长的主要驱动力。经济增速更高、人口增速更快、能源密集型制造业占比较大，对石油刚性需求的推动超过高油价对弹性需求负面压力，是油价上行的重要支撑。未来非 OECD 国家经济增长动能，仍是影响需求和油价两个重要因素。

库存。库存是供应和需求共同作用的结果，对油价具有较明显的指引作用。供过于求时原油累库，通常导致油价下跌；供不应求时原油去库，通常导致油价上涨。原油库存包括商业库存、战略储备库存、海上浮仓等；部分成品油库存具有明显季节差异，如汽油和燃料油，因此通常需与上年同期水平进行比较，以便进行有效评估。

三、原油的商品属性有哪些？

（一）库存可以作为商品属性估值参考

原油期货价格与商业油品库存具有明显反相关性。以 OECD 商业油品库存为例，2011—2014 年上半年油价在 100 美元/桶以上高位，对应库存在 25 亿 ~27 亿桶 10 年低位。2014 年下半年到 2016 年欧佩克增产，库存从 26 亿桶增至 30 亿桶，油价从 110 美元/桶降至 35 美元/桶。2016 年底欧佩克与非欧佩克达成联合减产协议，此后三年油价升至 80 美元/桶。

2020 年上半年全球新冠疫情导致库存从 29 亿桶迅速增至 32 亿桶，油价快速跌至 20 美元/桶；2020 年下半年欧佩克大幅减产，经济复苏推动需求恢复，油品进入持续一年半去库周期，2021 年底油价重心再度上移至接近 80 美元/桶。

2022 年上半年油品库存逐渐止跌。第一季度库存小幅回落，第二季度库存小幅回升；同期油价从 80 美元/桶上涨至 120 美元/桶，主要因地缘冲突导致的供应中断风险推升原油地缘溢价。下半年油价库存升至 28 亿桶，而油价则下跌至接近 90 美元（见图 6－2）。

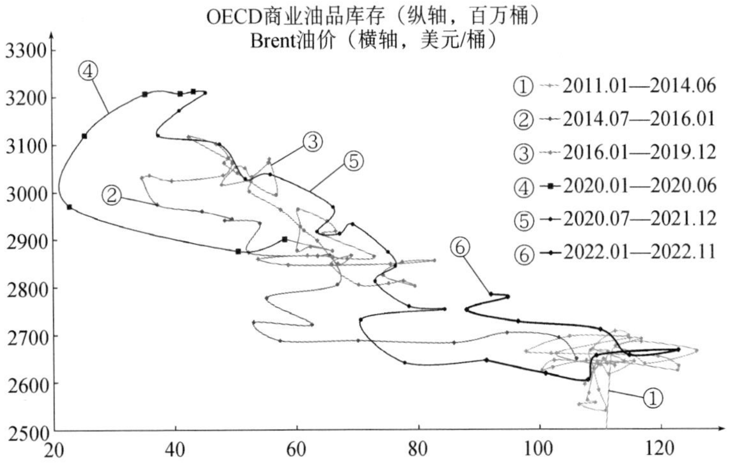

图 6－2　原油价格与油品库存节奏高度匹配

数据来源：IEA，中信期货研究所。

因此，在对油价分析过程中，可以先通过供需平衡分析推导油品库存变化预期；基于历史油价与库存关系，得出供需估值基准参考。再综合金融属性和地缘属性的方向驱动，分析油价可能演变路径。

（二）油品供需分析框架

原油产业链始于上游原油生产端，通过贸易运输至炼厂加工，终于下游成品油消费端。供需研究宏观上即为产油国产量和消费国需求量分析，微观上可对产业链各环节输入和输出变量进行跟踪（见图 6－3）。

1. 原油供应

从上游生产端分析全球原油供应，主要可分为欧佩克国家、美国、其他国家三大板块。欧佩克和美国是原油供应的重要边际变量，但二者产量重点分析因素有所区别。

（1）欧佩克是全球原油供应最大的联盟组织，占全球原油出口一半以上；供应边际变量主要受到政策影响，产量配额根据市场状况灵活调整。欧

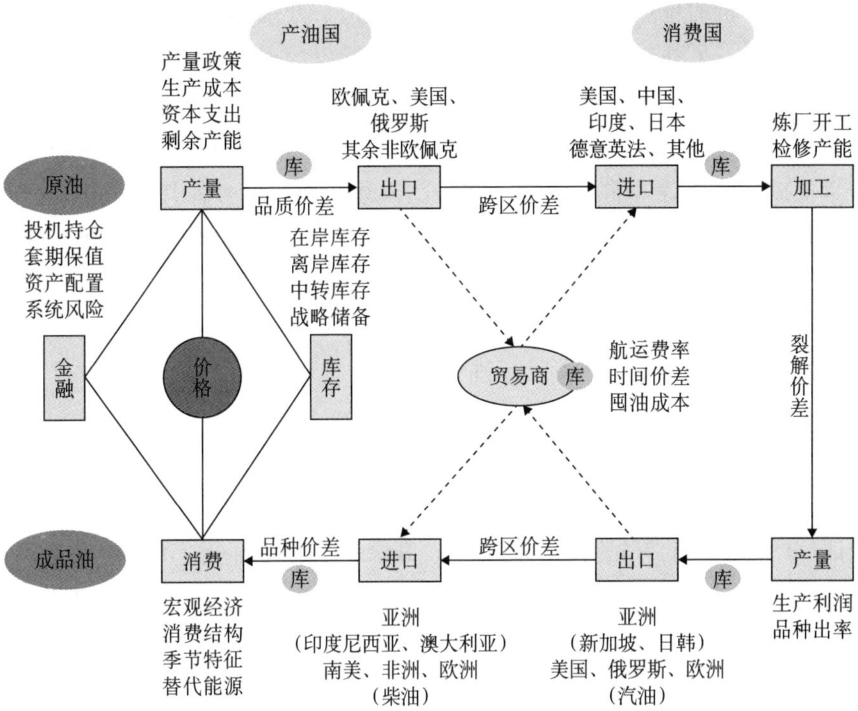

图 6-3 全球原油供需平衡表示意图

数据来源：EIA，中信期货研究所。

佩克增产或减产周期直接影响原油库存周期。欧佩克产量分析重点在于决策主导者的政策倾向和协同能力，辅助判断因素包括产油国财政状况、剩余产能、地缘局势等。目前，欧佩克主要领导国为沙特阿拉伯，沙特阿拉伯主要决策人为国王、王储及能源部长，因此，沙特阿拉伯领导者决策对全球原油供应形成重要的杠杆效应。

(2) 美国是全球原油产量最高的国家。虽市场份额占比不及欧佩克联盟，但页岩油革命使美国成为 2010 后全球主要产能增量来源。相比开发投产周期长达数年的传统成熟油田，页岩油不断提升的钻井效率和钻探技术将投产周期缩短至数月之内，成为可对油价快速响应的机动供应变量。与欧佩克通过政策统一调节国家产量不同，通常情况下，页岩油企业产量受到政府直接行政干预较少，更多来自市场化的股东决策和盈亏能力影响。因此，对美国产量分析的重点在于企业行为、投资倾向、开采成本、勘探进展、投产进度等影响。另外，美国部分产量位于飓风高发的墨西哥湾地区，因此天气因素也对产量形成较大干扰。

（3）非欧佩克非美原油供应存量主要以传统成熟油田为主，增量较多来自油砂、深海等非常规油田。相对欧佩克和美国而言，其他国家油田投产周期较长、产量计划相对稳定，对原油供应边际变化和短期油价影响相对较小。重点分析因素包括新增探采投资计划、开发中油田投产计划、已投产油田产量趋势等。2016 年以俄罗斯为代表的部分非欧佩克产油国和欧佩克建立产量协作联盟，进一步放大了欧佩克产量决策的边际影响力。

2. 原油贸易

全球原油供需分布不均催生贸易流动，贸易环节是供需相对变化的次级佐证。产油国产量首先满足本国需求，其余用于对外出口；出口贸易量构成对外部市场的有效供应。在需求稳定情形下，出口量增加，可能导致贸易商累库，对实货价格形成下行压力；在出口稳定情形下，采购需求增加，可能导致贸易商去库，对实货价格形成上行推动。因此，贸易商库存是短期实货供需的实时风向标。

贸易商通过贸易或仓储套利行为，可以部分调整供需分布和变化节奏，因此对贸易环节的分析有助于把握短期供需和价差走向：（1）跨区价差套利。当两地的区域间价差大于物流贸易成本时，贸易商从低价区采购并销往高价区，获取额外贸易利润，从而收敛两地价差。（2）时间价差套利。当近月油价大幅下跌，导致近月和远月价差大幅走扩至大于仓储成本时，贸易商可以采购近月现货，并在期货远端卖出，获取额外仓储利润，从而托底现货价格。（3）期现价格套利。当现货价格远低于期货价格时，贸易商可以采购现货原油在期货市场上卖出；当期货价格远低于现货价格时，贸易商可以从期货市场上采购至现货市场卖出，收敛期现价差。

3. 油品需求

除沙特阿拉伯等极少数国家将原油直燃发电外，九成以上原油均通过炼厂加工使用。以消费国为主体，产业链多环节均可体现需求变化：（1）原油进口量是国际贸易需求终点。视航运距离时间长短，进口量的变化通常滞后于产油国出口及海运贸易量的变化，领先于国内炼厂原油加工量的变化。(2）炼厂加工量是国内原油需求终点。炼厂投产周期较长，因此产能相对稳定；实际加工量主要受到加工利润和检修计划影响，具有较明显的季节效应。通常 2 月至 4 月为春季检修高峰，9 月至 10 月为秋季检修高峰，开工率相对较低。(3）汽车加油量等零售环节是成品油需求终点。炼厂产量领先成品油销量，时滞和结构效应使成品油与原油价格变化不完全同步，二者之差即为加工利润。当终端需求较好时加工利润上行，驱动炼厂上调开工率，从而提振原油需求。

成品油需求可以从不同维度分析：(1）自上而下角度，油品需求与经济增速与能源政策高度相关；经济增长决定需求总量，能源政策影响需求结构。可通过经济增速预期大致推导能源需求增速，然后根据不同行业对油品需求占比进行调整。如能耗政策影响煤炭、石油、天然气等在总能源需求占比、交通运输行业增速对油品需求影响相对更大等。(2）自下而上角度，可以对几大主要成品油分别进行分析，然后汇总得到需求总量变化。汽油、柴油、航空煤油、燃料油、石脑油在全球石油需求占比分别约为 25%、30%、8%、7%、6%。汽油需求消费属性较强，受到汽车销量、能效指标、出行里程、新能源替代等因素影响；对油价响应相对弹性，高油价通常抑制汽油需求增速。柴油需求工业属性较强，受到经济增长、贸易运输、资源开采、农林渔牧等因素影响；对油价响应相对刚性，是油价涨跌的被动承受方。航煤需求九成以上来自航运市场，与航空客运及货运高度关联。燃料油主要用于轮船运输，受到海运市场影响较大。石脑油作为化工原料，化工品需求及深加工装置利润开工影响需求。其余如沥青、液化石油气等占比相对较小，对总油品需求影响不大。

四、原油是否有金融属性？

在经历西方石油公司主导的需求定价和欧佩克主导的供应定价后，原油转入期货市场主导的多元定价阶段。原油期货市场参与者不仅来自石油生产商与消费商利用衍生品市场对冲实货贸易风险，还有大量对冲基金、投资银行等金融机构通过交易原油期货对冲宏观经济风险或投机价格获利，使原油价格的金融属性大幅增强。

金融属性侧重从需求端影响油价。从实物需求角度，石油是全球需求占比最大的能源品种。需求总量与经济增速密切相关。经济扩张周期通常伴随油品需求上行，经济衰退周期导致需求回落。需求分布也与经济分布基本匹配。发达经济体需求总量高于发展中经济体；而发展中经济体需求增幅高于发达经济体。

从投机需求角度，石油期货是全球交易量最大的商品期货。金融市场交易行为影响原油期货价格形成，而原油期货价格在很大程度上决定了原油现货价格。具体而言，货币政策影响资金总量和资金成本，金融情绪影响风险偏好和资产配置，均会影响原油期货投机资金持仓总量和交易方向。

因此，对金融属性分析，要综合考虑宏观经济、货币政策、产业周期等对原油的综合影响。例如，2021 年处于宽松货币政策和经济上行周期，对原油实物和投机需求形成共振提振。2022 年在经济放缓和货币紧缩的双重作用下，油品实物需求增速回落，期货持仓也降至 8 年来的最低位。

具体而言：（1）经济增长与油价呈现正相关性。在经济扩张周期，油品实物需求与金融风险偏好回升，油价通常体现为缓慢而持续上涨。在经济下行周期，油品消费需求回落，金融交易情绪恶化；衰退高峰期若爆发经济或金融危机，通常导致油价急速下跌。（2）货币供应角度，在供应和需求数量不变的情况下，货币发行量越多，也会相应推涨资产价格。（3）利率角度，加息周期中金融条件收紧，导致经济压力加剧和资金成本上行，对原油消费和投机需求形成抑制。（4）汇率角度，美元指数变化会影响本币计价的原油价格，可能导致供求关系偏离。例如，美元贬值使出口国美元收益实际购买力下降，可能会通过减产等方式抬升油价以平衡本币财政支出，从而使二者呈现出长期反相关性。（5）资产配置角度，不同金融环境下的资产配置决策会影响原油期货投机需求。例如，在通货膨胀上行周期，原油作为优质抗通货膨胀资产可能吸引宏观资金大量流入，额外增加原油投机买入需求，推动价格上涨；而紧缩货币周期可能导致投机卖出压力增大等（见

表 6-2)。

表 6-2　　经济周期对油价周期具有显著影响

经济扩张周期							
周期范围			原油价格收益率(%)		触底时间		
开始	结束	持续月份	累计	年化	PMI	油价	滞后月份
1975-03	1980-01	59	132	44	1975-01	1974-10	-3
1980-07	1981-07	12	4	1	1980-05	1980-05	0
1982-11	1990-07	93	-18	-18	1982-05	1983-04	11
1991-03	2001-03	122	28	4	1991-01	1991-03	2
2001-11	2007-12	74	365	36	2001-10	2001-12	2
2009-06	2020-02	130	-56	-9	2008-12	2009-02	2
平均值		82	76	10			2
经济衰退周期							
周期范围			原油价格收益率(%)		见顶时间		
开始	结束	持续月份	累计	年化	PMI	油价	滞后月份
1974-01	1975-03	13	38	29	1974-01	1974-06	4
1980-01	1980-07	6	12	24	1980-02	1981-02	12
1981-07	1982-11	16	-8	-6	1981-05	1981-05	0
1990-07	1991-03	8	-27	-41	1990-04	1990-10	6
2001-03	2001-11	8	-21	-32	1999-11	2000-09	10
2007-12	2009-06	18	-25	-17	2006-02	2008-07	29
2020-02	2020-04	2	-30	-178	2018-08	2018-10	2
平均值		10	-9	-31			9

数据来源:Wind,中信期货研究所。

(一)经济增长

能源需求是国民经济的晴雨表。石油是目前全球占比最大的能源需求,油品需求增速与经济增速息息相关。自 20 世纪 80 年代以来,全球经济增速围绕3%均值上下波动，油品需求年均增幅约1%；二者波动方向基本一致，波动幅度存在差异。主要差异包括：（1）石油需求在经济结构中部分占比，使油品需求平均增速低于整体经济增速。（2）石油在发达国家居民消费中的高占比，在油价大幅上行周期可能引发对油品需求的抑制效应。如1980—1982年因高油价导致高通货膨胀，使欧美经济陷入滞胀危机；消费国出台政策限制油品需求，使油品需求降幅远大于经济增速。（3）石油需求结构中交通运输行业的高占比，使其受到行业发展影响。如2020年全球疫情导致各国出台隔离措施，限制出行对航空和道路交通行业造成严重冲击，油品需求降幅远大于经济降幅。因此，通过经济增速预估需求增速时，还需考虑经济结构和行业政策对需求预期进行修正（见图6-4）。

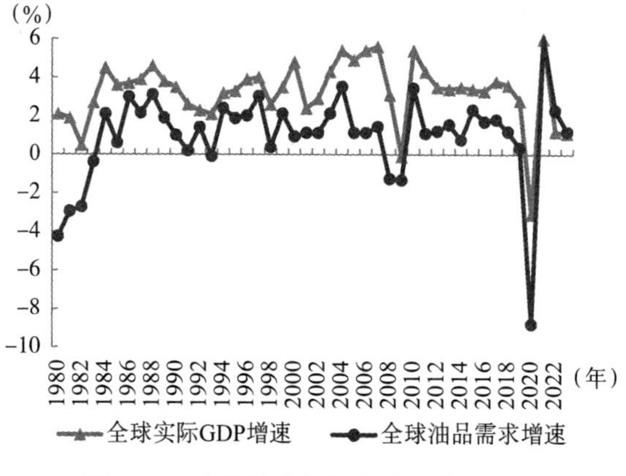

图6-4 油品需求与经济增速高度相关

数据来源：IMF，EIA，中信期货研究所。

美林证券在2004年提出的美林时钟模型（见图6-5），将经济周期划分为衰退期（低GDP+低CPI）、复苏期（高GDP+低CPI）、过热期（高GDP+高CPI）、滞胀期（低GDP+高CPI）四个阶段。通过总结历史资产价格表现的共性特征，发现不同时期资产价格收益率存在轮动效应：衰退期（债券>现金>股票>大宗商品）、复苏期（股票>大宗商品>债券>现金）、过热期（大宗商品>股票>现金/债券）、滞胀期（现金>大宗商品/债券>股票）。宏观资金可以通过对经济周期的分析和预测，辅助资产配置投资决策；对于原油配置主要通过购买原油期货或相关衍生产品。因此，经济周期会影响宏观资金对于原油的资产配置决策，从而影响原油期货金融需求，额外推动期货价格涨跌（见图6－6）。

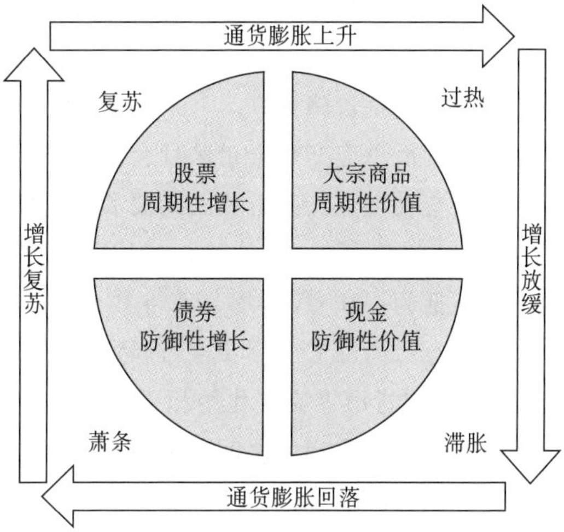

图6－5　美林时钟示意图

数据来源：美林证券，中信期货研究所。

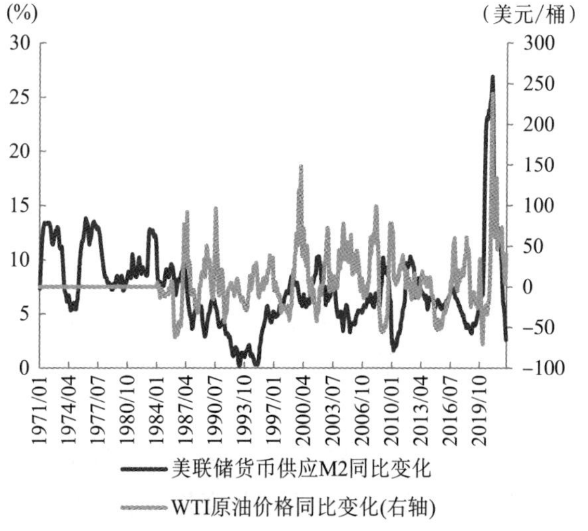

图6－6　油品需求与经济增速高度相关

数据来源：IMF，EIA，中信期货研究所。

（二）货币政策

货币政策对原油价格影响，可以从资金总量和配置比例两方面进行考虑。货币发行量会直接影响社会总资产价格，等比例分配下推升原油期货的实物和货币需求。货币政策变化会影响各类资产收益率预期，从而改变资产配置比例，进一步推动原油期货价格涨跌。

根据古典货币理论，货币供应变化会带来社会总资产价格的变化，总支出与总收入基本一致。用费雪现金交易方程式简要表示：$M \times V = P \times T$（M：货币流通数量，V：货币流通速度，P：价格，T：商品或劳动数量）。进一步拓展的货币数量论可概括为：$M \times V = P_C \times T_C + P_A \times T_A$（M：货币流通数量，V：货币流通速度，$P_C$：商品价格，$T_C$：商品总量，$P_A$：金融资产价格，$T_A$：金融资产总量），即货币供应变化约相当商品或劳动价格和金融资产价格变化总量，在不同价格变化幅度之间形成动态平衡。

货币供应的变化同样也会影响原油价格变化。一方面，流通资金增加带来财富效应，增加居民消费能力和意愿，推升原油和成品油实物需求的增加。在同等供应情形下，从商品属性角度抬升供需估值。另一方面，流通资金增加同样会推升原油期货作为金融资产的需求。货币本身作为金融资产，在配置比例不变的情况下，货币供应增加则需要将增量货币等比例分配至其他资产，从流动性溢出角度推升原油期货的金融溢价。

从资产配置角度，货币政策与原油价格之间存在预期的自我实现效应。当中央银行采用宽松的货币政策，货币发行量的增加会推升未来通货膨胀预期，驱动金融资金寻找抗通货膨胀资产进行配置。宽松货币政策会导致本币贬值压力和债券收益率下降预期，配置价值回落；在通货膨胀上行周期原油价格通常具有较好表现，因此通货膨胀预期会导致金融资金增配原油期货，在资金总量溢出效应上进一步推升超配溢价。原油期货价格上行带动成品油现货价格上涨，使居民消费成本增加，使通货膨胀预期逐渐兑现为通货膨胀现实。例如，2020 年 3 月新冠疫情全球大暴发，导致金融资产价格大跌，一度出现流动性危机担忧。欧美央行采用超宽松的货币政策经济救市，新增货币供应创历史新高。引发市场通货膨胀预期大幅上行，推动原油的资产配置需求，导致原油期货总持仓和基金净多持仓大幅上行。经济复苏和投机持仓共同推升油价快速上涨，同时导致欧美通货膨胀上行至30年高位，美联储转而收紧货币政策逐渐启动加息。这是油价和货币政策相互影响和预期自我实现的典型案例。

（三）美元汇率

自1971年布雷顿森林体系瓦解、1974年美国和沙特阿拉伯达成协议以美元计价结算石油后，石油取代黄金成为美元绑定的硬通货，石油美元体系逐渐建立。石油和美元的相互影响也愈加紧密。21世纪以来，长期石油价格与美元指数趋势呈现较为明显的反相关性，短期受其他因素影响也可能发生同向或无序背离。

从计价功能角度，由于原油现货和期货主要以美元作为计价货币，美元汇率变化会影响以本币计价的原油价格，推动供求关系发生一定程度偏离。例如，美元贬值使出口国美元收益的实际购买力下降，因此可能会通过减产等方式抬升油价以平衡本币财政支出；同时，美元贬值使需求国美元购买力增强，可能促进需求提振油价；二者共同作用使美元与油价呈现出负相关性。

从结算功能角度，石油需求国在购买原油时需要通过美元进行结算，当石油需求增加和石油价格上涨时会推升美元需求，从而对美元产生升值效应。从回流机制角度，石油输出国通过出口石油获得大量美元资产，除补充本国外汇储备外，贸易盈余再回流至美国以购买美元金融资产，也会一定程度推动美元升值。因此，在石油和美元的往复循环中，油价与汇率也逐渐形成动态平衡。

由于美元和原油同为大类资产，也会受到资产相对配置影响（见图6-7）。当美元处于贬值趋势时，原油相对配置价值增加；金融资金更多配置原油，从而推升原油价格上涨。市场风险偏好也会影响二者关联：美元和美债作为避险资产，而原油和美股则是风险资产代表。当市场经济形势向好风险偏好上行，可能驱动投资者更多配置原油和股票资产，减少货币和债券持有，资金流出美元流入原油，使两者呈现反相关性。此外，美元和油价走势可能会同样受到其他因素的影响，如当货币政策宽松时，会产生美元贬值和通货膨胀预期，从而导致资金减配美元增配原油，同样会使二者呈现反相关性。

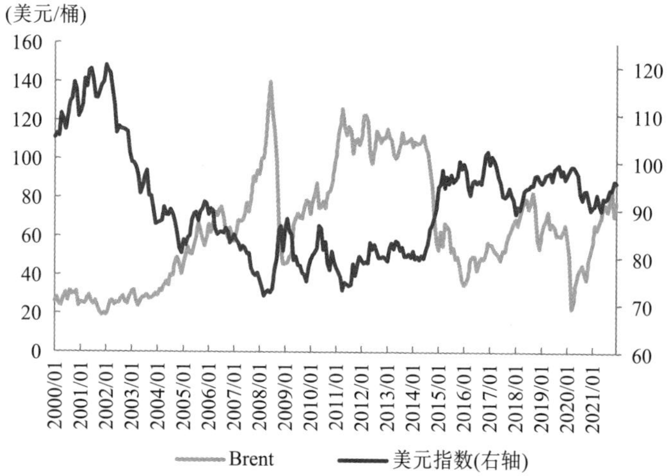

图 6－7　原油价格与美元指数

数据来源：Wind，中信期货研究所。

五、原油具有政治属性吗？

石油作为重要战略和经济物资，对产油国意味着地缘资本和财政收入，对消费国意味着能源动脉和输入成本，在战争期间可能导致关键战役成败。近百年的国际政治发展史，也是石油政治演变史。控制手段由传统军事干预实现物理空间占有，逐渐转变为综合运用政治、经济、金融、军事等方式实现对石油资源、通道、市场、定价权的影响。

由于石油在国家战略层面的重要意义，石油价格是多方政治诉求的综合博弈结果。例如，石油工业发展初期几乎完全由西方石油公司主导，欧美作为消费中心长期将中东油价压制在相对低位。欧佩克成立后，随着中东石油出口份额的不断增加和石油美元协议的签订，欧佩克提振收入的经济诉求与美国提振美元需求的金融诉求，综合推升二次石油危机期间原油价格的大幅上涨。高油价弊端随之显现：西方经济衰退使油品需求大幅回落；同时，非欧佩克原油产量快速增加。此后，欧佩克实施目标价格区间管理政策，通过定期调整产量配额使油价维持15～25美元波动。直至2005年欧佩克正式放弃目标价格管理，油价转为金融市场主导的大幅波动阶段（见图6－8）。

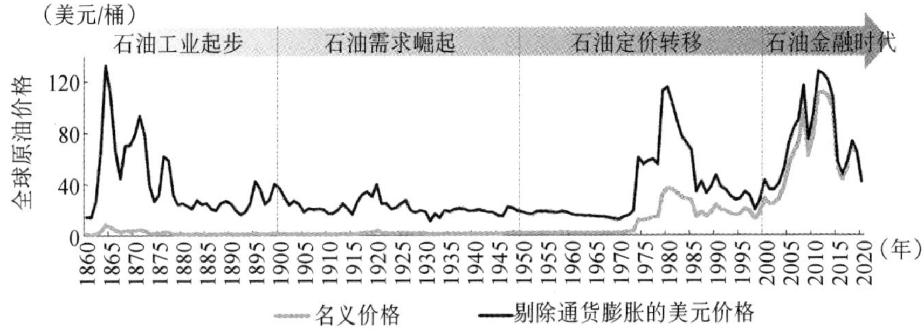

图6－8　地缘政治影响长期油价格局

数据来源：BP，中信期货研究所。

虽然欧佩克不再设定名义目标价格，但其产量政策周期仍对油价具有重要影响。2008年、2016年、2020年几次油价大跌后，欧佩克都通过减产成功抬升油价重心；2014年、2018年欧佩克增产也导致了油价大幅回落。尤其在非欧佩克国家加入后，以沙特阿拉伯和俄罗斯主导的“OPEC＋”产量联盟可以影响全球近半原油供应的边际变化。而地缘政治对该联盟产量政策的塑造，将继续对油价产生深刻影响。

自测题

一、填空题

1. 原油价格因素影响自上而下可大致分为（　　　　）、（　　　　）和（　　　　）三重属性。

2. 中东发生地缘冲突可能导致供应中断时，对油价影响（　　）。
3. 全球央行宣布启动超宽松货币政策周期，对油价影响（　　）。
4. 欧美遭遇金融危机导致股价大幅下挫时，对油价影响（　　）。
5. 欧佩克宣布推出史上最大规模联合减产，对油价影响（　　）。
6. 美国页岩油企业预计进入快速增产周期，对油价影响（　　）。

二、判断题

1. 原油供应增加对油价影响利多。（　　）
2. 原油需求增加对油价影响利多。（　　）
3. 原油库存增加对油价影响利多。（　　）
4. 资本开支上行有利于油品供应增加。（　　）
5. 经济增速上行有利于油品需求增加。（　　）
6. 低碳环境政策有利于油品需求增加。（　　）

三、单选题

1. Brent 首行合约与次行合约的价差属于（　　）。
A. 时间价差　　B. 区域价差
C. 裂解价差　　D. 品质价差
2. Brent 与 WTI 的价差属于（　　）。
A. 时间价差　　B. 区域价差
C. 裂解价差　　D. 品质价差
3. INE SC 与 DME Oman 的价差属于（　　）。
A. 时间价差　　B. 区域价差
C. 裂解价差　　D. 品质价差
4. WTI Midland 与 WTI Huston 的价差属于（　　）。
A. 时间价差　　B. 区域价差
C. 裂解价差　　D. 品质价差
5. WTI 原油期货与 RBOB 汽油期货的价差属于（　　）。
A. 时间价差　　B. 区域价差
C. 裂解价差　　D. 品质价差

6. 沙特阿拉伯轻油与沙特阿拉伯重油的价差属于（　　）。

A. 时间价差　　B. 区域价差

C. 裂解价差　　D. 品质价差

参考答案

一、填空题

1. 政治、金融、供需　2. 利多　3. 利多　4. 利空　5. 利多　6. 利空

二、判断题

1. ×　2. √　3. ×　4. √　5. √　6. ×

三、单选题

1. A　2. B　3. B　4. B　5. C　6. D

延伸阅读

影响油价的重要事件

事件	详情
阿拉伯石油禁运	1973 年 10 月第四次中东战争爆发，以色列和阿拉伯国家卷入战火。由于美国支持以色列，沙特阿拉伯宣布全面禁止向美国石油运输，并且很快获得了其他阿拉伯生产国的呼应。随后，中东产油国决定减少石油生产，并对西方发达国家实行石油禁运，导致石油价格从长期低于 5 美元飙升至 10 美元以上
伊朗伊斯兰革命	1978 年底，世界第二大石油出口国伊朗政局发生剧烈变动，伊朗亲美的温和派国王巴列维下台。1978 年 12 月 26 日至 1979 年 3 月 4 日，伊朗全部停止石油出口，世界石油供应突然减少 500 万桶/日，造成石油供应严重短缺，石油价格从每桶 13 美元猛升至 34 美元

续表

事件	详情
两伊战争	1980年9月22日，伊拉克突袭伊朗，爆发两伊战争。两伊战争的爆发使两国石油出口量锐减，一度完全中断。油价在1979年开始暴涨，高达每桶42美元。由于1979年以后持续一年多的原油抢购使西方国家有了较充足的原油储备，加上沙特阿拉伯迅速提高了石油产量，到1981年油价终于稳定在每桶34~36美元范围内
沙特阿拉伯放弃减产保价	1985年7月，沙特阿拉伯宣布低价销售石油，国际石油价格立刻大幅下跌。20世纪70年代世界石油市场经历了历次石油危机之后，西方国家石油需求量下降，石油市场萎靡。为了鼓励消费者重新消费石油，重新夺回石油市场份额，1985年OPEC宣布以争夺市场合理份额来取代过去的限产保价政策，从而导致1986年油价战的爆发和油价暴跌
海湾战争	1990年8月，伊拉克入侵科威特。5个月后，美国发动对伊拉克战争，伊拉克撤出侵占的科威特。油价从1989年的18.2美元/桶升到1990年的23.81美元/桶。1990年海湾危机期间，OPEC大幅度增加石油产量，以弥补伊拉克遭经济制裁后石油市场上出现的每天300万桶的缺口
亚洲金融危机	1997年7月2日，亚洲金融风暴席卷泰国，泰铢贬值。不久，这场风暴扫过了马来西亚、新加坡、日本、韩国、中国等地。打破了亚洲经济急速发展的景象。亚洲一些经济大国的经济开始萧条，一些国家政局也开始混乱。1999年，金融危机结束。亚洲金融危机导致全球经济增长放缓，1998年经济增长仅为2.8%，石油价格因此下滑，油价一度下滑到9美元左右的低位
OPEC减产	2000年，OPEC采取集体限制产量的行动，导致油价从1999年初每桶不到10美元一路上涨到年底超过25美元
“911”事件	2001年9月11日发生在美国的劫持多架民航飞机冲撞摩天高楼的自杀式恐怖袭击使美国社会经济遭受严重打击，国际油价也受到冲击。2001年，石油价格短期涨到24.37美元/桶。随后“911”事件导致航空、运输和旅游业不景气，国际油价也因此一度跌到16~27美元/桶的水平
委内瑞拉石油工人罢工	委内瑞拉是世界第四大石油出口国，2002年12月2日，委内瑞拉反对派进行以迫使查韦斯政府下台和立即举行大选为目标的全国性无限期总罢工。罢工初期声势浩大、效果明显，委内瑞拉各主要经济部门大面积陷入瘫痪。石油工业生产和出口的中断，导致国际油价突破30美元/桶

续表

事件	详情
墨西哥湾飓风	2005 年 8 月下旬和 9 月，飓风“卡特里娜”和“丽塔”席卷美国墨西哥湾地区，导致受灾地区石油工业瘫痪，累计损失原油产量达到 1.62 亿桶。原油价格持续创新高，8 月突破每桶 70 美元关口
尼日利亚石油减产	2006 年，尼日利亚南部产油区尼日尔三角洲地区频繁发生袭击产油设施和绑架石油工人事件，导致尼日利亚石油产量从日均 250 万桶下降约 25%，部分推动 2006 年国际油价上升了近 20%
全球金融危机	2008 年 9 月爆发于美国的金融危机，使得投机炒作资金相继离场，百年一遇的国际金融危机导致全球经济陷入自第二次世界大战以来最严重的衰退之中，国际油价暴跌。此后，随着各国出台规模空前的刺激计划，国际油价重新反弹至 100 美元以上
利比亚供应中断	2011 年，利比亚发生武装冲突。受“阿拉伯之春”浪潮影响，2011 年 2 月 15 日开始爆发反政府势力的武装力量同利比亚政府军之间的激烈军事冲突。此后，西方国家介入。卡扎菲政府倒台。利比亚战争爆发导致利比亚原本每天 160 万桶的石油产出全部中断，推动油价飙升至 115 美元
欧佩克增产	2014 年 3 月，俄罗斯宣布克里米亚入俄，引发美欧大规模制裁。下半年，欧佩克开始持续两年增产。2014 年 6 月至 2016 年 2 月，欧佩克产量从 2980 万桶/日增至 3200 万桶/日，同期 WTI 油价从 105 美元/桶下跌至 26 美元/桶
欧佩克减产	2016 年 2 月原油价格跌至低位，欧佩克开始讨论恢复减产保价。由于伊核协议实施，伊朗产量初始恢复，拒绝参与减产导致上半年未能达成协议。经过数轮谈判后，11 月 30 日欧佩克约定自 2017 年 11 月 1 日开始减产 120 万桶/日，俄罗斯等 11 月加入减产 55 万桶/日，伊朗、利比亚、委内瑞拉豁免制裁。当日油价大幅上行约 8% 至 50 美元/桶
美国制裁伊朗	2018 年 4 月美国总统特朗普单方面宣布退出伊核协议，恢复对伊朗制裁。供应短缺担忧导致 WTI 油价 10 月最高上涨至 77 美元/桶。随后，沙特阿拉伯大幅增产以及特朗普暂时豁免制裁，12 月油价回落至 48 美元/桶
沙特阿拉伯石油设施爆炸	2019 年 9 月 16 日，沙特阿拉伯两处石油设施遇袭，导致超过 500 万桶/日产量中断，占沙特阿拉伯总产量约 50%。WTI 开盘跳涨约 16%，是 1991 年以来最大的单日涨幅。之后，随着沙特阿拉伯产量恢复，油价逐渐回落

续表

事件	详情
新冠疫情暴发	2020 年 4 月新冠疫情全球暴发，导致经济短期停摆，油品需求环比大幅下降约 1080 万桶/日。4 月 20 日 WTI 近月合约单日下跌 55 美元/桶，跌至 -37 美元/桶的历史记录。5 月欧佩克祭出史上最大规模 970 万桶/日的联合减产协议，叠加美国产量下降，当月原油产量环比减少 1150 万桶/日，托底油价止跌企稳
俄罗斯乌克兰冲突	2022 年 2 月俄罗斯宣布对乌克兰顿巴斯地区特别军事行动，推升原油价格短期大幅上行；3 月 7 日布伦特原油期货近月合约最高升至 139 美元/桶。3 月下旬军事冲突暂缓，油价高位回落。6 月 3 日欧盟宣布禁止成员国家从俄罗斯进口海运原油和成品油，导致油价再次从 100 美元/桶升至 120 美元/桶

第七章

中国原油期货

本章要点

中国原油期货于 2018 年 3 月 26 日挂牌上市，是中国首个国际化期货合约。中国推出原油期货有助于形成反映亚太地区石油供求关系的基准价格，与欧美原油期货形成了互补关系，共同构建覆盖全球的基准价格体系。上市以来，总体运行稳中有进，成交持仓大幅上升，投资者结构持续优化，市场功能发挥显著，呈现良好发展态势。

一、我国原油期货的发展背景如何？

（一）重要意义

我国推进原油期货市场建设旨在为企业提供有效的价格风险管理工具，

为企业持续经营提供风险屏障。此外，尽管欧美已有成熟的原油期货市场，但其价格却难以客观且全面地反映亚太地区的供需关系。推出我国的原油期货将有助于形成反映中国以及亚太地区石油市场供求关系的基准价格体系，通过市场优化石油资源配置，服务实体经济。建设原油期货市场是我国期货市场对外开放和国际化的重要实践之一。

（二）设计思路

上海国际能源交易中心确立了“国际平台、净价交易、保税交割、人民币计价”的基本思路。“国际平台”即交易国际化、交割国际化和结算环节国际化，以方便境内外交易者自由、高效、便捷地参与，并依托国际原油现货市场，引入境内外交易者参与，包括跨国石油公司、原油贸易商、投资银行等，推动形成反映中国和亚太地区原油市场供求关系的基准价格。“净价交易”是指计价为不含关税、增值税的净价，区别于国内之前期货交易价格均是含税价格，方便与国际市场的不含税价格直接对比，同时避免税收政策变化对交易价格的影响。“保税交割”是指依托保税油库进行实物交割，主要是考虑保税现货贸易的计价为不含税的净价，保税贸易对参与主体的限制较少，保税油库又可以作为联系国内外原油市场的纽带，有利于国际原油现货、期货交易者参与交易和交割。“人民币计价”是指采用人民币进行计价和结算。

（三）相关配套法规

2015 年 4 月，财政部、税务总局发布《关于原油和铁矿石期货保税交割业务增值税政策的通知》，明确了原油期货保税交割业务免征增值税；2015 年 6 月，证监会出台《境外交易者和境外经纪机构从事境内特定品种期货交易管理暂行办法》，确定原油期货为我国境内特定品种，对境外交易者和境外经纪机构的准入和监管给予了详细的规定，为中国期货市场对外开放奠定了法规基础；2015 年 7 月，人民银行发布《做好境内原油期货交易跨境结算管理工作的公告》；同年 7 月 31 日，外汇局发布《关于境外交易者和境外经纪机构从事境内特定品种期货交易外汇管理有关问题的通知》，创新了不同于 QFII 和沪港通的、适合于期货市场运行规律的外汇管理办法；

2015 年 8 月，原海关总署发布《关于开展原油期货保税交割业务的公告》，支持原油期货保税业务的开展；2018 年 2 月，原质检总局发布《质检总局关于做好期货原油检验监管工作的公告》，明确检验检疫部门对期货原油检验监管的要求等；2018 年 3 月，财政部、税务总局发布《关于支持原油等货物期货市场对外开放税收政策的通知》。这些政策的推出，为能源中心原油期货产品奠定了扎实的基础。

二、我国原油期货合约是怎样的？

（一）中国原油期货标准合约（见表 7－1）

表 7－1　　中国原油期货标准合约

项目	具体内容
交易品种	中质含硫原油
交易单位	1000 桶/手
报价单位	元（人民币）/桶（交易报价为不含税价格）
最小变动价位	0.1 元（人民币）/桶
涨跌停板幅度	不超过上一交易日结算价 ±4%
最低交易保证金	合约价值的 5%
合约月份	最近 1 至 12 个月为连续月份以及随后 8 个季月
交易时间	上午 9：00—11：30，下午 1：30—3：00，以及上海国际能源交易中心规定的其他交易时间（目前为晚上 9：00—凌晨 2：30）
最后交易日	交割月份前第一月的最后一个交易日；上海国际能源交易中心有权根据国家法定节假日调整最后交易日
交割日期	最后交易日后连续 5 个交易日
交割品质	中质含硫原油，基准品质为 API°32.0，硫含量 1.5%，具体可交割油种及升贴水由上海国际能源交易中心另行规定

续表

项目	具体内容
交割地点	上海国际能源交易中心指定交割仓库
交割单位	原油期货标准合约的交割单位为1000桶，交割数量必须是交割单位的整数倍
交割方式	实物交割
交易代码	SC
上市机构	上海国际能源交易中心

（二）中国原油期货可交割油种、品质及升贴水标准（见表7－2）

表7－2　　中国原油期货可交割油种、品质及升贴水标准

国家	原油品种	API°	硫含量（%）	升贴水（元/桶）	原产地（装运港）
阿联酋	迪拜原油	≥30	≤2.8	0	法特港
阿联酋	上扎库姆原油	≥33	≤2.0	0	兹尔库岛
阿联酋	穆尔班原油	≥35	≤1.5	5	富查伊拉港或杰贝尔丹那港
阿曼	阿曼原油	≥30	≤1.6	0	费赫勒港
卡塔尔	卡塔尔海洋油	≥31	≤2.2	0	哈卢尔岛
伊拉克	巴士拉轻油	≥29	≤3.5	－5	巴士拉油码头或者单点系泊浮筒
伊拉克	巴士拉中质原油	≥26	≤4.0	－10	巴士拉油码头或者单点系泊浮筒
巴西	图皮原油	≥28	≤0.8	10	安格拉杜斯雷斯、阿库港、桑托斯过驳点、圣保罗过驳点、圣塞巴斯蒂安过驳点、浮式生产储油卸油装置、拉帕洛马，以及上海国际能源交易中心认可的其他装载港
中国	胜利原油	≥24	≤1.0	－5	中国石化胜利油田分公司东营原油库

注：1. API°＝（141.5/60华氏度时的比重）－131.5；比重，根据ASTM D1298确定。

2. 硫含量，根据ASTM D4294确定。

（三）原油期货指定交割仓库名单（见表7-3）

表7-3　　原油期货指定交割仓库名单

序号	指定交割仓库	存放点	存放地址	核定库容（万立方米）	启用库容		
					公称容积		有效容积（万桶）
					（万立方米）	（万桶）	
1	中国石化集团石油商业储备有限公司	中国石化曹妃甸	河北省唐山市曹妃甸工业区16加	100	40	251.60	200.0
2	中国石化集团石油商业储备有限公司	中国石化日照	山东省日照市岚山北港区	120	100	629.00	520.0
3	中国石化集团石油商业储备有限公司	中国石化舟山	浙江省舟山市册子岛	80	70	440.30	350.0
4	中国石化集团石油商业储备有限公司	中国石化湛江	广东省湛江市临港工业园区兴港大道南侧	90	80	503.20	416.0
5	中国石化集团石油商业储备有限公司	中国石化海南	海南省洋浦经济开发区滨海大道83号	100	60	377.40	300.0
6	中石油燃料油有限责任公司	中油湛江	广东省湛江市霞山区友谊路1号港务局二区	70	50	314.50	311.0
7	中化兴中石油转运（舟山）有限公司	中化兴中	浙江省舟山市定海区临城岙山岛	100	35	220.15	210.1
8	大连中石油国际储运有限公司	中油大连保税库	辽宁省大连市保税区新港大连中石油保税库	145	145	912.05	829.5
9	大连中石油国际储运有限公司	中油大连国际储备库	辽宁省大连市保税区新港大连中石油国际储备库	180	180	1132.20	1080.0
10	大连中石油国际储运有限公司	中油广西国际储备库	广西壮族自治区钦州市钦州保税港区的广西中石油国际储备库	20	20	125.80	120.0
11	山东省港口集团有限公司	青岛港实华	山东省青岛市董家口一期库区	40	40	251.60	239.2
12	山东省港口集团有限公司	青岛港摩科瑞	山东省青岛市黄岛区董家口港区港润大道88号	100	40	251.60	239.2

续表

序号	指定交割仓库	存放点	存放地址	核定库容（万立方米）	启用库容		
					公称容积		有效容积
					（万立方米）	（万桶）	（万桶）
13	洋山申港国际石油储运有限公司	洋山石油	上海洋山深水港沈家湾	30	20	125.80	126.0
14	大连北方油品储运有限公司	北方油品	大连市保税区新港大连港新港沙坨子原油库	40	10	62.90	54.0
15	中化弘润石油储运（潍坊）有限公司	中化弘润	山东省潍坊市滨海经济开发区先进制造产业园海丰路以西渤海大街以北原油库	500	300	1887.00	1800.0
16	大鼎油储有限公司	大鼎油储	浙江省舟山市定海区临城街道岙山东路496号	44	22	138.38	130.0
17	国投（洋浦）油气储运有限公司	国投洋浦油储	海南省洋浦经济开发区化学工业园区园一路北侧	40	20	125.80	124.5

注：1. 启用库容中的公称容积换算关系为：1立方米≈6.29桶。

2. 中化弘润石油储运（潍坊）有限公司地区升水3元/桶。

3. 仓储费标准为人民币0.2元/桶·天。

三、如何参与我国原油期货？

（一）境内个人投资者

参与我国原油期货市场的境内个人投资者应当符合《上海国际能源交易中心期货交易者适当性管理细则》的相关规定，包括具备完全民事行为能力，具备期货交易基础知识，了解能源中心相关业务规则，通过相关测试，具有历史交易经验，申请交易编码前5个工作日保证金账户可用资金余额均不低于50万元人民币或者等值外币，不存在严重不良诚信记录或者被有权监管机关宣布为期货市场禁止进入者的情形，不存在法律法规规章和能源中心业务规则禁止或者限制从事期货交易的情形等。此外，还需要遵守我国法律法规以及能源中心的业务规则，不能交付或者接受能源中心规定发票的客户不得参与实物交割。

（二）境内机构投资者

参与我国原油期货市场的境内机构投资者应当符合《上海国际能源交易中心期货交易者适当性管理细则》的相关规定，包括相关业务人员具备期货交易基础知识，了解能源中心相关业务规则，通过相关测试，有历史交易经验，申请交易编码前5个工作日保证金账户可用资金余额均不低于100万元人民币或者等值外币，具有健全的期货交易管理制度，不存在严重不良诚信记录或者被有权监管机关宣布为期货市场禁止进入者的情形，不存在法律法规规章和能源中心业务规则禁止或者限制从事期货交易的情形等。此外，还需要遵守国家法律法规以及能源中心的业务规则，同时能源中心鼓励相关企业在原油期货市场进行套期保值。

（三）境外个人投资者

境外个人投资者参与我国原油期货市场，应当符合《上海国际能源交易中心期货交易者适当性管理细则》的相关规定，包括具备完全民事行为能力，具备期货交易基础知识，了解能源中心相关业务规则，通过相关测试，具有历史交易经验，申请交易编码前5个工作日保证金账户可用资金余额均不低于50万元人民币或者等值外币，不存在严重不良诚信记录或者被有权监管机关宣布为期货市场禁止进入者的情形，不存在法律法规规章和能源中心业务规则禁止或者限制从事期货交易的情形等。境外个人投资者参与我国原油期货市场，除需要遵守我国相关法律法规、能源中心的业务规则外，还需要遵守其所在国家（或者地区）的相关法律法规和监管规则。

境外个人投资者可以通过境内期货公司会员、境外特殊经纪参与者和境外中介机构参与我国原油期货市场。境外个人交易者如果选择由境内期货公司会员直接代理的方式参与能源中心原油期货交易，按照中国人民银行公告〔2015〕第19号、国家外汇管理局汇发〔2015〕35号有关规定，应当在中国境内指定存管银行开立专用期货结算账户，账户性质为“境外个人人民币银行结算账户”或“境外个人境内外汇账户”。境外个人交易者如果选择通过境外经纪机构代理的方式参与，则不需要在中国境内银行开立账户。

（四）境外机构投资者

境外机构投资者参与我国原油期货市场，应当符合《上海国际能源交易中心期货交易者适当性管理细则》的相关规定，包括相关业务人员具备期货交易基础知识，了解能源中心相关业务规则，通过相关测试，有历史交易经验，申请交易编码前5个工作日保证金账户可用资金余额均不低于100万元人民币或者等值外币，具有健全的期货交易管理制度，不存在严重不良诚信记录或者被有权监管机关宣布为期货市场禁止进入者的情形，不存在法律法规规章和能源中心业务规则禁止或者限制从事期货交易的情形等。此外，还需要遵守国家法律法规以及能源中心的业务规则。境外机构投资者参与我国原油期货市场，除需要遵守我国相关法律法规、能源中心的业务规则外，还需要遵守其所在国家（或者地区）的相关法律法规和监管规则，同时能源中心鼓励相关涉油企业在原油期货市场进行套期保值。

境外投资者可以通过以下几种方式参与中国原油期货（见图7－1）。模

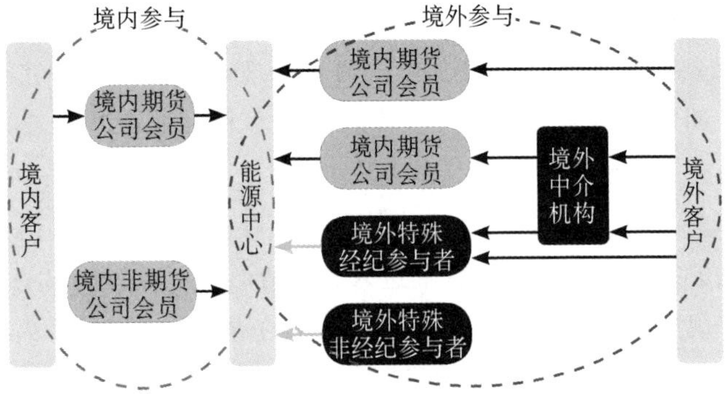

图7－1 原油期货参与方式

资料来源：上海国际能源交易中心。

注：黑色箭头表明交易、结算、交割。灰色箭头表明直接入场交易，但境外特殊参与者需通过境内期货公司会员进行结算、交割。

式一，境内期货公司会员直接代理境外客户参与原油期货；模式二，境外中介机构接受境外客户委托后，委托境内期货公司会员或者境外特殊经纪参与者（一户一码）参与原油期货；模式三，境外特殊经纪参与者接受境外客户委托参与原油期货（直接入场交易，结算、交割委托期货公司会员进行）；模式四，作为能源中心境外特殊非经纪参与者，参与原油期货。

四、我国原油期货如何结算？

（一）当日结算价

中国原油期货合约当日结算价规定为当日按成交量的加权平均价。布伦特原油期货每日结算价是伦敦时间 19：28～19：30 的成交量的加权平均价。WTI 原油期货的每日结算价是纽约时间 14：28～14：30 的成交量的加权平均价，这个时间段正是伦敦时间的 19：28～19：30，两大交易所采集每日结算价的间段相互重叠。迪拜商品交易所阿曼原油期货合约每日结算价是新加坡时间 16：25～16：30 成交量的加权平均价。新加坡时间 16：30 相当于迪拜时间 12：30，美国中部标准时间 2：30，或者美国中部夏令时 3：30。

（二）交割计算价

中国原油期货交割结算价是最后 5 个有成交交易日结算价的算术平均价。布伦特原油期货基于期转现（EFP）进行交割，也可以选择基于布伦特指数价格进行现金交割。EFP 模式下，结算价不对外公布。现金交割模式下，交易所在最近月份合约到期日前公布布伦特合约指数价格作为最终现金结算价。WTI 原油期货的交割结算价是最后交易日的结算价。阿曼原油期货的交割结算价是到期合约新加坡时间 16：15～16：30 成交量的加权平均价。

（三）涨跌停板制度

中国原油期货合约根据市场风险情况，以公告形式调整涨跌停板幅度。期货合约以涨跌停板价格成交的，成交撮合实行平仓优先和时间优先的原则，但平仓日新开仓位不适用平仓优先的原则。能源中心宣布进入异常情况的，能源中心可以采取调整开市闭市时间、暂停交易、调整涨跌停板幅度、提高保证金标准、限期平仓、强行平仓、限制出金、强制减仓、限制交易等紧急措施。

国际原油期货一般没有涨跌停板，或者涨跌停板很大且和熔断机制联合使用。布伦特原油期货采用区间限价功能（IPL），该功能在电子平台上充当临时熔断机制，以减少短期价格飙升或市场异常波动的可能性和程度。虽然保护措施的设计是在每个交易日都有效，但预计只有在非常短的时间内出现极端价格波动的情况下，才会积极触发保护措施。WTI 原油期货采用动态价格限制，交易所根据回溯盘面价格情况，使用动态变量计算实时熔断阈值。

（四）保证金制度

能源中心根据期货合约上市运行（即从该期货合约新上市挂牌之日起至最后交易日止）的不同阶段制定不同的交易保证金收取标准。同时，能源中心可以根据市场风险情况，以公告形式调整交易保证金标准。洲际交易所欧洲结算所和芝加哥商品交易所结算所均使用芝加哥商品交易所制定的保证金系统，称之为芝加哥商品交易所标准投资组合风险分析系统（SPAN 系统）。SPAN 系统中，计算初始保证金的算法考虑了各种不同策略的盈亏情况，如时间价差、裂解价差和套利等，该算法还考虑了不同合约月份的波动幅度。基于这一原因以及结算会员净头寸结算程序的考虑，初始保证金水平被降至最低水平，且结算所不会因此承担不合理的风险，以确保资金得到充分利用。

（五）持仓限额制度

能源中心实行持仓限额制度，包括合约不同阶段限仓、套期保值限仓、套利限仓等。能源中心对具有实际控制关系的客户、非期货公司会员和境外特殊非经纪参与者的持仓按照有关规定合并计算。原油期货合约最后交易日前第八个交易日收市后，不能交付或者接收能源中心规定发票的个人客户该期货合约的持仓应当为0手。最后交易日前第七个交易日起，对该个人客户的交割月份持仓直接由能源中心强行平仓。原油期货合约最后交易日前第三个交易日收市后，客户、非期货公司会员、境外特殊非经纪参与者卖出持仓，不得超过其持有标准仓单数量，最后交易日前第二个交易日起对该客户、非期货公司会员、境外特殊非经纪参与者的超出部分持仓直接由能源中心强行平仓。原油期货合约在上市运行不同阶段一般持仓的限仓比例和持仓限额按照表7-4执行。

表7-4　原油期货持仓限额

<table>
<tr><td rowspan="4">原油期货持仓限额</td><td colspan="2">合约挂牌至交割月份前第一月</td><td colspan="2">合约挂牌至交割月份前第三月的最后一个交易日</td><td colspan="2">交割月份前第二月</td><td colspan="2">交割月份前第一月</td></tr>
<tr><td rowspan="2">某一期货合约持仓量（万手）</td><td>限仓比例（%）</td><td colspan="2">限仓数额（手）</td><td colspan="2">限仓数额（手）</td><td colspan="2">限仓数额（手）</td></tr>
<tr><td>期货公司会员、境外特殊经纪参与者、境外中介机构</td><td>非期货公司会员、境外特殊非经纪参与者</td><td>客户</td><td>非期货公司会员、境外特殊非经纪参与者</td><td>客户</td><td>非期货公司会员、境外特殊非经纪参与者</td><td>客户</td></tr>
<tr><td>≥7.5</td><td>25</td><td>3000</td><td>3000</td><td>1500</td><td>1500</td><td>500</td><td>500</td></tr>
</table>

（六）套保业务额度

持仓限额主要针对一般交易客户。对于有实际贸易背景，需要对现货进行对冲套保企业，可提供相对应现货贸易合同或排产计划等能源中心认可的证明文件，于套保持仓申请期限内向能源中心申请套保持仓额度，获得批准后即可突破50万桶的持仓限制。额度认定和审批的原则，一是基于真实的现货生产、贸易和消费，二是结合市场的具体情况。企业需提供相应的生产计划、贸易合同或加工生产计划等证明材料。当合约进入临近交割月份时，若未获批临近交割月份套保额度，则交易系统会对原来获批的一般月份套保额度进行调整，调整后的一般月份套保额度即转化为临近交割月份额度，调整的原则是在一般月份获批额度和临近交割月份一般持仓限额二者之间选取最小的数额。当企业发现转化后的额度不能满足需求时，可以通过申请临近交割月份套保额度来满足其套保需求。

（七）境外资金管理

原油期货交易以人民币计价、结算。境外交易者、境外经纪机构可以使用人民币，也可以直接使用美元作为保证金，但美元保证金只有在结汇后方可用于结算。结汇和购汇应基于境外交易者、境外经纪机构从事原油期货交易的实际结果办理，只涉及期货交易盈亏结算、缴纳手续费、交割货款或追缴结算货币资金缺口等与原油期货交易相关的款项。直接委托境内期货公司进行结算（或者交易和结算）的境外交易者、境外经纪机构，必须在具有境外客户保证金存管业务资格的指定存管银行开立专用期货结算账户。

按照中国人民银行公告〔2015〕第19号、国家外汇管理局汇发〔2015〕35号文件及相关《政策问答》的规定，境外交易者、境外经纪机构可以从境外汇入人民币或美元资金参与原油期货交易，该资金需在境内实行专户存放和封闭管理，不得用于除境内特定品种期货交易以外的其他用途。相关资金的收付、汇兑及划转应符合政策规定的账户收支范围。

五、我国原油期货如何进行实物交割？

（一）实物交割意义

中国原油期货选择实物交割，有以下几点考量。

第一，国际上两大成功的原油期货合约中，NYMEX WTI 原油期货采用实物交割方式，ICE Brent 原油期货采用现金交割方式。虽然 ICE Brent 合约采用现金交割方式，但其结算价依托北海原油现货市场，其作为结算价格的现货评估价格更具有权威性。

第二，我国国内原油贸易尚未形成集中、权威的原油现货市场和现货价格，境内原油的定价主要参照境外基准油种，暂时不具备利用现货价格对到期原油期货合约进行现金结算的条件。因此，为保证期货合约到期以后期货和现货价格的充分收敛，体现期货市场的价格发现功能，同时适应我国石油流通体制现状，满足我国原油进出口管理体制的发展和变化，贴近我国原油现货贸易习惯，我国原油期货采用实物交割制度，而不实行现金交割制度。

第三，我国主要原油进口码头如宁波、舟山、青岛、大连等地有大量已建和在建的原油保税库，这些保税油库正在或已经成为国内外石油公司在亚太地区原油贸易的重要中转地。从中东进口的原油通过保税油库中转已经辐射到中、日、韩等亚太主要石油消费国，以保税原油为依托发展原油期货市场具有非常良好的现货贸易基础。

第四，其他的原因还包括：一是保税油库对境内外主体参与原油贸易的限制相对较少，有利于吸引国际投资者的参与，突破国内现货市场供应主体少、市场结构不平衡的困境；二是保税油库是联结主要的原油进口来源地、原油运输通道、周边国家原油市场、我国国内原油市场的重要纽带，有利于形成一个区域性的原油基准价格，确保为市场发展服务和服从于国民经济及相关产业发展的大局；三是保税油库现货贸易交易价格为不含关税、增值税等税费的净价，这与国际原油贸易的惯例完全一致，有利于形成国际社会普遍认可的原油基准价格。因此，我国原油期货采用保税交割，便于参与国际原油定价体系。

（二）交割标的选择

中国原油期货选择中质含硫原油作为交割品，有以下几点考量：

第一，完善中质含硫原油的期货基准价格。一直以来，亚太地区在全球石油定价体系中缺乏应有的话语权。NYMEX WTI 和 ICE Brent 是过去两大主要的原油期货价格基准，而更符合亚洲特别是中国需求的中东原油则缺乏广泛应用的原油期货价格基准。

第二，与主要原油期货形成互补。随着我国在国际原油尤其是中质含硫原油市场份额的不断增加，我国有可能建立一个反映本地区石油市场供求关系及中质含硫原油市场供求关系的相对独立的石油市场交易机制和价格形成机制，从而参与国际石油市场的价格形成过程。

第三，中质含硫原油资源相对丰富，剩余可开采量大，且是中国进口原油的主要品种。目前中国进口原油一半以上来自中东，而中东原油主要是中质含硫原油，因此形成中质含硫原油的价格基准符合我国的实际需求情况，有利于服务我国炼化产业或实体企业。

（三）交割参与方式

中国原油期货交割业务参与者包括能源中心、会员、境外特殊参与者、境外中介机构、客户、指定交割仓库、指定检验机构等。不同的市场参与主体及其方式如下：第一，会员应当直接到能源中心办理实物交割。第二，期货公司会员的客户、委托会员结算的境外特殊参与者、委托会员交易结算的境外中介机构应当通过该会员在能源中心办理实物交割。第三，境外经纪参与者、境外中介机构的客户，应当通过该境外经纪参与者、境外中介机构办理实物交割。

（四）标准交割流程

到期期货合约的实物交割应当在期货合约规定的交割期内完成。交割期是指该期货合约最后交易日后的连续五个交易日（见图7-2）。五个连续交易日分别称为第一、第二、第三、第四、第五交割日。第五交割日为最后交割日。

1. 第一交割日（申请）

买方申报意向。买方通过标准仓单管理系统向能源中心提交所需商品的买入意向书，内容包括品种、数量及指定交割仓库名称等。

卖方提交标准仓单。卖方通过标准仓单管理系统向能源中心提交已付清仓储费用的有效标准仓单。第五交割日之前（含当日）的仓储费用由卖方支付，第五交割日之后的仓储费用由买方支付。

2. 第二交割日（配对）

能源中心根据已有资源，按照“时间优先、数量取整、就近配对、统筹安排”的原则对标准仓单进行配对后分配。

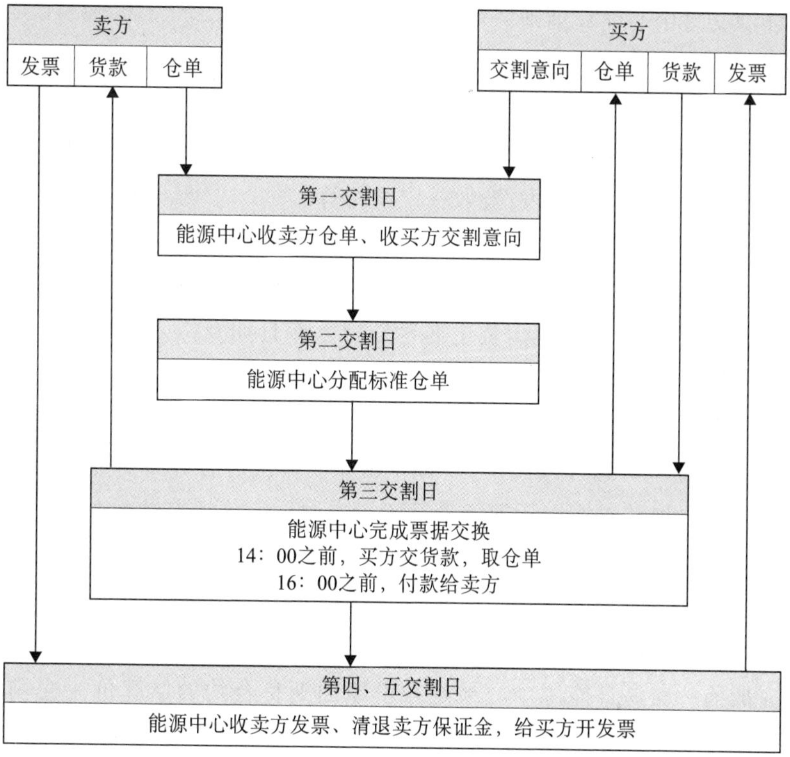

图 7-2　原油期货五日交割法

资料来源：上海国际能源交易中心。

标准仓单不能用于下一月份期货合约实物交割的，能源中心按各买方交割量占当月交割总量的比例原则向买方分摊标准仓单。

3. 第三交割日（交款取单）

买方交款、取单。买方应当在第三交割日 14：00 之前向能源中心交付货款并取得标准仓单。

卖方收款。能源中心应当在第三交割日 16：00 之前将货款支付给卖方，如遇特殊情况，能源中心可以延长货款给付时间。

4. 第四、第五交割日（交票退款）

卖方向能源中心提交交割商品所对应的全部发票。发票的格式和内容应当符合能源中心的规定。保证金清退和发票提交等其他事宜，按照《上海国际能源交易中心结算细则》的有关规定处理。

（五）卖方交货入库

卖方办理交货入库，需要经过7个步骤：入库申报—入库审批—实货入库—入库检验—审证—签发/验收—二次结算。

1. 入库申报

卖方入库申报都必须经过期货公司会员向能源中心申报，其要点包括以下几点：（1）品种、数量、货主名称、拟入库日期及拟入指定交割仓库名称等，并提供各项单证；（2）货主应在原油拟入指定交割仓库30天前向能源中心办理入库申报；（3）原油入库有效期为原油拟入库日期前后各5天；（4）申报押金1.5元（人民币）/桶，由非期货公司会员和期货公司会员结算准备金账户划转，按实际到货量返还，违约入库差额支付仓库。

2. 二次结算

（1）溢短。数量：不超过±2%；溢短范围内，按四舍五入法生成整千桶数保税标准仓单；入库溢短货款=允许范围内的原油溢短数量×（原油入库完成前一交易日能源中心最近月份原油期货合约的结算价+交割升贴水）。（2）买卖双方各自承担。数量：保税标准仓单入库签发/出库注销数量×0.6‰；（3）结算价格：入出库完成前一交易日最近月份原油期货合约的结算价+交割油种的升贴水；（4）结算时间：入出库完成后3个工作日内与交割仓库进行结算。

3. 入出库数量计算

原油入出库时的数量以指定检验机构签发的指定交割仓库岸罐计量的原油净体积桶数为准。原油净体积桶数的计算公式为：原油净体积桶数=原油毛体积桶数×（1-水杂百分数）；原油毛体积桶数=原油总计量体积-明水体积；入库损耗补偿=原油保税标准仓单签发数量×0.6‰×（原油入库完成前一交易日能源中心最近月份原油期货合约的结算价+交割升贴水）。

原油入库的最小量为20万桶。原油出库的最小量为20万桶，不足20万桶的，可以通过现货等方式凑足20万桶以上方可办理出库业务，货主与指定交割仓库另有约定的除外。

（六）买方提货出库

买方办理提货出库，需要经过5个步骤：出库申报—出库检验—出库确认—二次结算—质量争议。

1. 出库申报

会员与非会员提交出库申请的流程如下：非期货公司会员、境外非经纪或境内外客户提交出库申请—非期货公司会员、境外非经纪或境内外客户确认出库申请—仓库审核出库申请—仓库确认出库申请。

2. 二次结算

出库时指定检验机构出具的数量证书与保税标准仓单注销数量的差为溢短。出库时原油溢短数量不超过±2%。在指定检验机构出具检验报告后的3个工作日内，由货主按照下述公式直接与指定交割仓库进行结算：出库溢短货款＝允许范围内的原油溢短数量×（原油出库完成前一交易日能源中心最近月份原油期货合约的结算价＋交割升贴水）；出库损耗补偿＝原油保税标准仓单注销数量×0.6‰×（原油出库完成前一交易日能源中心最近月份原油期货合约的结算价＋交割升贴水）。

3. 标准仓单出库

标准仓单合法持有人在出库申请中应当注明提货方式：

（1）自行到库提货的，指定交割仓库在对标准仓单审核无误后予以发货。货主应当到库监发，货主不到库监发的，视为认可指定交割仓库发货无误。

（2）委托提货的，货主应当提交授权委托书，并在出库申请上注明其委托的提货人、提货密码、联系人和联系电话等信息。指定交割仓库在对标准仓单审核无误后予以发货。货主委托的提货人应当到库监发，不到库监发的，视为货主认可指定交割仓库发货无误。

（3）委托指定交割仓库提货并发货的，货主应当提交授权委托书，并在出库申请上注明发货地址、联系人和联系电话等信息。指定交割仓库在对标准仓单审核无误后予以发货。货主应当认可指定交割仓库发货无误。

4. 保税标准仓单出库

保税标准仓单持有人需要对保税货物办理报关进口的，按照海关的规定办理。保税交割结算单，是指由交易所出具的，记录客户名称、交割仓库名称、交割品种、油种、交割期、保税交割结算价、油种升贴水、仓单数量、交割金额、溢短结算价、溢短量、溢短金额等事项的，专门用作保税交割报关用途的单据。

（七）计价结算

原油期货的交割结算价，是原油期货交割结算的基准价，为该期货合约最后5个有成交交易日结算价的算术平均值。交割结算时，买方、卖方以原油期货合约的交割结算价为基础，再加上交割升贴水。

1. 原油期货交割要点

交割单位：1000桶；交割数量：交割单位（即1000桶）的整数倍；最小入库量：20万桶；最小出库量：原油出库的最小量一般为20万桶，不足20万桶的，通过现货等方式凑足20万桶以上方可办理出库业务；交割品种：中质含硫原油，API值为32，硫含量为1.5%；交割费用：包括交割手续费、仓储费用、检验费用、出入库费用等。

2. 保税交割的计算

原油保税标准仓单持有人报关完税价格的计算审定基础是保税交割结算价。到期合约保税交割结算价的计算公式为：保税交割结算价 = 交割结算价；到期合约交割货款 =（保税交割结算价 + 交割升贴水）×交割数量。

3. 期转现交割的计算

期转现中使用保税标准仓单的，期转现保税交割结算价的计算公式为：期转现保税交割结算价 = 期转现申请日前一交易日最近月份合约的结算价；期转现中使用非标准仓单的，交割结算价为双方协议价格；期转现交割货款 =（期转现保税交割结算价 + 交割升贴水）×交割数量。

（八）期转现

1. 期转现的定义

期转现是指持有方向相反的同一月份期货合约的买方和卖方协商一致并向能源中心提出申请，获得批准后，将各自持有的期货合约按照能源中心规定的价格由能源中心代为平仓，按双方协议价格进行与期货合约标的物数量相当、品种相同或者相近、方向相同的仓单等交换的过程。

2. 期转现的流程

结算交割委托人使用标准仓单并通过能源中心结算的期转现业务流程如下：(1) 卖方会员的结算交割委托人将标准仓单授权给卖方会员以办理期转现业务；(2) 卖方会员在规定期限内将标准仓单提交给能源中心；(3) 能源中心将标准仓单分配给买方会员；(4) 买方会员交款后，能源中心释放分配到该买方会员名下的标准仓单，并将货款支付给卖方会员；(5) 买方会员将标准仓单分配给结算交割委托人。买方会员在取得标准仓单后3个工作日内向其结算交割委托人分配标准仓单。境外特殊经纪参与者或者境外中介机构应当与买方会员约定标准仓单的分配时间，并在取得标准仓单后3个工作日再分配给其客户。买方会员、境外特殊经纪参与者不能按时分配标准仓单的，应当及时向能源中心报告原因。

3. 期转现的适用范围及申请期限

期转现适用于能源中心所有上市期货合约的历史持仓，不适用在申请日的新开仓。期转现的申请期限为欲进行期转现期货合约上市之日起至最后交易日前两个交易日（含当日）止。

（九）交割违约

1. 构成交割违约的行为

具有下列行为之一的，构成交割违约：(1) 在规定交割期限内卖方未能如数交付标准仓单的；(2) 在规定交割期限内买方未能如数解付货款的；(3) 能源中心认定的其他违约行为。

2. 交割违约的处理

(1) 一方交割违约：由违约方向守约方支付违约部分合约数量乘以交割结算价后的20%作为违约金，能源中心退还守约方的货款或者标准仓单，终止本次交割。

(2) 买方、卖方均违约。能源中心按照终止交割处理，并对双方分别收取违约部分合约价值5%的违约金。

(3) 其他违约。会员发生部分交割违约的，能源中心可以将违约会员所接收的标准仓单或者所得货款用于违约处理。结算交割委托人不能完成实物交割，其委托的会员替代履约的，能源中心在审核会员的申请后可以将相应的标准仓单转入会员标准仓单账户。会员可以依法处置相应的标准仓单。

3. 交割违约的相关计算

在计算买方交割违约期货合约数量时，违约部分应当预留期货合约价值20%的违约金和赔偿金。计算买方、卖方交割违约期货合约数量的公式为：

卖方交割违约的期货合约数量（手）= 应交标准仓单数量（手）- 已交标准仓单数量（手）

买方交割违约的期货合约数量（手）=（应交货款 - 已交货款）÷ 交割结算价 ÷ 交易单位

六、什么是原油期货的标准仓单？

标准仓单是指符合交易所统一要求的，由商品（期货）交易所指定交割仓库，在完成入库商品验收、确认合格后由指定仓库签发给货主的，并经交易所注册生效的标准化实物提货凭证。原油期货标准仓单可以用于实物交割，可作为保证金使用、质押、转让、提货以及能源中心规定的其他用途。

（一）原油期货标准仓单定义及生成流程

原油期货标准仓单是指定交割仓库按照能源中心规定程序签发的、在能源中心标准仓单管理系统生成的实物提货凭证。交割仓库开具并经期货交易所认定的标准化提货凭证。标准仓单账户实行一户一码管理。仓库标准仓单生成流程包括入库申报、入库申报审批、商品入库、验收、仓单制作申请审批、仓库签发、最终确认等环节；厂库标准仓单生成流程包括提交签发申请、能源中心审核、厂库签发、最终确认等环节。

（二）原油期货标准仓单作为保证金使用

1. 会员直接向能源中心提交标准仓单作为保证金使用的申请

结算交割委托人将标准仓单授权会员作为保证金使用的业务流程如下：

（1）结算交割委托人应当先将指定的标准仓单授权给会员作为会员的保证金使用；（2）会员选择其结算交割委托人授权的标准仓单，提交给能源中心；会员提交标准仓单时，应当注明标准仓单作为保证金使用，或者作为与其所示品种和数量相同的期货合约持仓的履约保证；（3）能源中心审核通过后，标准仓单方可作为保证金使用。境外特殊经纪参与者或者境外中介机构的客户将标准仓单交存能源中心作为保证金使用的，应当授权并通过境外特殊经纪参与者、境外中介机构办理。

2. 会员提取作为保证金使用的标准仓单的，直接向能源中心提交申请

结算交割委托人提取作为保证金使用的标准仓单的，业务流程如下：（1）结算交割委托人提出申请；（2）会员收到申请后，及时向能源中心提交标准仓单提取申请；（3）能源中心进行审核，审核通过后，将对应标准仓单退还给该会员；（4）该会员应当及时将对应的标准仓单释放给其结算交割委托人，未及时释放标准仓单的，应当向能源中心报告原因。境外特殊经纪参与者或者境外中介机构的客户提取作为保证金使用的标准仓单的，应当授权并通过境外特殊经纪参与者、境外中介机构办理。

（三）原油期货标准仓单质押

标准仓单质押是指出质人（即债务人或第三人）将其所有的标准仓单移交给质权人（债权人）占有，作为债权担保。债务人不履行到期债务或者发生约定的实现质权情形的，质权人有权依照法律或者协议以标准仓单折价，或者就拍卖、变卖标准仓单所得的价款优先受偿。

1. 标准仓单在标准仓单管理系统内进行质押登记的流程

（1）出质人使用标准仓单出质的，应当通过标准仓单管理系统向指定交割仓库提交质押登记申请；（2）指定交割仓库依据质押合同副本审核质押登记申请；（3）质权人通过标准仓单管理系统确认提交质押登记的标准仓单；（4）指定交割仓库应当对已质押的标准仓单进行登记管理，相应标准仓单不得进行交割、转让、提货等任何操作。

2. 解除标准仓单质押登记的流程

（1）质权人解除标准仓单质押，应当通过标准仓单管理系统向指定交割仓库提交解除质押登记的申请；（2）指定交割仓库审核解除质押登记申

请；（3）出质人通过标准仓单管理系统确认提交解除质押登记的标准仓单。质押保税标准仓单和解除保税标准仓单质押，应当事先向主管海关办理解除质押备案手续。

（四）原油期货标准仓单转让

标准仓单可以在能源中心外进行转让。买方、卖方可以自行结算，也可以通过能源中心结算。通过能源中心结算的，能源中心按照标准收取交割手续费。

1. 买方、卖方自行结算的标准仓单转让流程

（1）卖方在标准仓单管理系统输入品种、指定交割仓库、买方交易编码和名称、相应标准仓单等相关信息后提交转让申请；（2）买方通过标准仓单管理系统确认转让申请；（3）指定交割仓库审核转让申请；（4）买方按双方约定交付货款；（5）卖方收款后释放标准仓单，对应标准仓单转到买方的标准仓单账户。

2. 会员通过能源中心结算的标准仓单转让流程

（1）卖方在标准仓单管理系统输入品种、指定交割仓库、买方交易编码和名称、转让价、相应标准仓单等相关转让信息后，提交转让申请；（2）买方通过标准仓单管理系统确认转让申请，并将货款存入保证金专用账户；（3）指定交割仓库审核转让申请，并通知买方、卖方和能源中心；（4）能源中心打印标准仓单转让结算单并收付货款；（5）能源中心释放标准仓单，对应标准仓单转到买方的标准仓单账户。

3. 境外特殊经纪参与者或者境外中介机构的客户转让标准仓单

通过能源中心结算的标准仓单，应当授权并通过境外特殊经纪参与者、境外中介机构办理。14：00之前提交的标准仓单转让申请，能源中心在当日完成转让程序；14：00之后提交的标准仓单转让申请，能源中心在下一交易日完成转让程序。

（五）原油期货标准仓单的其他用途

1. 标准仓单内容变更

货主需要修改标准仓单的储存场所等能源中心允许修订的数据，应当通

过标准仓单管理系统提交标准仓单变更申请。指定交割仓库和能源中心审核后，完成数据的变更。指定交割仓库需移动标准仓单所属商品的储存位置的，应当事先向能源中心提出申请。能源中心应当在 10 个交易日内批复。指定交割仓库移动位置后应当通知货主，并及时通过标准仓单管理系统修改对应标准仓单的位置数据。

2. 标准仓单冻结或者解除冻结

标准仓单的冻结或者解除冻结的申请人应当持有效法律文书和相关证明材料，经指定交割仓库审核无误后，通过标准仓单管理系统实施对相应标准仓单的冻结或者解除冻结。指定交割仓库冻结和解冻标准仓单应当通知并报能源中心备案。标准仓单冻结期间，指定交割仓库应当妥善管理相关商品。标准仓单解除冻结后，指定交割仓库应当根据有效法律文书处置相关商品。

3. 标准仓单作废

标准仓单作废是指货主对指定交割仓库签发的已生效的标准仓单除储存位置、质检日期等能源中心允许调整的数据以外的数据有异议，提交标准仓单作废申请，经指定交割仓库和能源中心审核，注销对应标准仓单的过程。作废的标准仓单需要生成相对应新的标准仓单的，应当在能源中心重新办理入库申报手续。

七、TAS 指令是什么?

（一）指令介绍

TAS 指结算价交易机制（Trade at Settlement，TAS）。交易者可以通过特定的交易指令（TAS 指令），在规定交易时段内，按照期货合约当日结算价或当日结算价增减若干个最小变动价位申报买卖期货合约。TAS 作为一种交易机制，其本质是为市场提供一种便捷高效的风险管理工具，可有效降低交易者的风险管理成本，从而对促进市场功能发挥、改善市场投资者结构、提升价格影响力等起到积极作用。

对于实体企业，在进行现货贸易点价时，多采用期货合约结算价作为定价基准。在利用期货市场进行风险对冲时，一般要通过盘中多次下单来模拟当日结算价，因此在交易执行方面存在较高的难度，且套保效率较低。TAS可以在规定的交易时段内以结算价或结算价附近的价格进行交易，大大降低了企业围绕结算价交易的不确定性，帮助企业更便利、更精准地做好风险管理。ETF和长期策略基金等机构投资者也可运用TAS来进行换月移仓等操作，以降低套保和移仓成本，并减少对短期价格的冲击。总体而言，TAS的推出有助于提升市场主体套保交易的执行效率，促进市场风险管理功能发挥；吸引更为多元化的市场主体参与，改善市场投资者结构；促进交易者更为便利和广泛地参考中国期货价格，提升价格影响力。

（二）指令细则

适用主体：所有原油期货的交易者都可以使用TAS指令进行原油期货交易。

适用合约：原油期货TAS指令目前只能用于最近月份合约和最近月份后第一个月合约。适用合约自其最后交易日前第八个交易日收市后，TAS指令将无法在该合约使用。

申报价格：目前，原油期货TAS指令的申报价格仅可为适用合约的当日结算价，暂不接受以当日结算价增减若干个最小变动价位进行申报。

申报时段：原油期货TAS指令可在开市集合竞价阶段和第一节交易时间（含连续交易时段，目前第一节交易结束时间为上午10：15）使用，第一节交易时间结束后，所有未成交的TAS指令将由系统自动撤销。

撮合原则：TAS指令仅可与同一合约的TAS指令撮合成交。在集合竞价采用最大成交量原则进行撮合，在连续竞价交易时段采用时间优先原则进行撮合。

报单类型：TAS指令报单和其他指令报单一样，对适用合约区分开仓、平今、平昨，以及一般、套保属性。

附加指令：TAS指令暂不支持立即全部成交否则自动撤销（FOK）属性或立即成交剩余指令自动撤销（FAK）属性。

保证金：交易所在交易时段，对以TAS指令进行交易的，以该合约上一日结算价计算应冻结或应释放保证金，并纳入单向大边保证金计算。交易所在日终结算时，对以 TAS 指令交易形成的持仓，以该合约当日结算价计算应收保证金，并纳入单向大边保证金计算。

手续费：与 TAS 指令适用的原油期货合约规定保持一致。

结算价：适用合约只有 TAS 指令成交时，该合约视为当日无成交，其当日结算价按照结算细则中当日无成交价格的期货合约的当日结算价确定方法确定。

成交量：交易者可通过上海期货交易所网站、上海国际能源交易中心网站和会员服务系统、相关行情商软件查看原油期货 TAS 指令成交情况。盘中的统计数据中，TAS 指令成交量不计入适用合约的成交量，且无成交额统计。收市结算后的统计数据中，TAS 指令的成交额（量）计入适用合约的成交额（量）。

（三）成交案例

1. TAS 指令开仓

示例 1：某客户在 SC2008 合约上无持仓，今日在 SC2008 合约上下达 40 手 TAS 指令买入、一般、开仓申报，与该合约当前存在的 15 手 TAS 指令卖申报成交。此时将成交 15 手，该客户在 SC2008 合约持仓为多头、一般、今仓 15 手。剩余的 25 手申报若在第一节结束后未成交，将被系统全部撤销。当日收市结算后，SC2008 合约结算价为 285 元/桶，该客户该笔 TAS 指令成交的 15 手的成交价确定为 285 元/桶。

示例 2：某客户在 SC2009 合约上无持仓，今日下达 10 手 TAS 指令卖出、一般、开仓申报，成交 5 手后，在 SC2009 合约持仓空头、一般、今仓 5 手。此后，该客户在该合约下达 3 手限价指令买入、一般、平今申报，成交 3 手后，该客户在 SC2009 合约上的空头、一般、今仓减至 2 手。当日收市结算后，SC2009 合约结算价为 300 元/桶，该客户该笔 TAS 指令成交的 5 手的成交价确定为 300 元/桶。

2. TAS 指令平今仓

示例：某客户在 SC2009 合约上无持仓，今日下达 10 手限价指令卖出、一般、开仓申报，成交 4 手后，在 SC2009 合约持仓为空头、一般、今仓 4

手。此后，该客户在该合约下达 1 手 TAS 指令买入、一般、平今仓申报，成交 1 手后，该客户在 SC2009 合约上的空头、一般、今仓减至 3 手。当日收市结算后，SC2009 合约结算价为 305 元/桶，该客户该笔 TAS 指令成交的 1 手的成交价确定为 305 元/桶。

3. TAS 指令平昨仓

某客户在 SC2010 合约上拥有 50 手多头、套保、昨仓，今日下达 50 手 TAS 指令卖出、套保、平昨申报，成交 40 手后，该客户在 SC2010 合约上的多头、套保、昨仓减至 10 手。当日收市结算后，SC2010 合约结算价为 310 元/桶，该客户该笔 TAS 指令成交的 40 手的成交价确定为 310 元/桶。

延伸阅读

2020 年中国原油期货发展报告

2018 年 3 月 26 日，原油期货在上海国际能源交易中心上市，开启了中国期货市场国际化元年。两年以来，在市场各方大力支持和积极参与下，上海原油期货经受国内外各种地缘政治风险和极端事件考验，运行更加平稳；交易量、持仓量稳步上升，近月合约全面活跃，企业开展套保更加容易；实体企业，境外机构、金融机构参与日益加深，市场参与结构持续优化；交割平稳有序，与实体经济和现货贸易的联系更加紧密。

一、价格总体与国际油价保持高度联动，局部反映中国供需

2019 年，在中美贸易摩擦、地缘政治频发的背景下，国际原油价格震荡上行。上海原油期货主力合约期初开盘 376 元/桶，年末收盘 488.1 元/桶，较 2018 年底收盘价 379.1 元/桶上涨 27.5%。期间，最高 531.7 元/桶，最低 366 元/桶。与 CME WTI 原油期货、ICE Brent 原油期货、DME Oman 原油期货价格保持高度联动，相关性分别为 0.862、0.926、0.941。

期现价差方面，2019 年上海原油期货较理论现货价（Oman 原油现货离岸价加运费、保险费等）期现价差最高 12.61 元/桶，最低 -40.68 元/桶，全年平均 -6.45 元/桶。期现价差变化客观反映了中国与其他地区供需关系

的相对变化，有效引导了资源配置方向，保障了国家能源安全（见图 7－3）。

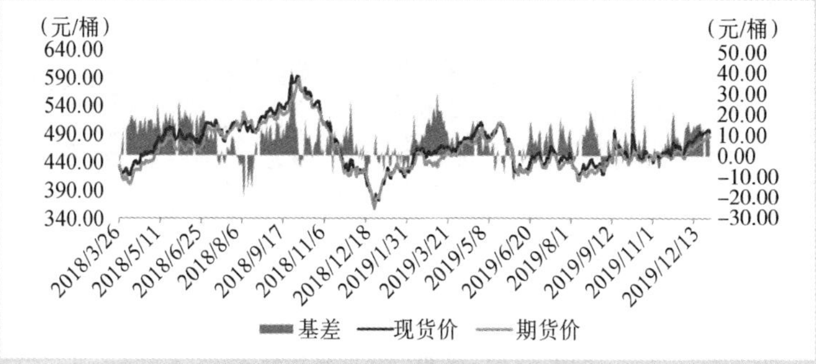

图 7－3　上海原油期货期现基差

资料来源：上海国际能源交易中心。

二、交易量、持仓量稳步上升，成为亚洲交易时段的风向标

2019 年上海原油期货交易量、持仓量较 2018 年均有所增长（见图 7－4 和图 7－5）。在美国期货业协会（FIA）公布的全球能源类商品期货期权交易量排名中，上海原油期货居 14 位，在原油期货品种中的市场规模仅次于 CME WTI 和 ICE Brent 原油期货。

成交方面，全年累计成交 3464.44 万手（单边，下同），累计成交金额 15.48 万亿元，日均成交 14.2 万手，日均成交金额 634 亿元，日均交易量同比增长 1.2%。亚洲交易时段，前三行合约的交易量在多个交易日超过了 ICE Brent。持仓方面，2019 年日均持仓量 2.88 万手，同比增长 45.4%。

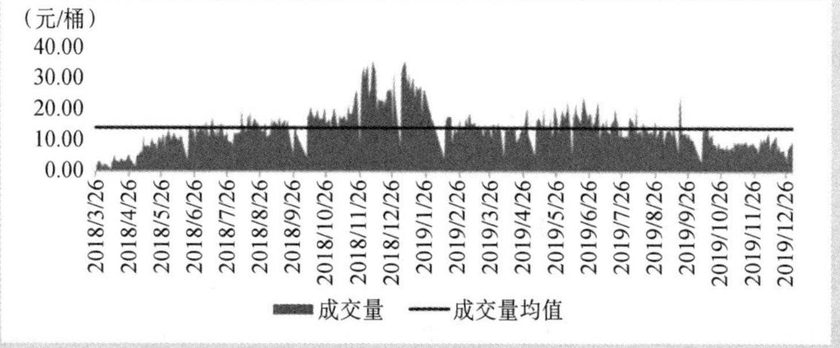

图 7－4　原油期货每日成交量

资料来源：上海国际能源交易中心。

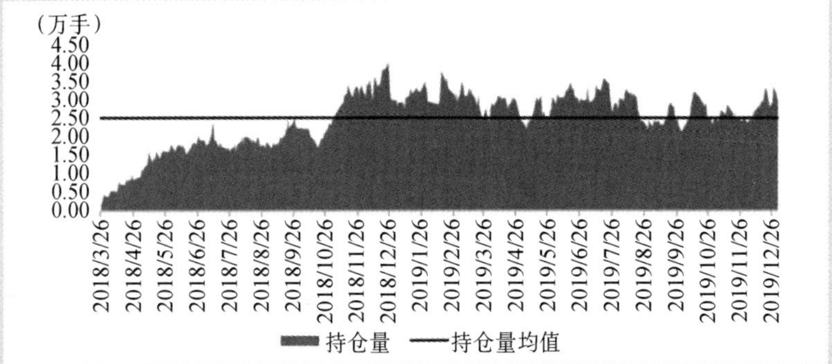

图7-5　原油期货每日持仓量

资料来源：上海国际能源交易中心。

三、境外交易者、机构投资者参与度大幅增加，交易者结构持续优化

截至2019年底，共有已备案境外中介56家，较2018年新增11家，参与更加通畅。境外客户分布在五大洲的19个国家和地区。境外客户日均交易量、日均持仓量同比分别增长106.5%和122.1%，占比分别达到15%和22%，反映境外交易者对中国原油期货的参与度不断提高。产业上中下游，生产、贸易、加工企业均有参与。全市场一般法人日均交易量、日均持仓量同比分别增长62.3%和54.4%，占比分别达到25%和30%，反映出实体企业越来越多地利用原油期货管理价格风险。特殊法人日均交易量、日均持仓量同比分别增长29.7%和151.4%，占比分别达到10%和33%，反映出金融机构更加重视原油期货在资产配置中的重要作用。

四、交割平稳有序，有效连接现货贸易市场

截至2019年底，上海原油期货交割仓库共有6家合计9个存放点，其中上海市1个，广东省1个，浙江省3个，山东省2个，辽宁省1个，海南省1个。2019年，上海原油期货交割总量17618手，折合1761.8万桶或241.34万吨，同比增加518.39%，交割金额合计78.56亿元。其中，6月交割量最高，共交割2812手，折合281.2万桶或38.52万吨。主力交割油种为巴士拉、阿曼，交割量占比分别为72.34%和13.44%。炼厂开始尝试参与交割，以调剂现货油种余缺，优化油种组合，提升炼油效益。

五、价格发现功能更加灵敏，风险管理功能日益凸显

价格发现方面，对市场基本面及突发事件的反映更加灵敏有效。在2019年10月中东至中国油轮运费大幅波动的情况下，上海原油期货及时有效反映了相关价格波动，为市场在对冲油价的同时，对冲了运费波动风险。在2019年10月伊朗油轮爆炸等亚洲时段事件中，上海原油期货率先启动行情，引领价格变化，价格发现功能快速高效。

风险管理方面，市场规模和结构更加有利于现货企业风险管理。2020年以来，新冠疫情在全球蔓延，“OPEC +”减产协议谈判失败，全球原油需求疲软而供应过剩，原油价格大幅下行且剧烈波动，现货企业面临巨大的经营压力。产业上下游企业积极利用上海原油期货进行套期保值，并通过参与交割拓宽贸易渠道，有效平抑了价格大幅波动对企业生产经营带来的风险。在此期间，上海原油期货持仓规模快速放大、再创新高，最高持仓近12万手，较春节前最后一个交易日持仓2.7万手上升近3倍。随着市场持仓量稳步上升，近月合约全面活跃，企业实现套保策略更加容易，市场发展与企业参与形成良性互动。市场普遍反映，随着上海原油期货市场发展进一步成熟，越来越多的投资者逐步接受国内原油期货价格。

延伸阅读

2021年中国原油期货发展报告

2020年，上海原油期货经历极端事件考验，总体运行稳中有进，价格独立性初现，较好反映了亚洲原油供需关系，与欧美原油期货形成良好互补关系，成交持仓大幅上升，投资者结构持续优化，市场功能发挥显著，规则制度获得国际市场广泛认可，呈现良好发展态势。

一、历经极端事件考验，市场运行质量有效提升

2020年，受新冠疫情快速蔓延、“OPEC +”减产谈判失败、沙特阿

拉伯大幅增产、下调销售价格影响，国际油价出现大幅快速下跌行情。3月9日，CME WTI、ICE Brent 原油期货盘中最大跌幅均超过30%，创史上最高单日跌幅；4月20日，CME WTI 原油期货出现史上首次负油价，最低跌至 -40.32 美元/桶，当日触发熔断30余次。此后，在OPEC有效减产、新冠疫苗推出等因素推动下，国际油价震荡上行（见图7-6）。

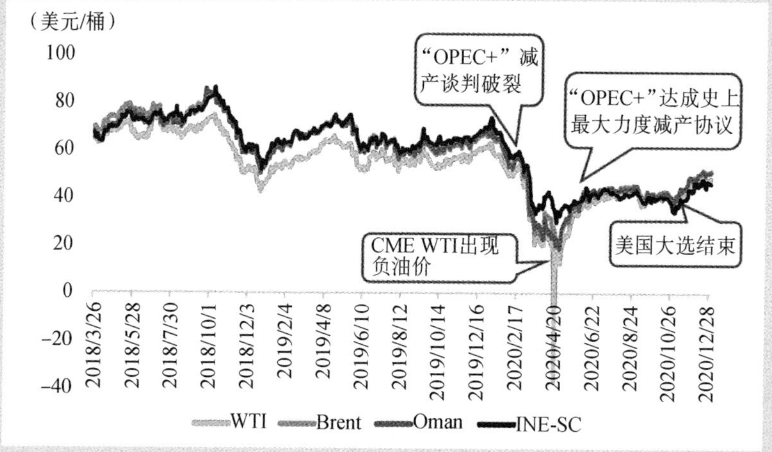

图7-6　全球主要原油期货价格比较

资料来源：上海国际能源交易中心。

面对极端市场考验，上海原油期货展现出较强的韧性和自我修复能力。自3月9日起，上海原油期货出现连续2日单边市，且第3日触及跌停板，交割库容也出现紧张的局面。为防范市场风险，上海国际能源交易中心认真研判市场情况，充分利用规则，通过适时动态调整涨跌停板、保证金、仓储费，及时扩大交割库容等一系列组合拳，有效释放了市场风险，为全球原油价格重回理性平衡点发挥着作用，维护了市场稳定，提升了市场规模和运行质量。

（一）市场规模不断扩大，在国际市场赢得一席之地

2020年，上海原油期货交易量、持仓量大幅提升（见图7-7、图7-8）。全年累计成交4158.58万手，累计成交金额11.96万亿元。日均成交17.11万手，日均持仓11.89万手，较2019年分别增长20.04%和

312.93%，日均成交和日均持仓分别占全球三大原油期货日均交易、持仓总量的8.14%和2.48%，较2019年分别增长1.42个百分点和1.84个百分点。

自5月恢复夜盘以来，日均日盘成交占比从2019年的27%上升至2020年的44%，在亚洲交易时段发挥了更加积极的作用，在美国期货业协会（FIA）公布的全球能源类商品期货期权交易量排名中居16位，在原油期货中市场规模仅次于CME WTI和ICE Brent原油期货。

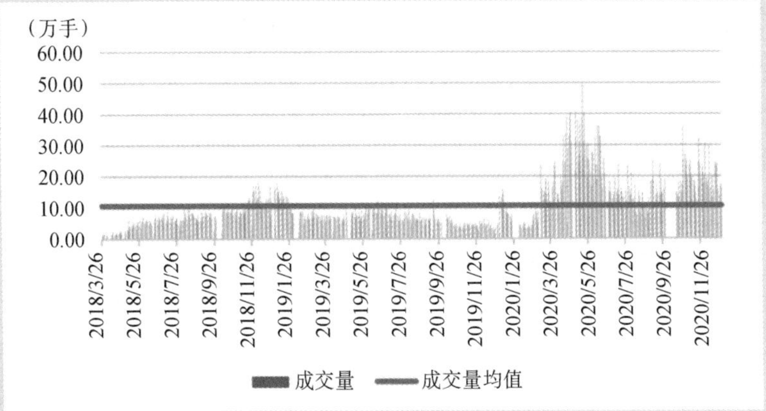

图7－7　原油期货每日成交量

资料来源：上海国际能源交易中心。

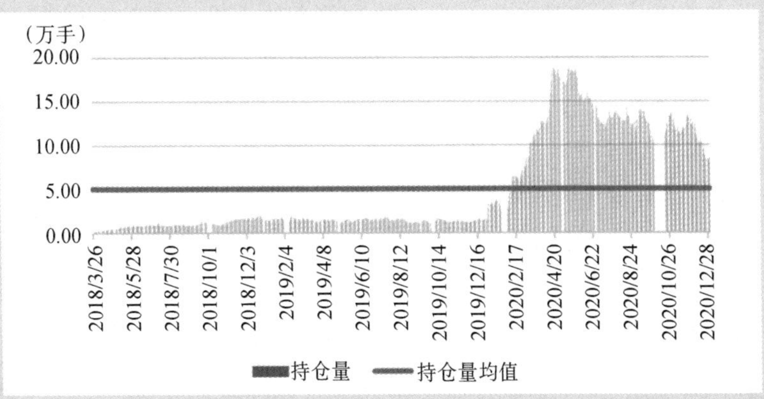

图7－8　原油期货每日持仓量

资料来源：上海国际能源交易中心。

（二）市场结构持续优化，机构客户参与度大幅提升

2020年，上海原油期货一般法人、特殊法人日均成交同比增长38.19%和36.29%，合计占品种日均交易量约四成；日均持仓同比增长484%和146.24%，合计占品种日均持仓约六成，反映出境内外石油公司、贸易公司和金融机构利用上海原油期货进行风险管理和资产配置的意愿增强。独立炼厂、航空公司也逐步利用上海原油期货进行套期保值。

在机构客户积极参与以及做市商的共同作用下，上海原油期货远月合约流动性有效提升，市场结构持续优化。2020年，主力合约日均成交、持仓占比从2019年的85.39%和63.50%分别下降至57.45%和38.84%，流动性逐步向远月合约溢出，连续活跃月份从近3月已扩展至近5月合约。

（三）国际参与度持续提高，认可度进一步增强

截至2020年底，上海原油期货境外客户同比增长85.7%，分布在五大洲的23个国家和地区。境外客户日均成交量、持仓量占比约20%和25%，同比均增长3个百分点。备案的境外中介机构合计达66家，新增境外特殊经纪参与者1家。路透社、华尔街日报、俄罗斯卫星通讯社、南华早报等境外主流媒体评论正面积极，称中国的监管制度使得上海原油期货价格免受过度波动，以人民币计价的合约正逐步被市场接受，国际大型经纪机构、贸易商参与积极，中国影响力正迅速增强。此外，2020年6月，能源中心被纳入欧洲证券及市场管理局（ESMA）的第三国交易场所交易后透明度评估正面清单。

（四）交割规模实现跨越式增长，市场基础更为牢固

2020年4月以来，上海国际能源交易中心通过丰富交割仓库布点、增加现有仓库库容等方式，在全市场仓储库容整体紧张的情况下，全力扩大期货市场可交割区域。交割库点由2019年底的9个增加到15个，交割库容由年初的355万方扩大至年底的1190万方（约6788万桶），保证了原油交割顺利进行。2020年，累计交割8515.9万桶，是2019年的4.8倍（见图7-9、图7-10）。

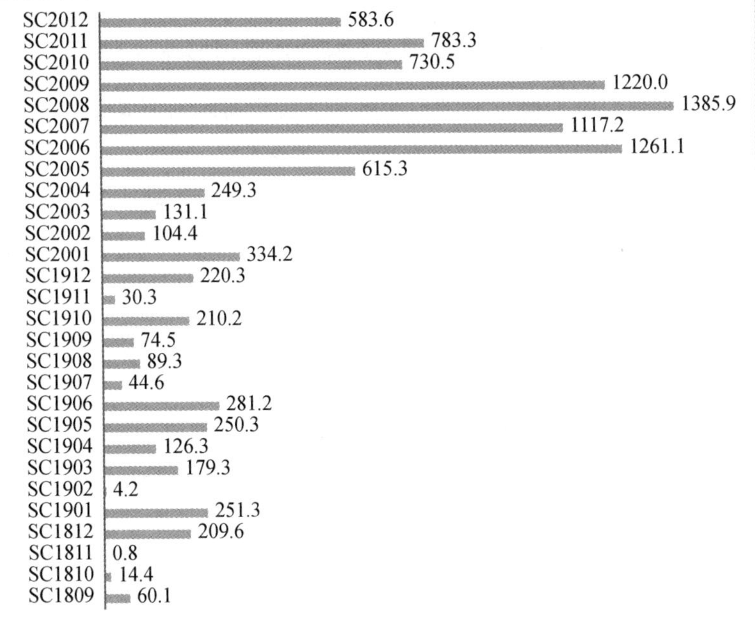

图 7－9　原油交割量（按合约统计）

资料来源：上海国际能源交易中心。

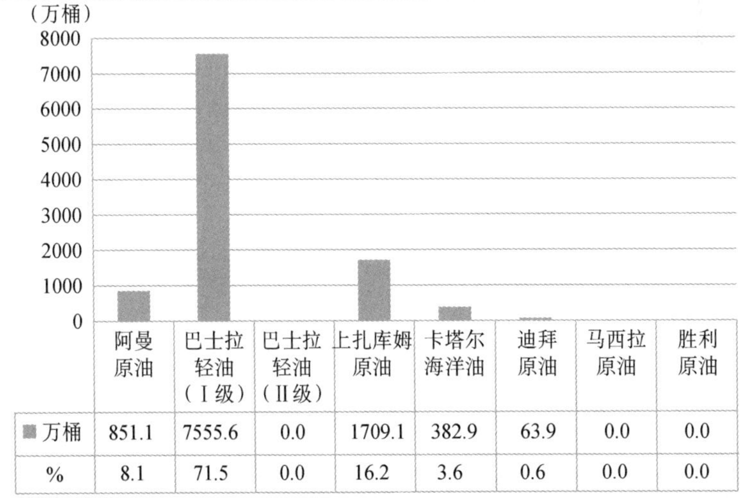

	阿曼原油	巴士拉轻油（Ⅰ级）	巴士拉轻油（Ⅱ级）	上扎库姆原油	卡塔尔海洋油	迪拜原油	马西拉原油	胜利原油
■万桶	851.1	7555.6	0.0	1709.1	382.9	63.9	0.0	0.0
%	8.1	71.5	0.0	16.2	3.6	0.6	0.0	0.0

图 7－10　原油交割量（按油种统计）

资料来源：上海国际能源交易中心。

二、价格代表性逐步增强，服务实体经济效果明显

（一）价格客观反映国内供需状况，并逐步由境内到岸价向亚太地区贸易集散地价格转变，亚洲时段代表性明显提升

2020年，上海原油期货与国际油价有机联动，同时，更有效反映了国内油价基本面情况，价格独立性初现。3月中下旬开始，伴随国内疫情趋稳，复工复产加速推进，上海原油期货价格较境外市场率先企稳，反映了国内经济率先恢复的实际情况。6月以后，随着境内原油供应和库存逐步充裕，价格开始小幅贴水国际油价。上海原油期货较理论现货价价差最高为94.64元/桶，最低为-45.58元/桶，全年平均-5.48元/桶。当年，以上海原油期货结算价计价的原油在交割出库后，转运到了韩国、缅甸、马来西亚等国家，相关国家涉油企业在现货贸易中更加关注上海价格，一个辐射亚太地区的原油贸易集散地价格已初现雏形。从日内交易分布看，全年日均日盘占比从2019年的27%上升至55%，更加高效地反映亚洲市场供需现状（见图7-11）。

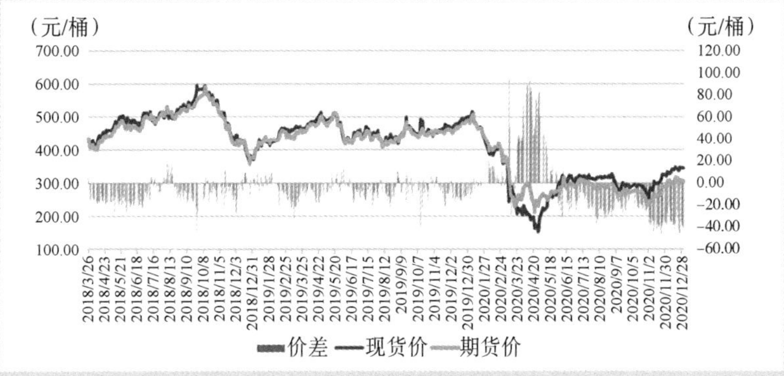

图7-11　上海原油期货期现价差

资料来源：上海国际能源交易中心。

（二）助力实体企业渡过难关，促进现货市场健康发展，切实服务实体经济

一是帮助实体企业通过原油期货锁定价格，有效管理价格波动风险。从中东采购的原油运抵我国大约需要20天，采购和销售环节之间的时间

差对企业而言存在较大价格风险，期间油价下跌会影响销售利润。企业在采购的同时，通过在对应月份期货合约上建立同等规模的卖出头寸，有效规避了运输期间的价格波动风险，锁定了利润。二是通过卖出交割，拓宽销售渠道。2020 年 3—4 月，因疫情叠加沙特阿拉伯大幅增产的影响，国际原油需求萎缩，油价大幅崩跌，石油公司长约合同和份额油销售极度困难。国内虽加工量减少，但未来生产恢复预期上升，上海原油期货较境外出现溢价。石油公司通过卖出原油期货实现了对份额油的保值增值，消化了因需求减少而多出的长约原油实货。三是通过买入交割，降低企业原材料成本。6—7 月，因上海原油价格相对于国际市场出现明显贴水。石油公司通过从上海原油期货交割提货方式，供应系统内炼厂，有效降低了采购成本，为企业提供了额外收益。四是通过原油期货扩大商业库存，提升我国能源安全水平。得益于上海原油期货快速扩大的交割库容和价格优势，境内外产业企业积极参与卖出交割，实现了石油商业储备的快速增长。五是推动保税现货贸易发展。2020 年，原油期货仓单转让和期转现规模呈现跨越式增长，总规模近 5000 万桶。企业通过仓单转让和期转现优化现货资源配置，推动了保税现货贸易发展。

三、立足产业需求，参考国际惯例，推动交易机制创新

2020 年 10 月 12 日，国内首个 TAS 指令在原油期货合约实施。业务上线以来，境内外大型石油公司、贸易商、炼厂正逐步参与，截至 2020 年底，共成交 758 手，成交金额 2.06 亿元。TAS 的推出，有效提升了基于上海原油期货结算价计价交易的套期保值效率。以仓单交易套保为例，10 月 19 日第一节交易时段，两家企业通过 TAS 成交 305 手，对即将在 10 月 20 日进行转让的仓单完成套保操作。企业 A 持有仓单，并已在 SC2011 合约建立空头持仓对仓单进行了保值；企业 B 希望能获得其仓单。根据仓单转让相关规定，原油期货标准仓单转让价格为申请日前一交易日结算价 ±2% 范围内。因此，双方约定在 10 月 20 日以 10 月 19 日 SC2011 的结算价进行仓单转让。企业 A 在 10 月 19 日通过 TAS 指令对持有的 SC 2011 空头持仓进行平仓了结；企业 B 在 10 月 19 日在 SC 2011 合约以

TAS 指令建立了空头套保持仓，对即将买入的仓单进行保值，实现了精准套保。随着机构客户对 TAS 了解和运用的不断深入，将进一步拓展上海原油期货结算价在现货贸易和金融投资中的运用场景。

延伸阅读

2022 年中国原油期货发展报告

2021 年，全球经济在新冠疫情笼罩下逐步复苏，原油需求强劲反弹带动油价大幅上涨。上海原油期货价格与境外油价高度联动，并有效反映区域市场供需特点。成交规模稳步提升，机构客户参与度和境外客户参与度大幅提高，与境外市场联动发展更加紧密。此外，上海国际能源交易中心于 2021 年 6 月 21 日上市了原油期权，实现了中国能源衍生品多层次市场联动发展。

一、价格与境外市场高度联动，并有效反映区域市场供需特点

2021 年伴随全球新冠疫苗接种的普及，各国陆续解封带动原油需求恢复性增长。但供应恢复缓慢使得全球原油供需偏紧，推动全球原油市场由 2020 年的累库转为大幅去库存周期。截至 2021 年底，全球原油库存水平已处于近 5 年同期低位。上海原油期货价格高度反映市场基本面变化，价格震荡上行，库存逐步下降。主力合约期初开盘 302.9 元/桶，年末收于 499.0 元/桶，涨幅 64.74%。期间，最高价 546.5 元/桶，最低价 301.6 元/桶（见图 7－12）。首行合约与 ICE Brent 原油期货首行合约价差最高为 33.7 元/桶，最低为－84.9 元/桶，全年平均－22.2 元/桶（见图 7－13）。

上海原油期货价格在与境外原油期货市场保持高度联动的同时，价格波动也呈现出一定的独立性，中国因素在价格中的体现不断增强。2021 年，SC 与 ICE Brent、CME WTI 原油期货的相关系数分别为 0.977 和 0.969，高于 2020 年的 0.961 和 0.894。同时，根据对 SC、ICE Brent 以及

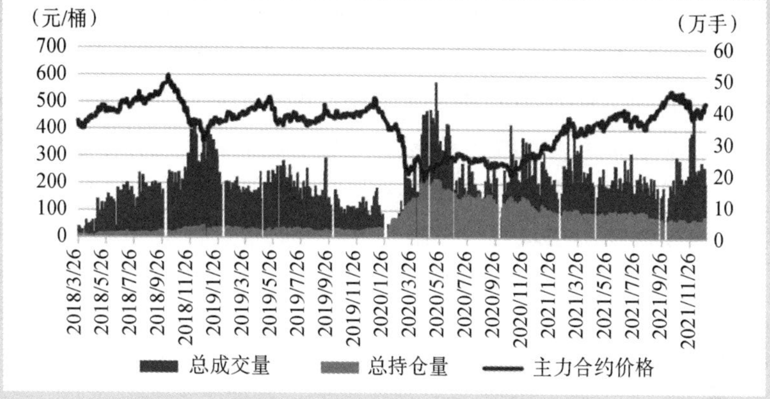

图 7－12　上海原油期货运行概况

资料来源：上海国际能源交易中心。

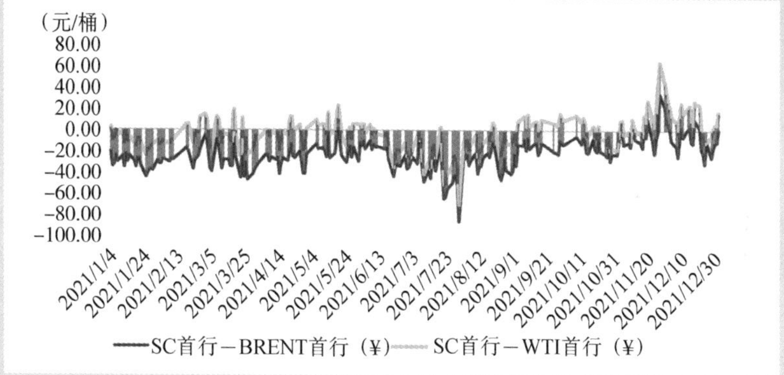

图 7－13　上海原油期货与境外原油期货价差

资料来源：上海国际能源交易中心。

CME WTI 三个期货市场价格的协整检验结果，三者之间存在 2 个长期均衡关系，表明上海原油期货已基本融入国际原油期货市场，并形成相互联动的关系。在此基础上，与境外原油期货市场相比，上海原油期货更加反映亚太区域市场特点。根据格兰杰因果检验结果，ICE Brent 分别与 SC、CME WTI 互为因果关系，而代表亚太市场的 SC 和代表北美原油市场的 CME WTI 之间的因果关系不显著，表明 ICE Brent 分别与 SC 和 CME WTI 相互影响，但 SC 和 CME WTI 市场相对独立。

山东地区是我国主要的独立炼厂聚集地，其炼厂开工率在很大程度上可反映出中国原油供需的边际变化情况。自2020年新冠疫情暴发以来，山东独立炼厂开工率于2020年2月初开始下降，并于2月中旬降至低点36%左右。随着中国疫情得到控制，开工率逐步反弹，于3月底恢复至60%以上，于4月底升至70%并维持在75%左右。同期，上海原油期货价格也出现了跌幅小于境外、上涨先于境外的情况，有效反映了中国需求变化情况。以山东独立炼厂周度开工率数据为依据，格兰杰因果检验显示，在5%的显著性水平下，上海原油期货价格与山东独立炼厂开工率互为格兰杰因果，即统计学上两者相互影响。脉冲响应结果显示，原油价格对炼厂开工率的脉冲响应基本是正向的，但影响滞后期较长，在6至7期达到峰值，反映出山东独立炼厂开工率可以在一定程度上用来分析上海原油价格，但目前即时性有限。

二、健全国际原油市场价格发现机制，促进国际原油期货市场良性互动

随着市场关注度和参与度的提升，上海原油期货市场规模和交易者结构得到了良好发展。2021年，上海原油期货交易量、持仓量维持上市以来高位水平，市场规模仅次于CME WTI和ICE Brent原油期货，在期货业协会（FIA）公布的全球能源类商品期货期权交易量上升至第13位。境外客户覆盖了六大洲的20多个国家和地区，境外特殊参与者共3家，备案的境外中介机构达75家。

从交易情况看，全年累计成交4264.5万手（单边，下同），累计成交金额18.5万亿元，同比分别增长2.6%和54.6%。日均成交17.5万手，日均持仓7.5万手。市场参与者结构方面，一般法人和特殊法人等机构交易者日均成交占比超过5成，持仓占比约7成，日均成交和持仓占比较2020年分别增长8.1个百分点和7.6个百分点；境外参与者成交和持仓占比较2020年分别增长6.9个百分点和6.5个百分点。机构交易者的交易、持仓和套期保值比例位居境内已上市期货品种前列，涵盖石油公司、跨国贸易公司、投资银行、基金和资产管理公司中的标杆性企业（见表7-5）。

表 7-5　　上海原油期货上市以来交易交割情况

年份	日均交易（万手）	日均持仓量（万手）	总交割量（万桶）
2021	17.5	7.5	2163.6
2020	17.1	11.9	8515.9
2019	14.2	2.9	1761.8
2018	14	2	284.9

资料来源：上海国际能源交易中心。

上海原油期货的上市填补了中国乃至亚太原油市场的空白，健全了国际原油市场价格联动机制，已日益成为国际原油市场不可或缺的有机组成部分。在跨市场联动下，上海原油期货不仅实现了自身快速发展，提升了中国数据对国际市场的影响，还在一定程度上促进了境外原油期货市场的活跃度。根据格兰杰因果检验结果，2018—2021 年，SC 为 ICE Brent、CME WTI 格兰杰原因的显著性明显增加，表明上海原油期货对 ICE Brent 和 CME WTI 原油期货市场的影响增强。从日盘成交占比看，在北京时间 9：00—11：30 和 13：30—15：00 的亚洲交易时段，ICE Brent 和 CME WTI 原油期货的成交量占各自全天成交的比例，已从上海原油期货上市前的 2.87%、2.91%，分别增长至 4.71%、5.30%，统计学上显著上升 64.12%、82.13%；从开盘时段成交对比，ICE Brent 和 CME WTI 原油期货在上海原油期货上午、下午开盘前后各 30 分钟的交易量占比从上海原油期货上市前的 0.81%、1.19%，增长至 1.68%、2.42%，统计学上显著上升 107.41%、103.37%。

三、依托境内、境外两大市场，拓展交割仓库布局，引导资源优化配置

2021 年，上海国际能源交易中心立足市场发展需要，持续扩大原油期货交割仓库库容，拓展交割仓库辐射范围，优化交割仓库布局。新增首个跨国企业背景仓储企业青岛海业摩科瑞仓储有限公司以及境内民营

企业大鼎油储有限公司作为指定交割仓库，新增库容共计369.2万桶，交割仓库主体更加多元化。截至2021年底，原油期货共有16个存放点，启用库容6925万桶。

随着价格逐步回升，远期曲线趋弱，上海原油期货库存逐步去化，资源辐射至周边国家和地区。2021年，期初库存2925.7万桶，期末库存628.7万桶（见图7-14）。年交割量2163.6万桶，其中巴士拉轻油共交割1551.1万桶，占年度总交割量71.7%；新引入的穆尔班原油交割60.8万桶，占比2.8%。此外，全年期转现444.5万桶。交割出库的原油以报关进口和转保税现货为主，也有部分原油复运出境至韩国、缅甸和印度等周边国家和地区。

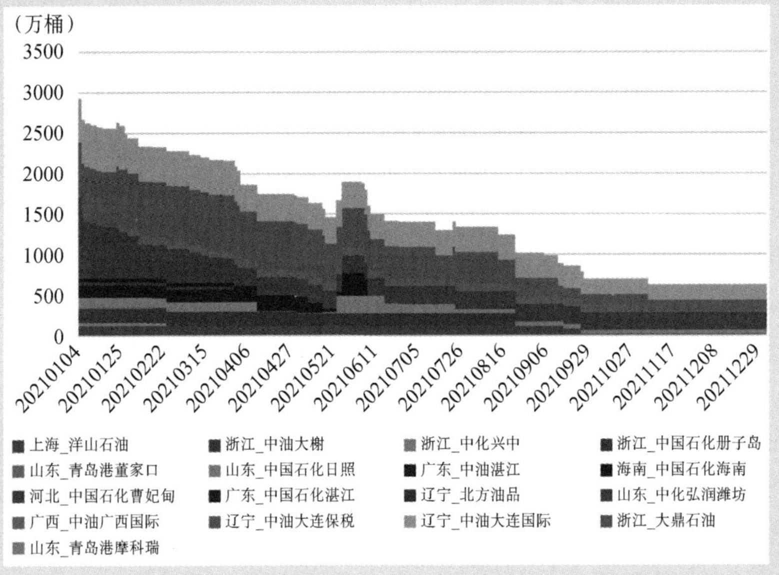

图7-14 上海原油期货库存情况

资料来源：上海国际能源交易中心。

自测题

一、填空题

1. 我国原油期货的交易代码是（　　）。

2. 我国原油期货于（　　）在（　　）交易中心挂牌上市。

3. 我国原油期货的计价货币是（　　）。

4. 我国原油期货的交易单位是（　　）桶。

5. 我国原油期货采用的是（　　）交割方式。

6. 我国原油期货的最后交易日是交割月份前第（　　）月的最后一个交易日。

二、判断题

1. 我国原油期货的交易标的是中质含硫原油。（　　）

2. 我国原油期货不对境外投资者开放。（　　）

3. 我国原油期货可使用美元作为保证金。（　　）

4. 我国原油期货合约当日结算价规定为当日按成交量的加权平均价。（　　）

5. 我国原油期货交割结算价是最后10个有成交交易日的结算价的算术平均价。（　　）

6. 我国原油期货交割日期为最后交易日后连续10个交易日。（　　）

三、单选题

1. 以下（　　）不属于上海原油期货的可交割油种。

A. 迪拜　　B. 阿曼

C. 巴士拉轻油　　D. 沙特阿拉伯轻油

2. 以下（　　）不属于上海原油期货的交易时间段。

A. 上午9：00—11：30　　B. 下午1：30—3：00

C. 下午 4：00—4：30　　D. 晚上 9：00—凌晨 2：30

3. 参与我国原油期货市场的境内个人投资者，申请交易编码前 5 个工作日保证金账户可用资金余额均不低于（　　）万元人民币或者等值外币。

A. 10　　B. 50　　C. 100　　D. 200

4. 参与我国原油期货市场的境内个人投资者，申请交易编码前 5 个工作日保证金账户可用资金余额均不低于（　　）万元人民币或者等值外币。

A. 10　　B. 50　　C. 100　　D. 200

5. CME WTI 原油期货的交易标的是（　　）。

A. 轻质低硫　　B. 中质低硫　　C. 中质高硫　　D. 重质高硫

6. ICE Brent 原油期货的交易标的是（　　）。

A. 轻质低硫　　B. 中质低硫　　C. 中质高硫　　D. 重质高硫

参考答案

一、填空题

1. SC　　2. 2018 年 3 月 26 日，上海国际能源　　3. 人民币　　4. 1000　　5. 实物　　6. 一

二、判断题

1. √　　2. ×　　3. √　　4. √　　5. ×　　6. ×

三、单选题

1. D　　2. C　　3. B　　4. C　　5. A　　6. A

第八章

中国原油期权

本章要点

中国原油期权于2021年6月21日挂牌上市。原油期权是有助于丰富实体企业的风险管理工具，实现更加专业化、精细化的套期保值策略；也是有助于丰富金融机构的资产配置工具，构建更加多样化的投资组合。

一、什么是期权？

（一）发展历史

期权是人类最古老的管理风险工具之一，萌芽可追溯至几千年前。据考证，公元前1200年，古希腊人和古腓尼基人在海上贸易中就已经运用期权管理风险。公元前 580 年，古希腊天文学家泰勒斯观察天象，预测来年橄榄会大丰收，橄榄油榨机需求会增大；他提前与橄榄油榨机业主签订了期权合约，通过购买榨机的使用权来对冲榨机价格上涨风险。

1973 年 4 月 26 日，芝加哥期权交易所（CBOE）建立，标准化的期权合约第一次出现。同年，Black - Scholes - Merton 期权定价理论取得了突破性进展。1974 年，美国全国性期权清算机构——期权清算公司（OCC）成立。这些标志着期权交易正式进入统一化、标准化、规范化的全面发展阶段。此后，美国商品期货交易委员会（CFTC）放松了对期权交易的限制，推出多种不同的商品期权、金融期权交易。期权交易逐步遍及全球成熟市场和主要的新兴市场，交易品种也扩展到了包括大宗商品、金融证券、外汇以及原油在内的近 100 个品种。

在原油期权方面，CME 和洲际交易所（ICE）是当前国际上最重要的两个交易中心。CME 集团旗下纽约商业交易所（NYMEX）于 1986 年首次推出了 WTI 原油期货期权，ICE 收购的伦敦国际石油交易所（IPE）于 1989 年推出 Brent 原油期货期权。2020 年美国期货业协会（FIA）统计数据显示，WTI 原油期货期权成交量最大，全年成交量 2956.72 万手，Brent 原油期货期权全年成交量 2586.32 万手，牢牢占据全球原油期权市场成交量前两名。

（二）中国原油期权上市意义

1. 原油期权是原油期货的有效补充，有利于丰富风险管理工具，提高涉油企业风险管理水平

（1）原油期权不仅能够管理价格变动风险，还能够管理市场波动风险；（2）原油期权能够改善涉油企业的套期保值效果；（3）原油期权的保险特性，能够帮助涉油企业在规避市场不利风险的同时，不放弃市场有利时的潜在收益。

2. 上市原油期权有利于完善原油价格形成机制，推动场内和场外市场协调发展

（1）原油期权能够促进专业机构参与原油期货市场，完善原油期货价格形成机制；（2）原油期权能够推动金融机构的业务创新，促进场内和场

外市场协调发展。

3. 上市原油期权能够推动我国原油期货市场进一步发展，有利于促进我国国际金融中心建设

（1）推出原油期权有助于满足境内产业客户在国际贸易中的风险管理需求，助力实体企业开展国际化经营；（2）推出原油期权有助于推动我国原油期货市场进一步发展，促进市场对外开放；（3）推出原油期权有助于“一带一路”倡议实施；（4）推出原油期权是我国国际金融中心建设的内在需求。

（三）期权基础知识

期权是交易双方关于未来买卖权利达成的约定，买方有权在将来某一特定时间以特定价格（行权价格）买入或者卖出一定数量的特定资产（期权合约标的物）。

期权标的：期权合约标的物可以是现货（实物）、期货（合约）或其他合约规定的资产，其种类可以覆盖商品（能源、贵金属、有色金属、黑色金属、农产品等）、金融产品（股票、债券等）等类型。

期权买方：在期权交易中，购买期权的一方称作买方。买方是权利的持有方，通过向期权的卖方支付一定的费用，获得权利，有权在约定的时间以约定的价格买入或卖出约定数量的标的资产。如果该约定价格对自己不利，可以放弃期权合约规定的买入或卖出的权利。由于买方有选择的权利，因此期权也称选择权。

期权卖方：期权买方提出行权申请时，期权卖方有履约义务，期权卖方应当按照合约规定的行权价格买入或者卖出一定数量的标的资产。同时，期权卖方需要缴纳保证金作为其在期权到期时可以履行义务的担保。

期权行权：期权行权是指期权买方行使期权合约赋予的权利，即在特定时间以特定价格买入或者卖出一定数量的特定资产，卖方有义务配合。期权买方可以在期权合约规定的时间内行权。不同行权方式对应不同的行权时间，比较经典的两种行权方式为美式期权和欧式期权。美式期权的买方在合约到期日及之前任一交易日均可行使权利，欧式期权的买方只可在合约到期日当天行使权利。原油期权是美式期权，买方可在到期日及之前任一交易日

行权。

看涨、看跌期权：期权买方行权后买入标的物，则该期权称为看涨期权，行权时标的价格越高，期权买方收益越大；期权买方行权后卖出标的物，则该期权称为看跌期权，行权时标的价格越低，期权买方收益越大。

行权价格、权利金：期权的行权价格是指期权合约规定的、期权买方有权在将来某一时间买入或卖出标的物的价格。期权权利金是期权买方为获取期权合约赋予的权利而支付给卖方的费用，是买卖期权合约的价格。

平值、实值、虚值期权：按行权价格与标的物价格的关系，期权可以分为实值期权、平值期权、虚值期权。对于看涨期权，行权价格低于标的物价格，就是实值期权；高于标的物价格，就是虚值期权；等于标的物价格，就是平值期权。对于看跌期权，行权价格高于标的物价格，就是实值期权；低于标的物价格，就是虚值期权；等于标的物价格，就是平值期权。

历史、隐含波动率：历史波动率是标的资产价格在过去一段时间内变化程度的统计结果，是从标的资产价格的历史数据中计算出的价格收益率的年化标准差。隐含波动率是通过期权产品的现时价格反推出的市场认为的标的在未来期权存续期内的波动率，是市场对于未来期权存续期内标的资产波动率的判断。

期权价格影响因素：期权价格通常会受到标的价格、波动率、距离到期时间、行权价、利率等因素的影响。（1）标的价格。在其他变量不变的情况下，标的价格上涨，看涨期权价格上涨，看跌期权价格下跌；标的价格下跌，看涨期权价格下跌，看跌期权价格上涨。（2）波动率。波动率是衡量标的价格变化剧烈程度的指标，在其他变量不变的情况下，标的波动率越高，看涨期权和看跌期权价格越高。（3）距离到期时间。对期权买方而言，时间越长，获得收益的机会就越大。在其他变量不变的情况下，距离到期的时间越长，看涨期权和看跌期权的价格越高。（4）行权价。在其他变量不变的情况下，看涨期权行权价越低，期权价格越高；看跌期权行权价越高，期权价格越高。（5）利率。在其他变量不变的情况下，利率越高，看涨期权价格越高，看跌期权价格越低。期权距离到期时间越长，利率变化对期权价格影响越大。

期权定价模型：计算期权价格的方法、模型多种多样，较为经典的有蒙特卡洛模拟、二叉树模型、Black – Scholes – Merton 模型、Black 模型等。针对不同的期权，可以选择相应的定价方法、模型。原油期权是美式期货期权，能源中心定价模型为二叉树模型。

买入期权策略：如果投资者对市场有方向上的判断，又担心实际走势与预期不同，不愿意承担过多的风险时，可以买入期权。期权买方最多的亏损就是已支付的权利金，即最大损失为 100%；但是相对而言，期货的最大亏损则要大得多。以小博大赚取收益是期权买方的另一大动力，通常新闻上见到的单日上涨 10 倍、100 倍就是指买入深度虚值期权的例子，虽然短时间内翻 100 倍的情形鲜有出现，但是期权确实可以做到用小资金撬动大收益。但是买期权时也要注意，慎买临近到期或深度虚值的期权合约。

卖出期权策略：期权的卖方与买方相反，收益有限，风险较大。（1）对市场的看法与买方相反。如看涨期权买方认为后市大涨，期权卖方认为后市不涨。（2）做组合策略，降低成本、增强收益。如某客户在 50000 元/吨时买入一手铜期货，可以同时卖出行权价 53000 元/吨的虚值看涨期权，若后市价格超过 53000 元/吨，那么履约相当于以 53000 元/吨平仓，获取 3000 元/吨的收益，还可以获得权利金的额外收入；若未超过 53000 元/吨，则获取权利金收入，相当于以低于 50000 元/吨的价格买入期货。（3）概率分析。如一个产品 99.99% 的概率会赚 1 万元，0.01% 的概率会亏 100 万元，虽然一旦亏损数额较大，但由于赚钱的概率极大，很多投资者依然会选择购买此产品。对期权的卖方而言也一样，他们通过历史数据判断期权行权的概率很小，那么就会卖出期权。

二、原油期权上市表现如何？

2021 年 6 月 21 日，以原油期货为标的的原油期权在上海国际能源交易中心成功上市，成为我国首批以人民币计价对外开放的期权品种。原油期权上市，是对原油期货市场有效补充，对更好地满足企业多元化风险管理需求具有积极作用。

上市以来，原油期权市场运行平稳，成交持仓快速增长，境内外交易者参与积极，期权定价合理，市场影响初步显现。2021 年全年累计运行 133 个交易日，累计成交量 156.25 万手，累计成交额 105.21 亿元，日均成交量 1.17 万手，日均成交额 7910 万元，日均持仓量 1.39 万手。从相对规模来看，2021 年原油期权成交量与标的期货成交量的日均比例为 6.97%，持仓量与标的期货持仓量的日均比例为 21.05%（见图 8－1）。

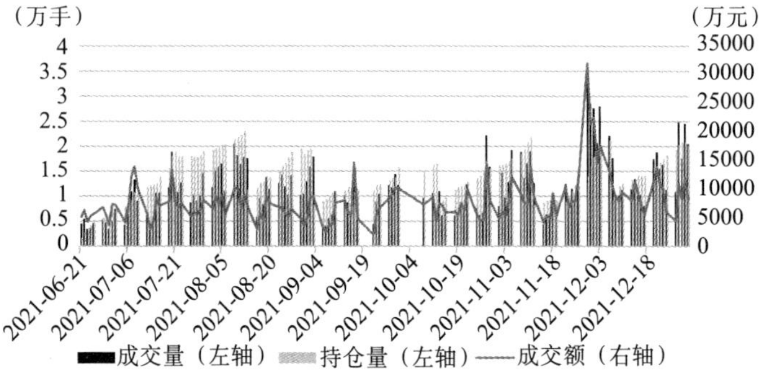

图 8－1　2021 年原油期权成交持仓情况

资料来源：上海国际能源交易中心。

（一）与标的期货市场联动紧密，助力高质量发展

作为原油期货的衍生产品，原油期权是原油期货市场的有效补充，两个市场联动紧密。从价格联动关系来看，2021 年原油期权市场合成的期货价格与标的期货市场价格相关性超过 0.9，两个市场价格呈现紧密关系。

从成交量来看，原油期权与标的期货呈现良好联动（见图 8－2）。当标的期货成交量大幅变化时，期权的成交量也相应变化较大，表明投资者积极利用原油期货和期权同步、同向管理市场风险。从风险管理策略来看，原油期权与标的期货高度融合。上市以来，产业链企业积极参与，通过“搭积木”方式组合原油期货、期权形成各种个性化风险管理策略，有效地应对市场价格方向性风险和波动性风险，提升期货市场风险管理水平。

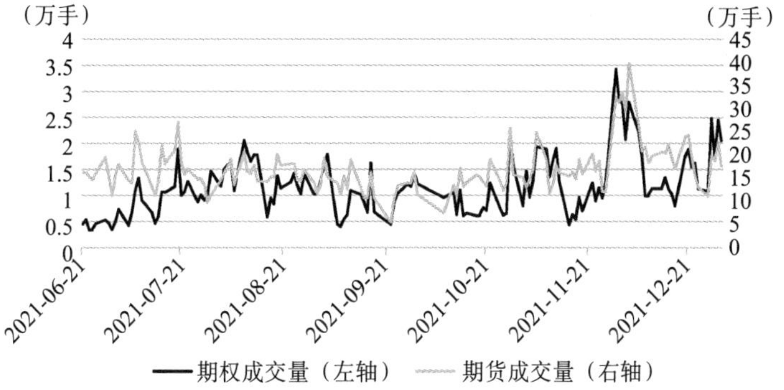

图 8－2　原油期权成交和标的期货成交走势

资料来源：上海国际能源交易中心。

（二）期权定价合理，助力场内场外协调发展

原油期权上市后，投资者积极参与，期权市场定价合理。2021 年原油期权主力系列隐含波动率基本维持在 30% ～50%，整体略高于标的期货历史波动率，两者走势总体较为一致，定价较为合理（见图 8－3）。原油期权上市之后，由于定价合理、公允性强，部分投资者从单纯参与场外期权，转向同时利用场内场外两个市场，原油期权也逐渐成为原油以及下游品种场外市场定价重要的锚定。

图 8－3　原油期权主力系列隐含波动率和历史波动率走势情况

资料来源：上海国际能源交易中心。

三、我国原油期权合约是怎样的？

（一）中国原油期权标准合约（见表 8－1）

表 8－1　　中国原油期权标准合约

项目	具体内容
合约标的物	原油期货合约（1000 桶）
合约类型	看涨期权，看跌期权
交易单位	1 手原油期货合约
报价单位	元（人民币）/桶
最小变动价位	0.05 元/桶
涨跌停板幅度	与标的期货合约涨跌停板幅度相同
合约月份	最近两个连续月份合约，其后月份在标的期货合约结算后持仓量达到一定数值之后的第二个交易日挂盘，具体数值上海国际能源交易中心另行发布
交易时间	上午 9：00—11：30，下午 13：30—15：00 及上海国际能源交易中心规定的其他时间
最后交易日	标的期货合约交割月前第一月的倒数第 13 个交易日，上海国际能源交易中心可以根据国家法定节假日等调整最后交易日
到期日	同最后交易日
行权价格	行权价格覆盖标的期货合约上一交易日结算价上下浮动 1.5 倍及当日涨跌停板幅度对应的价格范围。行权价格≤250 元/桶，行权价格间距为 2 元/桶；250 元/桶＜行权价格≤500 元/桶，行权价格间距为 5 元/桶；行权价格＞500 元/桶，行权价格间距为 10 元/桶
行权方式	美式期权。买方可在到期日前任一交易日的交易时间提交行权申请；买方可在到期日 15：30 之前提交行权申请、放弃申请
交易代码	看涨期权：SC－合约月份－C－行权价格 看跌期权：SC－合约月份－P－行权价格
上市机构	上海国际能源交易中心

（二）合约项目

1. 合约标的物

期权合约标的物是指期权合约买卖双方权利义务指向的对象。能源中心原油期权合约的标的物是能源中心原油期货合约。

2. 合约类型

期权合约类型包括看涨期权和看跌期权。看涨期权是指期权买方有权在将来某一时间以特定价格买入标的期货合约，而期权卖方需要履行相应义务的期权合约。看跌期权是指期权买方有权在将来某一时间以特定价格卖出标的期货合约，而期权卖方需要履行相应义务的期权合约。

3. 合约交易单位

期权合约的交易单位为“手”，期权交易应当以“1 手”的整数倍进行。

4. 报价单位

期权合约的报价单位与标的期货合约的报价单位相同。

5. 最小变动价位

期权合约的最小变动价位是指该期权合约单位价格变动的最小值。

6. 涨跌停板幅度

期权合约的涨跌停板幅度与标的期货合约涨跌停板幅度相同。涨跌停板幅度 = 标的期货合约上一交易日结算价 × 标的期货合约当日涨跌停板比例。

7. 合约月份

期权的合约月份是指该期权合约对应的标的期货合约的交割月份。

8. 最后交易日、到期日

期权合约的最后交易日是指期权合约可以进行交易的最后一个交易日。期权合约的到期日是指期权合约买方能够行使权利的最后一个交易日。

9. 行权价格

行权价格是指由期权合约规定的，期权买方有权在将来某一时间买入或卖出标的期货合约的价格。行权价格间距是指相邻两个行权价格之间的差额。能源中心可以根据市场情况对行权价格间距和行权价格可覆盖的范围进行调整。

10. 行权方式

行权方式分为美式期权、欧式期权以及能源中心规定的其他方式。美式期权的买方在合约到期日及其之前任一交易日均可行使权利；欧式期权的买方只可在合约到期日当天行使权利。原油期权的行权方式为美式期权。

11. 交易代码

期权合约的交易代码由标的期货合约交易代码、合约月份、看涨（跌）期权代码和行权价格组成。

（三）合约解读

1. 期权买方仓位了结

（1）平仓。对已持有的期权仓位进行反向操作叫作平仓。对期权买方而言，平仓即是将现有的买入持仓卖出。（2）行权。行权是指期权的权利方在期权合约规定的时间行使权利，对原油期权而言，到期日及到期日期前的任一交易日均可以申请行权。看涨期权买方以约定的价格买入约定数量的标的期货，看跌期权买方以约定的价格卖出约定数量的标的期货。期权行权后，期权仓位将不复存在，但会持有相应的期货持仓。（3）放弃权利。期权买方仅能在到期日当天提交放弃申请。如果到期日标的期货价格低于看涨期权行权价，或到期日标的期货价格高于看跌期权行权价，期权买方通常选择放弃行权。到期日后，期权仓位不复存在，也不产生相应的期货持仓。

2. 期权卖方仓位了结

期权卖方只有义务没有权利，因此主动了结仓位方法只有买入平仓，被动了结方式包括被行权（获得期货仓位），到期未被行权的合约作废。

3. 期权行权申请

原油期权是美式期权，期权买方可在到期日前任一交易日的交易时间提交行权申请；到期日当天，期权买方可在 15：30 之前提交行权申请、放弃申请。到期日 15：00 收盘后，仍有 30 分钟时间可供投资者提出行权申请、放弃申请。投资者可以通过交易客户端提出行权申请、放弃申请；也可以联系会员单位、境外特殊经纪参与者，通过会服系统提出行权申请、放弃申请；通过境外中介机构接入的投资者也可以联系境外中介机构，通过境外中介服务系统提交行权申请、放弃申请。

4. 到期日自动行权

如果期权买方在到期日没有提交行权申请或放弃申请，在到期日能源中心根据原油期权合约行权价、标的期货合约当日结算价判断该期权合约是否为实值期权。若为实值期权，能源中心会自动为该期权执行行权，平值期权和虚值期权自动放弃。为满足投资者的特殊需求，能源中心为投资者留有申请渠道。投资者可以对其持有的实值期权提出放弃申请，对平值期权、虚值期权提出行权申请。

5. 行权后期货仓位了结

在当日结算时，期权行权后获得的双向期货仓位可以自对冲，也可以与原有的反向期货仓位进行对冲。第二天开始交易后，投资者可以对行权后产生的期货仓位进行平仓处理。

6. 原油期权与境内其他期权品种差异

原油期权是期货期权，标的为期货，行权后，能源中心为期权买卖双方双向开期货仓位，无须提前准备标的。行权与境内商品期权相同。ETF期权标的为现货，行权时看涨期权卖方和看跌期权买方需要提前准备现货ETF。股指期权标的为指数，行权时以指数结算价与行权价之差进行现金交割。

7. 原油期权持仓限额

（1）原油期权持仓限额采用时间梯度限仓，时间阶段的划分与标的期货相同。（2）原油期权与原油期货投机持仓分开限仓，两者互不相关。同时原油期权采用绝对值限仓，在每个时间阶段持仓限额是固定数值，不随市场持仓总量变化而变化。（3）原油期权和标的期货共用套期保值额度，投资者申请的套期保值额度可以仅使用在期货市场，也可以仅使用在期权市场，或者两个市场均使用。（4）套利额度目前仅适用于期货合约，不可用于期权合约。（5）能源中心 TAS 指令仅适用于原油期货合约，期权无法使用 TAS 指令。

四、我国原油期权的参与方式有哪些？

（一）个人客户适当性标准

个人客户的适当性标准可以简单概括为“四有一无”，具体包括主体要求、可用资金要求、基础知识要求、交易经历要求、合规诚信要求等。（1）主体要求：具备完全民事行为能力；（2）可用资金要求：申请开立交易编码或者开通交易权限前连续5个交易日保证金账户可用资金余额均不低于人民币50万元或者等值外币；（3）基础知识要求：具备期货交易基础知识，了解相关业务规则；（4）交易经历要求：具有累计不少于10个交易日且20笔及以上的境内交易场所的期货合约或者期权合约仿真交易成交记录，或者近三年内具有10笔及以上的境内交易场所的期货合约、期权合约或者集中清算的其他衍生品交易成交记录，或者近三年内具有10笔及以上的在与中国证券监督管理委员会（以下简称中国证监会）签署监管合作谅解备忘录的国家（地区）期货监管机构监管的境外交易场所的期货合约、期权合约或者集中清算的其他衍生品交易成交记录（以下简称认可境外成交记录）；（5）合规诚信要求：不存在严重不良诚信记录、被有权监管机关宣布为期货市场禁止进入者和法律、法规、规章、能源中心业务规则禁止或者限制从事期货交易的情形；（6）其他要求：能源中心要求的其他条件。

（二）一般单位客户投资者适当性标准

一般单位客户的适当性标准可以简单概括为“四有一无”，具体包括可用资金要求、基础知识要求、交易经历要求、内部制度要求、合规诚信要求等。（1）可用资金要求：申请开立交易编码或者开通交易权限前连续5个交易日保证金账户可用资金余额均不低于人民币100万元或者等值外币；（2）基础知识要求：相关业务人员具备期货交易基础知识，了解相关业务规则；（3）交易经历要求：具有累计不少于10个交易日且20笔及以上的境内交易场所的期货合约或者期权合约仿真交易成交记录，或者近3年内具有10笔及以上的境内交易场所的期货合约、期权合约或者集中清算的其他衍生品交易成交记录，或者近3年内具有10笔及以上的认可境外成交记录，（4）内部制度要求：具有健全的内部控制、风险管理等期货交易管理相关制度；（5）合规诚信要求：不存在严重不良诚信记录、被有权监管机关宣布为期货市场禁止进入者和法律、法规、规章、能源中心业务规则禁止或者限制从事期货交易的情形；（6）其他要求：能源中心要求的其他条件。

（三）豁免规定

除法律、行政法规、规章以及中国证监会另有规定外，开户机构为以下客户参与实行适当性制度的上市品种申请开立交易编码或者开通交易权限的，可不适用可用资金要求、基础知识要求、交易经历要求。（1）符合《证券期货投资者适当性管理办法》规定的专业投资者；（2）已开通实行适当性制度的某一品种交易权限，再通过其他开户机构开通该品种交易权限的客户。客户应当提供具有上述交易权限的证明材料；（3）近一年内具有累计不少于50个交易日境内交易场所的期货合约、期权合约或者集中清算的其他衍生品交易成交记录或者认可境外成交记录的客户。客户应当提供交易记录明细、结算单据或者其他凭证，表明该等交易确已实际成交；（4）做市商、特殊单位客户等能源中心认可的其他交易者。

原油期权适当性标准和原油期货相同，已获得原油期货交易权限的客户申请后可豁免基础知识要求、交易经历要求、可用资金要求，但是还需要对其合规诚信要求等情况进行审核。已开通除原油期货外其他特定品种期货或期权交易权限的，可豁免基础知识要求和交易经历要求，但还需对可用资金要求、合规诚信要求等情况进行审核。

（四）交易权限开通

1. 交易权限要求

能源中心期权交易与期货交易共用交易编码，客户进行期权交易，应当具有能源中心交易编码；不具有交易编码的，应当先通过所在期货公司会员、境外特殊经纪参与者或境外中介机构等开户机构申请交易编码。

根据中国期货市场监控中心《特殊单位客户统一开户业务操作指引》，做市商开户比照特殊单位客户管理。做市商应当申请一个专用交易编码开展期权做市业务。期权交易实行权限管理，客户期权交易权限由开户机构控制。开户机构端系统应该将该公司下所有交易编码的期权交易权限默认设置为“关闭”。客户进行期权交易应向开户机构申请开通期权交易权限。

2. 交易权限申请

开户机构为客户开通交易权限，可以要求客户到其营业场所办理、上门办理或网上申请等方式。开户机构为客户开通期权交易权限应当根据《上海国际能源交易中心期货交易者适当性管理细则》和本指南要求，为符合要求的客户开通期权交易权限，不得为不符合要求的客户开通交易权限。个人客户、一般单位客户、特殊单位客户或做市商分别适用不同的期权交易权限申请表，开户机构可以根据需要增加内容，但不能删减内容。境内客户，申请表应当有个人客户签字，单位客户加盖公司公章。境外客户，申请表应当由客户签字或者盖章确认。

3. 交易权限报备

客户开通实行适当性制度的上市品种交易权限后 3 个交易日内，开户机构应当按照相关规定向中国期货市场监控中心报备开通期权交易权限的交易编码。销户或者客户申请关闭相关交易权限的，开户机构应当在 3 个交易日内撤销报备。

五、原油期权有哪些交易业务？

会员、境外特殊参与者和境外中介机构在完成技术系统、业务制度、风险管理和人员配备等相关准备工作后，方可开展期权交易。

1. 交易编码

非期货公司会员、境外特殊非经纪参与者、客户进行期权交易，使用与期货交易相同的交易编码。没有交易编码的，应当按照能源中心期货交易相关规定申请交易编码。

2. 询价

期权交易可以实行做市商制度，非期货公司会员、境外特殊非经纪参与者和客户可以向做市商询价。询价合约、询价频率由能源中心确定并公布，能源中心可以根据市场情况进行调整。期货公司会员、境外特殊经纪参与者和境外中介机构应当对客户询价进行管理，要求其合理询价。

3. 权利金

期权合约的交易价格是指期权合约每报价单位的权利金。权利金是指期权买方为获得权利所支付的资金。

4. 交易指令

期权合约的交易指令包括限价指令以及能源中心规定的其他指令。限价指令可以附加立即全部成交否则自动撤销（FOK）和立即成交剩余指令自动撤销（FAK）两种指令属性。能源中心可以根据市场情况对期权合约交易指令的种类进行调整并公布。

5. 每次最大下单数量

原油期权交易每次最大下单数量为 100 手。能源中心可以根据市场情况对每次最大下单数量进行规定、调整并公布。

6. 期权合约挂盘

期权合约挂盘遵循以下原则：（1）新月份期权合约的挂盘时间在合约文本中载明；（2）挂盘期权合约包括一个平值期权、若干个实值期权和虚值期权合约；（3）期权合约上市交易后，能源中心根据其标的期货合约的涨跌停板幅度和上一交易日结算价格，按照期权合约的规定，挂盘新行权价格的期权合约，到期日上一交易日闭市后，不再挂盘该月份新行权价格的期权合约；（4）期权合约挂盘基准价由能源中心确定并公布。平值期权是指行权价格等于（或者接近于）标的期货合约上一交易日结算价格的期权合约。当两个相邻行权价格均值等于标的期货结算价格时，取价格较高的作为平值期权行权价格。实值期权是指行权价格低于（高于）平值期权行权价格的看涨期权（看跌期权）；虚值期权是指行权价格高于（低于）平值期权行权价格的看涨期权（看跌期权）。

7. 期权合约的了结

期权合约了结方式包括平仓、行权和放弃。平仓是指买入或者卖出与所持期权合约的数量、标的期货合约、合约月份、到期日、类型和行权价格相同但交易方向相反的期权合约，了结期权合约的方式。行权是指期权买方按照规定行使权利，以行权价格买入或者卖出标的期货合约，了结期权合约的方式。放弃是指期权合约到期，买方不行使权利以了结期权合约的方式。

六、我国原油期权如何行权？

（一）能源中心行权履约处理

1. 行权申请时间

期权买方可以在非到期日的交易时段通过交易客户端、会员服务系统和境外中介服务系统提交行权申请；到期日当天可以在交易时段以及闭市后15：30之前通过交易客户端、会员服务系统和境外中介服务系统提交行权申请、放弃申请。

2. 行权检查

系统对通过交易客户端以指令形式提交的行权申请，检查并冻结期权持仓；对通过会员服务系统或境外中介服务系统提交的行权申请，不检查也不冻结期权持仓。

3. 自动行权

到期日结算前，对未在规定时间内提交行权或放弃申请，且相对标的期货合约结算价有实值额的期权持仓做自动行权处理，其他期权持仓做自动放弃处理。

4. 行权配对

在提交行权申请时间截止后，根据期权买方提交的行权指令、放弃指令以及自动行权处理结果，系统按照随机均匀抽取原则选择卖方进行配对。具体算法如下：(1) 对卖方持仓按客户编号排序形成初始排列；(2) 根据期权单边成交量除以期权空头持仓量的余数确定随机起点，起点为余数加1；(3) 以期权空头持仓量除以期权行权申请量的余数作为剔除量，剔除间距为空头持仓量除以剔除量的商，从起点开始剔除；(4) 剔除余数后，原起点已被剔除，以下一个点作为起始点，在剩余队列中均匀抽取空头持仓，抽取间距为剩余期权空头数量除以期权行权申请量的商。

5. 行权与履约结果

行权后，看涨（跌）期权买方按行权价格建立相应期货买（卖）持仓，看涨（跌）期权卖方按行权价格建立相应期货卖（买）持仓，计入期货持仓量。投机或套保属性期权持仓行权后的期货持仓，继承原有期权持仓的投机或套保属性。

6. 期权持仓自对冲

非期货公司会员、境外特殊非经纪参与者和客户可以申请对其同一交易编码下同一期权合约的双向期权持仓进行对冲平仓。对冲结果从当日期权持仓量中扣除，并计入期权成交量。具体申请时间为：非到期日的交易时段，以及到期日的交易时段和闭市后15：30前。对做市商专用的做市交易编码中同一期权合约的双向持仓，能源中心在每日结算前执行自动对冲。做市商可以申请部分或全部不自动对冲。

7. 行权（履约）后期货持仓自对冲

期权买方（卖方）可以申请对其同一交易编码下行权（履约）获得的双向期货持仓进行对冲平仓，也可以申请对其同一交易编码下行权（履约）获得的期货持仓与期货市场原有持仓进行对冲平仓，对冲数量不超过行权（履约）获得的期货持仓量。对冲结果从当日期货持仓量中扣除，并计入期货成交量。具体申请时间为：非到期日的交易时段，以及到期日的交易时段和闭市后15：30前。

（二）行权履约处理

1. 买方主动行权的前端检查与校验

期权买方提交行权申请时，其可用资金应满足期货交易保证金要求，期货公司会员、境外特殊经纪参与者、境外中介机构应当冻结客户相应资金和持仓。资金不足的，不得接受客户的行权申请。行权申请被撤销时，应释放客户相应冻结的资金与持仓。期货公司会员、境外特殊经纪参与者、境外中介机构应当关注客户行权后标的期货是否超仓。如有客户可能超仓，应当提醒客户及早进行期货平仓或期权平仓，否则将可能进入强行平仓程序。

2. 行权资金测算

期货公司会员、境外特殊经纪参与者、境外中介机构需要对客户行权资金进行测算，通知行权资金不足，特别是资金缺口较大的客户，做好资金准备、主动撤销行权申请或申请放弃行权或平仓，尽量避免客户因资金不足而引发批量放弃操作行为。对于多次发生行权资金不足的客户，应对其进行风险教育。期货公司会员、境外特殊经纪参与者、境外中介机构应当加强各项业务资金占用测算，备足相应资金。能源中心结算部根据行权资金测算情况，通知资金不足的期货公司会员、境外特殊经纪参与者及时追加资金。境外中介机构所在的期货公司会员、境外特殊经纪参与者，应当根据行权资金测算情况，在资金不足时通知该境外中介机构及时追加资金。

3. 行权申请撤销

期货公司会员、境外特殊经纪参与者、境外中介机构应当事先与客户签订协议，约定行权资金测算标准以及双方的权利义务。对行权资金测算不足的客户，应当根据与客户签订的协议以及能源中心业务规则规定，代客户进行撤销行权申请操作。应做好与撤销行权申请有关的数据的保存与备查，作为解决潜在法律纠纷的依据。

4. 通过会员服务系统或境外中介服务系统提交行权申请、放弃申请

能源中心提供会员服务系统及境外中介服务系统作为备用通道提交行权申请、放弃申请。通过中介服务系统代客户提交行权申请、放弃申请时，应当先检查客户资金和持仓情况，再做相应操作，避免为资金、持仓不足的客户提交相关申请。建议期货公司会员、境外特殊经纪参与者、境外中介机构作为应急通道在特殊情况下谨慎使用会员服务系统、境外中介服务系统。

5. 期权到期提醒

期权合约到期日前第三个交易日起，期货公司会员、境外特殊经纪参与者、境外中介机构应当通过客户端、短信或结算单等方式，提醒客户期权到期日期，妥善处理到期期权持仓。

6. 到期日客户主动行权和放弃提醒

期权到期日结算时，能源中心会执行自动行权和放弃。期货公司会员、境外特殊经纪参与者、境外中介机构应当提醒客户不需要对相对结算价有实值额的期权提交行权申请、对有虚值额的期权提交放弃申请，避免无效操作，节约操作时间。到期日期货结算价与收盘价发生较大偏离时，客户对到期期权的处理结果与能源中心到期期权自动处理流程不一致的，可以提交相应行权或放弃申请。到期日客户提交行权和放弃申请的操作时间有限，为提高行权和放弃操作效率，对实值期权需要行权的，建议客户不要提交行权申请，对虚值期权需要放弃的，不要提交放弃申请，因为系统会自动处理。建议期货公司会员、境外特殊经纪参与者、境外中介机构完善相关系统功能，拒绝接收无效行权或放弃指令。也可以针对以上“虚值期权提行权，实值期权提放弃”的情况，由期货公司会员、境外特殊经纪参与者、境外中介机构与客户约定后，统一代客户进行操作，以提高效率。

（三）行权时间、方式与处理顺序

1. 非到期日

非到期日，欧式期权不能提交行权申请、放弃申请；美式期权可以提交行权申请，不能提交放弃申请。申请时间为交易时段。

2. 到期日

到期日当日，欧式期权和美式期权均可提交行权申请、放弃申请。申请时间为交易时段及闭市后15：30前，客户可以通过交易客户端提交行权或放弃申请；境外中介机构可以通过境外中介服务系统提交行权或放弃申请，并自动转到会员服务系统；期货公司会员、境外特殊经纪参与者可以直接通过会员服务系统提交行权或放弃申请（含批量）。

3. 行权处理顺序

对于买方行权申请，能源中心按表8－2所示的顺序处理买方期权持仓。

表 8-2　　行权处理顺序

处理顺序	期货市场	价格（元/桶）
第一步	处理交易客户端以指令形式提交的行权申请。按照提交时间顺序，从后向前处理	处理交易客户端以指令形式提交的行权、放弃申请。按照提交时间顺序，从后向前处理
第二步	处理会员服务系统提交的行权（含批量）申请。按照提交时间顺序，从后向前处理。累计提交的申请量超过实际持仓量的，结算时按照上述顺序和实际持仓数量处理	处理会员服务系统提交的行权（含批量）、放弃（含批量）申请。按照提交时间顺序，从后向前处理。累计提交的申请量超过实际持仓量的，结算时按照上述顺序和实际持仓数量处理
第三步	—	对剩余持仓进行自动行权或自动放弃处理

以原油期权到期日行权处理为例，说明如下：假设 SC2108 期货合约于期权合约到期日当日结算价为 335 元/桶，收盘价为 337 元/桶。某客户持仓情况见表 8-3。

表 8-3　　客户持仓情况

期权合约	持仓量（手）
SC2108C386	10
SC2108P386	10

对 SC2108C386 持仓，通过交易客户端提交申请见表 8-4。

表 8-4　　通过交易客户端提交申请

提交顺序	期权合约	申请量（手）	操作
1	SC2108C386	2	放弃
2	SC2108C386	3	行权

对 SC2108C386 持仓，通过会员服务系统提交申请见表 8-5。

表 8－5　　通过会员服务系统提交申请

提交顺序	期权合约	申请量（手）	操作
1	SC2108C386	7	行权
2	SC2108C386	4	放弃

能源中心对客户的申请处理顺序为：首先处理以指令提交的 3 手行权申请，其次处理以指令提交的 2 手放弃申请，再次处理会员服务提交的 4 手放弃申请，最后处理会员服务提交的 7 手行权申请（由于只剩余 1 手持仓，实际只行权 1 手）。结算时 SC2108C386 无剩余持仓，交易系统不再进行自动放弃处理。

对于 SC2108P386，通过交易客户端提交申请见表 8－6。

表 8－6　　通过交易客户端提交申请

提交顺序	期权合约	申请量（手）	操作
1	SC2108P386	1	放弃
2	SC2108P386	4	行权

对于 SC2108P386，通过会员服务系统提交申请见表 8－7。

表 8－7　　通过会员服务系统提交申请

提交顺序	期权合约	申请量	操作
1	SC2108P386	2	行权
2	SC2108P386	1	行权

七、我国原油期权如何结算？

（一）权利金

期权权利金应当以货币资金支付，不得以有价证券充抵的金额支付。

期权买方（卖方）开仓时，按照开仓成交价支付（收取）权利金；期权买方（卖方）平仓时，按照平仓成交价收取（支付）权利金。计算公式如下：

期权买方（卖方）开仓支付（收取）权利金 = Σ 买入（卖出）开仓价 × 买入（卖出）期权合约成交量 × 标的期货合约交易单位

期权买方（卖方）平仓收取（支付）权利金 = Σ 卖出（买入）平仓价 × 卖出（买入）期权合约成交量 × 标的期货合约交易单位

（二）手续费

能源中心期权手续费项目有交易手续费、平仓手续费、行权（履约）手续费、行权前自对冲手续费以及行权后自对冲手续费。具体收取标准见能源中心官网通知。能源中心可以根据市场情况对手续费标准进行调整并公布。

（三）结算准备金

当日结算准备金余额 = 上一交易日结算准备金余额 + 上一交易日交易保证金 - 当日交易保证金 + 当日实际可用充抵金额 - 上一交易日实际可用充抵金额 + 当日盈亏 + 当日期权权利金收入 - 当日期权权利金支出 + 入金 - 出金 - 手续费等。

（四）结算价

1. 非最后交易日结算价

除最后交易日外，欧式期权利用 Black 理论定价模型计算期权合约当日结算价、美式期权利用二叉树模型计算期权合约当日结算价，无风险利率取 1 年期定期存款基准利率。能源中心可以对异常结算价进行调整。理论定价模型采用的波动率按照下列方法确定：

（1）若某月份期权合约有成交，先以当日成交价格按照成交量的加权平均价推导每一个有成交合约的隐含波动率（标的期货价格采用当日期货结算价），再将有成交合约的隐含波动率按照相应合约成交量加权平均，算出该月份期权合约的隐含波动率。

（2）若某月份期权合约无成交，则该月份期权合约隐含波动率按照下列方法确定：①若相邻两个月份期权合约均有成交，则取前一月份合约的隐含波动率；②若只有一个相邻月份期权合约有成交，则取该有成交相邻月份合约的隐含波动率；③若相邻两个月份期权合约均无成交，则依次从次相邻月份期权合约中按照上述方法选取隐含波动率；④若上述条件均不满足，则取该月份期权合约前一交易日的隐含波动率。

2. 最后交易日结算价

看涨期权结算价 = Max（标的期货合约结算价 - 行权价格，最小变动价位）；

看跌期权结算价 = Max（行权价格 - 标的期货合约结算价，最小变动价位）。

八、我国原油期权如何进行风控？

（一）风控制度

能源中心风险管理实行保证金制度、涨跌停板制度、持仓限额制度、交易限额制度、大户报告制度、强行平仓制度和风险警示制度。

（二）保证金

期权交易实行保证金制度。期权卖方交易保证金收取标准为下列两者中较大者：

（1）期权合约结算价 × 标的期货合约交易单位 + 标的期货合约交易保证金 -（1/2）× 期权合约虚值额；（2）期权合约结算价 × 标的期货合约交易单位 +（1/2）× 标的期货合约交易保证金。其中，看涨期权合约虚值额 = Max（行权价格 - 标的期货合约结算价，0）× 标的期货合约交易单位；看跌期权合约虚值额 = Max（标的期货合约结算价 - 行权价格，0）× 标的期货合约交易单位。针对期权交易不同的持仓组合，能源中心可规定不同的交易保证金收取标准。

（三）涨跌停板制度

期权交易实行涨跌停板制度。停板价格计算公式如下：

（1）涨停板价格 = 期权合约上一交易日结算价 + 标的期货合约上一交易日结算价 × 标的期货合约涨停板的比例；（2）跌停板价格 = Max（期权合约上一交易日结算价 − 标的期货合约上一交易日结算价 × 标的期货合约跌停板的比例，期权合约最小变动价位）。

（四）单边市

期权合约的单边市是指涨（跌）停板单边无连续报价，即某一期权合约在某一交易日收盘前 5 分钟内出现只有停板价位的买入（卖出）申报、没有停板价位的卖出（买入）申报，或者一有卖出（买入）申报就成交，但未打开停板价位，且最新价与涨（跌）停板价格一致的情况。如果某期权合约上一交易日结算价小于等于当日涨跌停板幅度，且当日收盘前 5 分钟内出现只有最低报价的卖出申报、没有最低报价的买入申报，或者一有买入申报就成交，但未打开最低报价的情况，能源中心不将其按照单边市处理。当期权合约连续三个交日出现同方向单边市时，能源中心不实行强制减仓措施，能源中心认定出现异常情况的除外。

（五）暂停交易的情形

标的期货合约暂停交易时，相应的期权合约暂停交易。最后交易日期权合约全天暂停交易的，期权最后交易日、到期日顺延至下一交易日。

（六）保证金标准与涨跌停板幅度调整

标的期货合约调整交易保证金标准和涨跌停板幅度时，期权合约交易保证金标准和涨跌停板幅度随之相应变化。

（七）持仓限额制度

期权合约的持仓限额是指能源中心对非期货公司会员、境外特殊非经纪参与者或者客户的期权合约持仓量规定的最高数额。同一客户在不同期货公司会员、境外特殊经纪参与者、境外中介机构处开有多个交易编码的，各交易编码上所有期权合约持仓的合计数，不得超出能源中心关于客户期权合约持仓限额的规定。期权合约与期货合约不合并限仓。期权合约在其交易过程中的不同时间阶段，分别适用不同的持仓限额。时间阶段的划分与标的期货合约相同。非期货公司会员、境外特殊非经纪参与者、客户的持仓数量不得超过能源中心规定的持仓限额。期权合约一般持仓的持仓限额由能源中心确定并公布，能源中心可以根据市场情况进行调整。

非期货公司会员、境外特殊非经纪参与者、客户因期权行权超出期货持仓限额的，能源中心按照有关规定执行。非期货公司会员、境外特殊非经纪参与者和客户进行套期保值、套利交易以及从事做市商业务，其持仓限额按照能源中心有关规定执行。

（八）期权持仓统计方式

非期货公司会员、境外特殊非经纪参与者或者客户期权持仓的统计方式如下：（1）同标的看涨期权的买持仓量 + 同标的看跌期权的卖持仓量；（2）同标的看跌期权的买持仓量 + 同标的看涨期权的卖持仓量。

（九）交易限额制度

能源中心可以对期权合约实行交易限额制度，按照《上海国际能源交易中心风险控制管理细则》相关规定执行。

（十）大户报告制度

期权交易实行大户报告制度。大户报告的条件、应提供材料等，按照《上海国际能源交易中心风险控制管理细则》相关规定执行。

（十一）强行平仓制度

期权交易实行强行平仓制度。当出现下列情形之一时，能源中心对其持仓实行强行平仓：(1) 会员在能源中心的任一内部明细账户或者受托结算内部明细账户的结算准备金余额小于零，并未能在规定时限内补足的；(2) 非期货公司会员、境外特殊非经纪参与者、客户持仓数量超过持仓限额规定的；(3) 因违规受到能源中心强行平仓处理的；(4) 根据能源中心的紧急措施应当予以强行平仓的；(5) 其他应予以强行平仓的，期权交易强行平仓原则和程序按照《上海国际能源交易中心风险控制管理细则》有关规定执行。

（十二）风险警示制度

期权交易实行风险警示制度。风险警示的情形、方式等，按照《上海国际能源交易中心风险控制管理细则》有关规定执行。

自测题

一、填空题

1. 我国原油期权于（　　）在（　　）交易中心挂牌上市。
2. 我国原油期权的交易单位是（　　）手原油期货合约。
3. 我国原油期权的计价货币是（　　）。
4. 我国原油期权的最小变动价位是（　　）元/桶。
5. 我国原油期权采用的是（　　）行权方式。
6. 我国原油期货的最后交易日是标的期货合约交割月前第一月的倒数第（　　）交易日。

二、判断题

1. 期权买方是权利的持有方，通过向期权的卖方支付一定的费用获得

权利。（　　）

2. 期权卖方需要缴纳保证金作为其在期权到期时可以履行义务的担保。（　　）

3. 美式期权的买方只可在合约到期日当天行使权利。（　　）

4. 我国原油期权买方可在到期日及之前任一交易日行权。（　　）

5. 对于看涨期权，行权价格高于标的物价格，就是实值期权。（　　）

6. 对于看跌期权，行权价格高于标的物价格，就是实值期权。（　　）

三、单选题

1.（　　）年芝加哥期权交易所建立，标准化的期权合约第一次出现。

A. 1971　B. 1973　C. 1979　D. 1983

2. 以下哪个不属于上海原油期权的交易时间段（　　）。

A. 上午9：00—10：00　B. 上午10：30—11：30

C. 下午1：30—3：00　D. 晚上9：00—10：30

3. 参与我国原油期货市场的境内个人投资者，申请交易编码前5个工作日保证金账户可用资金余额均不低于人民币（　　）万元。

A. 10　B. 50　C. 100　D. 200

4. 参与我国原油期货市场的境内个人投资者，申请交易编码前5个工作日保证金账户可用资金余额均不低于人民币（　　）万元或者等值外币。

A. 10　B. 50　C. 100　D. 200

5. 如果投资者预计油价上涨，又担心走势与预期不同，不愿承担过多风险，可以（　　）期权。

A. 买入看涨　B. 卖出看涨　C. 买入看跌　D. 卖出看跌

6. 如果投资者预计油价下跌，又担心走势与预期不同，不愿承担过多风险，可以（　　）期权。

A. 买入看涨　B. 卖出看涨　C. 买入看跌　D. 卖出看跌

参考答案

一、填空题

1. 2021年6月21日，上海国际能源　　2. 1　　3. 人民币

4. 0.05　　5. 美式　　6. 13

二、判断题

1. √　　2. √　　3. ×　　4. √　　5. ×　　6. √

三、单选题

1. D　　2. D　　3. B　　4. C　　5. A　　6. C

第九章

产业应用案例

本章要点

服务实体企业是中国期货市场的基本功能之一。石油产业链上下游的实体企业面临着不同的风险敞口，可通过原油期货衍生品对冲油价大幅波动风险。本章介绍部分石油生产商、贸易商、炼厂、消费企业运用原油期货、期权、掉期等产品进行套期保值的案例，仅供参考。

一、如何进行原油期货的套保?

（一）套期保值

套期保值是指企业为规避商品价格波动风险，指定一项或一项以上套期工具，使套期工具公允价值或现金流量变动，预期抵消被套期项目全部或部分公允价值或现金流量变动。

企业运用商品期货进行套期保值时，通常是通过买入（卖出）与现货数量相当、交易时间匹配，但交易方向相反的期货合约，以期在未来某一时间通过卖出（买入）市场上的期货合约来补偿现货市场价格变动所带来的实际价格风险。

（二）交易工具

1. 期货（Futures）

期货，也叫期货合约。期货与远期比较类似，也是在未来某一特定时间、以某一特定价格、买卖某一特定数量和质量的资产，但期货合约是期货交易所指定的标准化合约，对合约到期日及其买卖资产的种类、数量、质量作出了统一规定。期货是从现货远期交易发展而来的，随着现货远期交易范围的扩大，交易日益复杂化，需要有中间人来担保，以便监督买卖双方按期交货和付款，于是世界上第一家商品远期合同交易所——皇家交易所于1571年在英国伦敦成立。后来随着经济的不断发展、运输和储存条件的改善以及合约转手买卖的需求，1865年芝加哥谷物交易所推出第一个被称为“期货合约”的标准化协议。之后，保证金制度的推出以及允许以对冲方式免除履约责任等制度的改革，提高了期货的流动性，逐步形成了现代期货交易机制。

2. 期权（Options）

期权是一种选择的权利，即买方能够在未来的特定时间或者一段时间内按照事先约定好的价格买入或者卖出某种约定好的商品的权利。给予买方（或持有者）购买或出售标的资产的权利，期权持有者可以在规定的时间内选择买或者不买、卖或者不卖，即可以行使该权利，也可以放弃该权利，而期权的卖出者则负有相应的义务。当持有者行使权利时必须按照指定的价格买入或者卖出。期权有在交易所交易的，这种交易是标准化的合同；期权也有在柜台市场交易的，它由交易双方协商确定合同的要素，签订非标准化的合同，满足交易双方的特殊需求。

期货与期权的比较见表9－1。

表 9－1　　　　　　期货与期权的比较

套保工具	期货	期权
买卖双方的权利与义务	完全对等	不对等，买方有以约定价格买入或卖出标的物的权利，而卖方则有履约的义务
套保效果	锁定价格风险，无法享受未来有利的价格收益	锁定价格风险，需要支出一定的权利金，但是有机会获得额外收益
保证金收取	买卖双方均需要缴纳保证金	买方不需要交纳保证金，卖方需要缴纳保证金
到期前盈亏	线性的，亏损和盈利相对应	非线性，亏损和盈利不对应
套保区间	完全套保	可以通过期权组合对部分价格区间开展套保，同时降低套保成本

3. 互换（Swaps）

价格互换又称为掉期，是不经过石油现货交割而转移价格风险的一种手段。和远期合约一样，互换由买卖双方自行协商不受任何规范性制度的保障或监管，当然也有一些在清算所清算的标准化互换，如 CFDs。通常互换都在场外衍生品市场交易。简单的价格互换自身即包括两份背对背合约，一份是固定价合约，另一份是浮动价合约，以此来回避现货交割的义务。通常买卖双方约定一个价格指数作为基准，在互换合约到期后，双方交换交割期内浮动价与固定价之间的价差。

（三）套保策略

1. 卖出套期保值

对于生产型企业，如石油生产商等，为保证已经生产或将要生产商品如原油的销售收入，防止价格下跌风险，可通过在期货建立空头头寸，或者买入看跌期权等方式进行卖出套期保值。

2. 买入套期保值

对于消费型企业，如航空公司等，为降低未来将要购买商品如航空煤油的采购成本，防止价格上涨风险，可通过在期货建立多头头寸，或者买入看涨期权等方式进行买入套期保值。

3. 利润套期保值

对于加工型企业，如炼油厂等，为了保证原材料如原油和制成品（如成品油）之间的加工利润，防止原料价格上涨和成品价格下跌风险，可以通过买入原材料期货和卖出产成品期货，或者买入原材料看涨期权和产成品看跌期权等方式进行利润保值。

（四）套利策略

套利交易是指同时买入和卖出两张不同的期货合约，交易者可以从两张合约之间的变动关系中获得利润。套利交易大致可分为三类：跨市套利，跨期套利和跨商品套利。

1. 跨期套利

跨期套利是指利用同一商品不同交割月份之间价差的异常变化，进行对冲交易而获利。根据买卖方向的不同，又可分为买入套利（或称牛市套利）和卖出套利（或称熊市套利）两种形式。

2. 跨市场套利

跨市场套利是指利用在两个或更多交易所交易的同一期货商品合约间存在的不合理价差或比值，进行对冲交易而获利。

3. 跨品种套利

跨商品套利是指在相同的交割月份下，利用两种相关联的不同商品之间的价差/比值异常变化，进行对冲交易而获利。这两种商品之间具有相互替代性或受同一供求因素制约。

二、原油期货套保有哪些经典案例?

原油期货套期保值是指在买进或卖出原油现货的同时，在期货市场上卖出或买进原油期货合约；通过在期货市场买卖原油期货合约，从而规避现货市场中价格波动的风险。最基本的两种操作方式为卖出原油期货套期保值和买入原油期货套期保值。

案例 9－1

通过卖出原油期货进行空头套期保值

2020 年 1 月，A 石油公司以 60 美元/桶的价格购入了 10 万桶路易斯安那轻质低硫原油（LLS），此时 NYMEX WTI 原油期货主力合约价格为 61 美元/桶。A 公司为了防止原油库存贬值，决定在期货市场卖出对应数量的轻质低硫原油期货合约进行套期保值。2020 年 4 月，A 公司将 LLS 现货以 21 美元/桶售出，同时以 20 美元在期货空头头寸平仓（见表 9－2）。

表 9－2　　空头套期保值

时间	现货市场	价格（美元/桶）	期货市场	价格（美元/桶）
2014 年 6 月	买入 LLS 现货	60	卖出 WTI 期货	61
2014 年 9 月	卖出 LLS 现货	21	买入 WTI 期货	20
盈亏	－39		41	

上述案例中，A 公司套期保值操作在期货市场上的盈利要大于其在现货市场的亏损。这正是由于期货价格和现货价格差别，也就是基差变化所造成的结果。套期保值实质是将风险较大的单边价格波动转化为风险较小的基差波动。如果基差在套保前后维持不变，企业可以实现完全套保，然而这种情况在实际操作过程中很少见。如果基差走强，意味着现货价格更为坚挺，涨幅较期货大或者跌幅较期货小，也就意味着空头套期保值将实现盈利，多头套保将面临亏损。如果基差走弱，意味着现货价格更为疲软，涨幅较期货小或跌幅较期货大，这种情况，意味着空头套保仍将面临亏损，只不过亏损幅度变小了，而多头套保将实现盈利，因此基差在套保周期内的波动将显著影响企业的套保效果。

案例 9－2

通过买入原油期货进行多头套期保值

2021 年 1 月，B 炼厂计划于当年 4 月购入 100 万桶阿曼原油，此时上海原油期货 SC 期货价格 315 元/桶，阿曼原油山东到岸价为 340 元/桶。企业担心未来油价上涨导致采购成本增加，因此在期货上买入对应数量的轻质低硫原油期货合约进行套期保值。2021 年 4 月，B 公司按计划买入 100 万桶阿曼现货，价格为 415 美元/桶，同时在期货上将多头平仓离场，平仓价为 400 元/桶（见表 9－3）。

表 9－3　　多头套期保值

时间	现货市场	价格（元/桶）	期货市场	价格（元/桶）
2021 年 1 月	制订采购计划	340	买入 SC 期货	315
2021 年 4 月	买入阿曼现货	415	卖出 SC 期货	400
盈亏	－75		＋85	

上述案例中，B 公司相当于利用期货市场提前锁定了原油采购成本，建立了虚拟库存。另外，由于基差走弱，期货价格涨幅大于现货价格涨幅，使实现采购价格较 1 月现货价格额外下降 10 元/桶。

在以上两个案例中，我们并未考虑期货换月展期所带来的影响，如在空头套期保值案例中，原油市场已经处于正向市场当中（Contango），即远月合约价格高于近月合约价格，空头套期保值选择近月合约，然后在期货合约到期后展期将有额外的展期收益。换句话说，正向市场情况下，空头套保选择近月合约展期较为有利，而对于多头套保而言，就只能面临额外的展期损失，因此应该选择远月合约进行套保，尽量减少合约展期。而如果市场处于反向的结构下时（近月合约价格高于远月），则情况刚好相反。

（一）策略风险

1. 基差风险

套期保值的最大风险是基差风险。基差是指现货价格与期货价格的价差，基差的数值并不是恒定的。当期货和现货价格变动不完全匹配时，可能导致期货端损益不能完全覆盖现货端损益，从而产生额外盈利/亏损。套期保值者参与期货市场，是为了避免现货市场价格变动较大的风险，而接受基差变动这一相对较小的风险。

2. 保证金风险

由于期货实行保证金交易和逐日结算制度，如果期货价格出现不利变动，追加保证金时资金周转不足而被强行平仓，可能导致套保策略落空，产生严重亏损。

3. 无效保值风险

如果预期需要套期保值的数量，大于最终实际生产/消费数量，则会产生部分无效保值头寸，使期现综合盈亏变为期货单边盈亏。如果套期保值时点和策略选择不佳，也可能导致盘面产生大幅亏损，从而失去现货端有利价格变动的潜在收益。

此外，套期保值还面临着管理与运营风险、交割风险、操作风险以及流动性风险等风险。

三、如何进行原油期权套保？

期权类似于保险，是指买方向卖方预付一定数量的权利金（或期权费）后，就赋予买方免受未来不可预测价格走势的不利影响的权利。期权有四种基本的交易策略，即买入看涨期权、买入看跌期权、卖出看涨期权、卖出看跌期权。在期货市场中，买方和卖方都有相同均衡的价格风险，因此远期和期货交易只有两种基本头寸：多头和空头。然而，在期权市场，买方和卖方承担的价格风险有很大区别，期权买方的利润是不定的，可以无限大，但亏损却是一定的，仅仅是所付的期权费而已。对于期权卖方，卖方的利润是有限的，仅仅是期权费，但潜在的亏损是无限的。

案例 9－3

通过买入看涨期权进行多头套期保值

2018 年 9 月，新加坡航空煤油到岸价为 90 美元/桶。A 航空公司的航空煤油采购预算最高价格为 110 美元/桶，物资采购部门认为价格还可能进一步降至 70 美元/桶左右，因此决定不按当前市场价格提前锁定未来买入量。同时，为防止价格涨至 110 美元/桶，物资采购部门按照 1 美元/桶的成本（期权费），买入 110 美元/桶的看涨期权。预期收益如下：

（1）如果价格仍在 110 美元/桶以下，那看涨期权就不会执行，采购部门可以在现货市场直接买入航煤并满足预算目标。交易净成本为期权费用。

（2）如果价格涨至 110 美元/桶以上，那么就可以执行看涨期权，从而航空公司从期权卖方获得价格为 110 美元/桶的航油。考虑期权费，航空公司使用买入看涨期权策略的航油最高成本锁定在了 111 美元/桶。

2018 年 12 月，新加坡航空煤油到岸价下跌至 65 美元/桶。A 航空公司对执行价格为 110 美元/桶的看涨期权放弃行权，按照现货市场价格采购航空煤油。加上 1 美元/桶的期权费用，实际采购成本为 66 美元/桶。

案例 9－4

通过买入看跌期权进行空头套期保值

2018 年 9 月，汽油期货价格为 2 美元/加仑（84 美元/桶）。B 成品油贸易商前期以 1.5 美元/加仑（63 美元/桶）价格采购了 100 万加仑 RBOB 汽油，担心未来价格下跌产生贸易亏损，决定按照 0.1 美元/桶的成本（期权费）买入 1.5 美元/加仑的看跌期权。预期收益如下：

（1）如果价格在 1.5 美元/加仑以上，则看跌期权不会执行。该成品油贸易公司在现货市场直接卖出。交易净成本为期权费用。

（2）如果价格跌至 1.5 美元/加仑以下，就可以执行看跌期权，以 1.5 美元/加仑的价格卖给期权卖方。考虑期权费，使用买入看跌期权将汽油最低售价锁定在 1.4 美元/加仑。

2018 年 12 月，汽油期货价格下跌至 1.3 美元/加仑。B 贸易公司对 1.5 美元/加仑的看跌期权行权，加上期权费用成本，实际卖出价格为 1.4 美元/加仑。比直接在现货市场卖出多盈利 0.1 美元/加仑。

案例 9－5

生产商零成本区间（Zero Cost Collar）期权套保

C 石油生产商需要对其产出的原油进行套期保值。当前原油价格为 50 美元/桶，生产商担心油价下跌至 45 美元/桶以下，决定买入执行价格为 45 美元/桶的看跌期权，需要支付 2.5 美元/桶的期权费。该生产商认为期权费用太贵，并可以接受将最高售价锁定在 55 美元/桶。因此该生产商同时卖出执行价格为 55 美元/桶的看涨期权，获得 2.5 美元/桶的期权费收益。石油生产商通过买入看跌期权和卖出看涨期权同时组合使用，实现零成本套期保值，将油价锁定在45~55美元/桶区间。预期收益如下：

(1) 如果油价跌至45美元/桶以下，那么45美元/桶的看跌期权将被执行，生产商有权按照45美元/桶的价格卖出原油，不管市场价格有多低。

(2) 如果原油价格涨至55美元/桶以上，那么55美元/桶的看涨期权将被执行，生产商必须按照55美元/桶的价格卖出原油，放弃价格额外上涨收益。

(3) 如果价格在45~55美元/桶，看涨期权和看跌期权都不会被执行，此时生产商按照市场价格卖出原油。

这种交易策略被称为零成本区间（Zero Cost Collar）。两个期权的执行价格是可以任意设定的，但是看涨期权和看跌期权的执行价格必须对称于原油的市场价格，此时假设看跌期权和看涨期权的期权费是相同的。企业通常采用这种策略来降低期权套保的成本。

四、什么是原油期货的互换套保？

一个典型的互换合约包含两笔关联交易。首先，对于互换合约的出售者而言，该合约要求他在指定的未来时间段内，从互换合约的购买者那里以固定价格购买或出售给对方一定数量的标的资产；其次，对于互换合约的购买者而言，该合约要求他在相同的未来时间段内，以浮动价格卖给互换合约的出售者或从对方处回购一定数量的同样标的资产，其中浮动价格一般是双方商定的价格指数。

这两笔名义上的交易抵消了资产交割的需要。但由于在互换合约中，交易方同时参与到两笔交易的两个不同的交易方向，合约的结算实际上就是一方向另一方支付其互换交易中固定价格和浮动价格之间的差价。因此互换合约也被称为“固定换浮动协议”或“差额合约”。

案例 9－6

迪拜原油固定与浮动价格互换合约

2015 年 9 月，公司 A 与公司 B 签订互换合约，公司 A 买入迪拜原油现货固定价格 60 美元/桶（买入固定价格，卖出浮动价格）。公司 B 卖出固定价格 60 美元/桶（卖出固定价格，买入浮动价格）。双方参照的价格指数为普氏新加坡迪拜价格，计价期为 9 月当月，到结算日时，当月普氏迪拜 9 月平均价格为 63 美元/桶。因此，B 公司向 A 公司支付 3 美元/桶（固定价格与浮动价格之间的差额）。从上面的简单案例可以看出，互换的特点是不涉及实物交割，只是交易双方现金流之间的交换。

案例 9－7

WTI 原油生产商一年期套保

一个 WTI 原油小生产商想要利用 2013 年三季度的高油价将下一年的部分产量锁定在一个较好的价位上，以防止油价暴跌，在 2013 年 8 月，他认为油价已经达到高位，从而签订了一份价格互换合约，该互换合约内容如下：

（1）在整个 2014 年期间，该生产商按照 100 美元/桶的固定价格卖给互换合约的出售方 1000 桶/日的 WTI 原油。

（2）生产商按照浮动价格从互换合约的出售方回购同样数量的原油，该浮动价格是基于 NYMEX WTI 近月期货合约的季度平均价确定的。

（3）交易金额在每个季度末的最后 5 个交易日里执行，支付金额为合约中的固定价格 100 美元/桶与 WTI 期货季度均价的差额。如果指数价格高于固定价格，那么生产商将会向互换合约的出售方支付价格差额；如果指数价格低于互换合约中的固定价格，那么互换合约的出售方将会向生产商支付这一价格差额。

在 2014 年，该生产商在现货市场中以市场价格卖出其原油现货，该市场价格与互换合约中获得的净收益相加，就可以确保生产商通过互换交易锁定原油价格。

生产商从互换合约中获得的净收益见表 9－4，其中支出现金为“－”，收到现金为“＋”。

表 9－4　　　　　　　　互换合约净收益

期间	WTI 均价（美元/桶）	固定价格（美元/桶）	差价（美元/桶）	交易量（万桶）	支付金额（万美元）
2014 年一季度	101.58	100	－1.58	9	－14.22
2014 年二季度	105.37	100	－5.37	9.1	－48.87
2014 年三季度	91.16	100	+8.84	9.2	+81.33
2014 年四季度	53.27	100	+46.73	9.2	+429.1
2014 年	87.84	100	+12.16	36.5	+443.84

在原油现货市场上，生产商销售所得见表 9－5。

表 9－5　　　　　　　　生产商销售收入

期间	WTI 均价（美元/桶）	交易数量（万桶）	收入（万美元）
2014 年一季度	101.58	9	914.22
2014 年二季度	105.37	9.1	958.87
2014 年三季度	91.16	9.2	838.67
2014 年四季度	53.27	9.2	490.08
2014 年	87.84	36.5	3206.16

互换合约与现货销售的联合收入见表 9－6。

表 9－6　　　　　　互换合约与现货销售的联合收入

期间	销售收入（万美元）	互换交易收入（万美元）	总收入（万美元）	销售量（万桶）	实现价格（美元/桶）
2014 年一季度	914.22	－14.22	900	9	100
2014 年二季度	958.87	－48.87	910	9.1	100
2014 年三季度	838.67	+81.33	920	9.2	100
2014 年四季度	490.08	+429.1	920	9.2	100
2014 年	3206.16	+443.84	3650	36.5	100

因此，生产商 2014 年开采的原油获得了每桶 100 美元/桶的固定目标价格，而如果没有签订互换合约则要接受每桶 87.84 美元的年平均价格。在这个案例中，由于 2014 年上半年油价处于高位，互换收益为负，不过 2014 年

下半年由于油价出现崩跌，生产商也从中获得了不菲的收益。总之，不管2014年油价如何变化，生产商的原油销售实现价格始终是固定的100美元/桶，因此回避了油价波动的风险。

五、石油公司如何参与原油期货交易？

石油生产商长期保持连续生产，保值目标为防止油价下跌影响石油生产销售收入。保值操作主要通过以基准价格为标的、与预期生产时间和数量相匹配的系列近远月合约进行。

（一）参与主体

1. 国际石油公司

一体化的大型国际石油公司如壳牌、BP、埃克森美孚、道达尔、雪佛龙和康菲等，不仅在上游具有勘探开发能力，拥有大量的石油资源，同时在下游也具备加工能力较强的炼厂。这些公司以股东利益最大化为目标，以市场为导向，在全球范围实现其原油和成品油的合理流动。上游原油产量可供下游炼厂加工成品油销售，原油价格风险可在公司内部对冲。由于企业文化、战略目标的不同，各石油公司对待衍生工具态度存在差异。例如，埃克森美孚公司作风比较稳健，金融衍生工具使用目的仅限在规避及对冲风险范围内，基本不参与利用市场投机活动，因此也被称为石油行业的“保守巨人”；而BP公司利用衍生工具大规模进行以牟利为目的的纸货买卖和商品贸易活动，壳牌在石油金融衍生品市场中也非常活跃；康菲和雪佛龙公司在衍生品市场的业务规模有限，主要以防范风险为主。

2. 独立石油公司

独立石油公司一般是没有或拥有很少权益的下游炼厂业务，主要以上游原油生产为主，如美国独立页岩油生产商。相比于一体化石油公司，独立石油公司难以通过内部上下游业务对冲价格风险，其经营状况受到油价波动影响更大。因此，利用衍生工具进行套期保值、规避风险显得非常重要，尤其是小型的或是在一个或几个细分市场运营的独立公司，更可能从衍生工具的使用中受益。

3. 国家石油公司

由国家控股与财政收入密切相关的国家石油公司，对金融衍生品使用状况也不尽相同。大型国家石油公司如沙特阿拉伯阿美公司、俄罗斯石油公司，由于产量巨大，在市场上难以找到匹配对手盘，因此通常不进行原油保值。相对体量较小的墨西哥国家石油公司，则每年定期对出口原油保值。中国由于目前仍然是原油纯进口国，中石油、中石化、中海油等上游生产部门，多数未对原油产量进行单独保值。

案例 9－8

墨西哥主权基金买入原油看跌期权进行保值

墨西哥财政收入约 1/3 来自石油出口，墨西哥主权基金常年通过购买原油看跌期权对出口收入进行保值。每年付出的期权费约为 10 亿美元，对冲数量为 2 亿～3 亿桶（约相当于出口量的一半）。在过去十多年中，大部分年份都只是付出期权成本，但少数年份巨额赔付足以覆盖历年保值费用。2001—2021 年，墨西哥石油公司购买原油卖出期权累计费用约为 150 亿美元，累计收入约为 165 亿美元，其中 2008 年、2015 年、2016 年、2020 年收益分别达到 51 亿美元、64 亿美元、27 亿美元、31 亿美元。

早在 1990 年末与 1991 年初，墨西哥政府就尝试利用金融工具对冲石油价格风险。1990 年 11 月到 1991 年 2 月，墨西哥中央银行建立了期货、期权、掉期合约，以确保出口石油价格在 17 美元/桶，这是墨西哥政府设定的 1991 年预算价格。通过卖出期货、购买看跌期权以及签订短期固定价格的互换，墨西哥政府大约卖出了 1.2 亿桶在 1991 年上半年交割的原油，约占每天出口量 130 万桶的一半。

2000 年，墨西哥开始把对冲油价风险制度化。墨西哥财政部着手建立石油收入稳定基金，以应对油价下跌与汇率波动的风险。基金主要用途是用于弥补财政缺口与购买石油对冲工具。基金的运作由财政部官员组成的技术委员会负责。委员会决定是否应该对冲油价，以及如果需要对冲，要确定一个总体操作指引。

墨西哥在2008—2009年的对冲计划堪称对冲案例的经典之作。2008年7月，国际油价在140～146美元/桶，墨西哥确认保证次年财政预算的底价为70美元/桶。墨西哥于7～10月，耗费15亿美元的期权费购买了覆盖3.3亿桶原油、执行价为70美元的看跌期权。这批期权的执行时间为2008年10月下旬至2009年6月上旬，3.3亿桶原油接近这段时间100%的原油出口量。2008年7月后，国际市场油价持续下跌，至2009年1月甚至跌破40美元/桶。此次对冲计划减少了100亿美元的原油出口利润损失，并最终获得了50.85亿美元的保值盈利。

案例9－9

页岩油生产企业运用三向对冲领式期权保值

相比于墨西哥石油公司相对固定的工具、比例、成本的大体量套保而言，美国独立石油生产企业套保操作则更加灵活、多样化；保值比例在0至100%之间，会根据市场状况灵活调整。由于中小型企业对保值成本较为敏感，因此多数使用成本相对更低的互换合约、领子期权、三向期权等复杂工具进行保值操作。虽然可以降低期权费用，但仅能提供部分价格区间保护，当价格大幅下跌时仍将忍受损失，同时将失去价格上涨额外收益。因此在预算有限的前提下，是通过成本较高但保护效果较好的买入期权操作，还是通过成本更低但风险更大的期货、互换、组合期权方式保值，是每个保值单位在策略选择层面所需要进行的抉择。

例如，当前原油价格50美元/桶，某页岩油生产商担心油价下跌至45美元/桶以下，于是买入45美元/桶的看跌期权，支付2.5美元/桶的期权费用。为了降低保值成本，该生产商同时卖出55美元/桶的看涨期权，获得1.5美元/桶的期权收入。由于费用与收入不能完全相抵，又额外卖出35美元/桶的看跌期权，获得1美元/桶的期权收入。因此，通过三个期权组合：买入45美元/桶看跌期权＋卖出55美元/桶的看涨期权＋卖出35美元/桶的看跌期权，使交易净成本降至零。预期收益如下：

（1）如果油价跌至35美元/桶以下，那么35美元/桶看跌卖权将被执行。生产商必须按照35美元/桶的价格买入原油，不管市场价格有多低，因此需要承受市场价格与35美元/桶之间的亏损；同时，45美元/桶的看跌买权也将执行，这部分原油将按照45美元/桶卖出。因此，在35美元/桶以下时，生产商实现的最终销售价格是市场价格+10美元/桶。

（2）如果原油价格跌至35~45美元/桶，那么35美元/桶看跌卖权将不会被执行，而45美元/桶的看跌买权将被执行，因此生产商最终实现的售价就是45美元/桶。

（3）如果价格在45~55美元/桶，看涨期权和看跌期权都不会被执行，此时生产商按照市价卖出原油。

（4）如果原油价格涨至55美元/桶以上，那么55美元/桶看涨卖权将被执行，生产商必须按照55美元/桶的价格卖出原油。

因此，虽然三向领式期权实现了零成本对冲，但需要承担的风险也显而易见。可以在一定程度上对冲油价下跌风险，但对于剧烈下跌的价格对冲程度相对有限，同时在油价上涨情况下，也将放弃额外现货收益。

六、贸易公司如何参与原油期货交易？

石油贸易公司作为石油市场中联系生产商、炼油商、终端用户的桥梁，提高了国际石油市场的灵活性，对石油市场的发展起到了不可或缺的作用。贸易公司的主营业务是通过实货交易的价差赚取贸易利润。由于油价波动剧烈，贸易价差相对微薄，因此需要对冲单边价格波动风险，以锁定价差利润。贸易商保值的主要内容是对买入和卖出两个环节所对应不同时间和不同计价基准进行保值，多以实货数量为基础、近月价差合约为标的进行操作。此外，可能通过转月、转计价、期现套利、库存套利等方式进行套保优化和利润增厚。

参与主体主要包括：

（一）国际贸易公司

世界上最大的石油贸易公司包括维多（Vitol）、嘉能可（Glencore）、托克（Trafigura）、摩科瑞（Mercuria）、贡沃（Gunvor）等。从产业链角度看，石油贸易公司普遍缺乏巨额的上、下游资产，主要是在市场上从事第三方买卖活动。因此，这些公司均注重运输、基础设施等方面的投资并拥有一些具有战略意义的炼厂以及仓储资产，而之所以在这些领域进行投资，是为了服务于以交易为核心的公司业务。石油贸易公司在衍生品市场上也很活跃，通过对石油衍生品进行交易，实现套期保值以及投资的目的。这也要求贸易公司具有较强的风险管理能力，包括先进的风险管理体系以及优秀的风险管理人员。作为贸易公司，拥有可靠、即时的信息来源是至关重要的。除了购买公开数据资讯外，贸易商也会拥有自己独特、即时的信息来源渠道，这也是贸易商必备的能力之一。

（二）中国贸易公司

中国原油进口贸易资质采用审批制度，分为国有贸易进口资质和非国有贸易进口资质。国有贸易进口资质主要授予中国联合石油有限责任公司、中国国际石油化工联合有限责任公司、中海石油化工进出口有限公司、中国中化集团公司等数家国营企业。2015 年发改委和商务部分别下发了《国家发展改革委关于进口原油使用管理有关问题的通知》（发改运行〔2015〕253 号）和《关于原油加工企业申请非国营贸易进口资格有关工作的通知》（商贸函〔2015〕407 号），开始陆续对符合条件的地方炼厂放开原油使用权和非国有贸易进口权。截至 2021 年原油非国营进口允许量已经达到 2.43 亿吨。此外，还有数量众多的中小型成品油贸易企业。

案例 9－10

原油贸易商利用掉期合约进行转计价

1. 转换计价周期

A 贸易公司在 3 月份采购了一批以 5 月 10 日至 14 日 DTD Brent 计价的北海原油，与下游买家签订合约以“5 月全月 DTD Brent 平均结算价＋0.2 美元/桶”卖出。在合约签订当时并不知道未来 5 月结束后的 DTD Brent 最终价格，因此需要通过纸货对浮动价格和不同计价期进行保值。

合约签订日，5 月 10 日至 14 日 DTD Brent 评估价为 86.76 美元/桶，5 月全月均价 DTD Brent 评估价为 86.862 美元/桶。该贸易商在纸货市场上购买了以下两个互换合约（见表 9－7）：（1）5 月全月均价 DTD Brent：收入固定价（86.862）＋支出浮动价；（2）5 月 10 日至 14 日 DTD Brent：收入浮动价＋支出固定价（86.76）。通过以上两笔操作构建如下纸货组合：收入 5 月 10 日至 14 日 DTD Brent 浮动价＋支出 5 月全月均价 DTD Brent 浮动价＋0.102 美元/桶。

表 9－7　　互换合约　　（单位：美元/桶）

	支出	收入
互换 1	5 月全月均价 DTD Brent 浮动价	5 月全月均价 DTD Brent 固定价（86.862）
互换 2	5 月 10 日至 14 日 DTD Brent 固定价（86.76）	5 月 10 日至 14 日 DTD Brent 浮动价
纸货组合	5 月全月均价 DTD Brent 浮动价	5 月 10 日至 14 日 DTD Brent 浮动价＋0.102

将实货和纸货头寸结合评估（见表 9－8）：（1）实货上 5 月 10 日至 14 日 DTD Brent 的浮动采购成本，通过纸货上收入 5 月 10 日至 14 日 DTD Brent 浮动价进行对冲；（2）实货上 5 月全月均价 DTD Brent 的浮动销售收入，通过纸货上支出 5 月全月均价 DTD Brent 浮动价格进行对冲；（3）因此，无论最终浮动价格如何波动，贸易利润均将锁定在 0.2（实货贸易价差）＋0.102（纸货固定价交易价差）＝0.302 美元/桶。

表 9－8　　评估效果　　（单位：美元/桶）

	支出	收入
实货	5 月 10 日至 14 日 DTD Brent 浮动价	5 月全月均价 DTD Brent 浮动价＋0.2
纸货	5 月全月均价 DTD Brent 浮动价	5 月 10 日至 14 日 DTD Brent 浮动价＋0.102
组合效果	0.2＋0.102＝0.302	

2. 转换计价基准

B 贸易公司在 5 月份采购了一批以 7 月 Platts Dubai＋1 美元/桶计价的中东原油。采购日 Brent 价格为 40 美元/桶，该贸易公司认为未来原油价格可能会上涨，希望将采购价锁定在当前价格。因此，采用了如下套期保值方法：（1）以 7 月 Platts Dubai＋1 的价格购买实货；（2）购买互换合约：买入 7 月 ICE Brent＋卖出 7 月 Platts Dubai＋3；（3）计价期时卖出 ICE Brent 期货合约。通过上述组合操作，将采购价格锁定在 40－3＋1＝38 美元/桶。

该案例通过纸货进行提前锁价，也可通过转月操作将锁价期延长等。

一般而言，跨市套利需要具备三个条件：期货交割标的物的品质相同或相近；期货品种在两个期货市场的价格走势具有很强的相关性；商品可以在两国之间贸易流通。INE SC 和 DME Oman 就符合上述条件。一是双方期货合约标的都是中质含硫原油，更代表亚洲市场状况及市场定价。中国进口原油的主要品种是中质含硫原油，而阿曼原油也是中质含硫原油。二是双方有共同的客户基础，中国是最大的原油需求方，中东是最大的原油供应方，这是两个可完美跨市套利的市场。中国需求的波动将直接影响 DME 的原油期货价格，两者价格波动紧密关联。此外，WTI 与 Brent 同属轻质低硫原油，也可以进行欧美两地跨市场套利。

跨市套利分为正向套利和反向套利两种。如果贸易方向和套利方向一致则称为正向套利；反之，则是反向套利。例如，国内能化企业需要从中东地区进口原油，在期货市场上做多 DME 原油期货做空上海 SC 原油期货，称为正向套利，此套利行为可以通过实物交割或对冲平仓来了结。如果反过来，做多上海原油做空 DME 原油，则是反向套利。一般来说，正向套利的风险较小，而反向套利具有一定风险性，可能蒙受现货与期货的双重损失。

由于牵涉两个市场，除了两个市场期货交易的手续费之外，还要注意汇率波动的干扰。另外，贸易配额、远洋运输费用、港杂费用等也需要考虑到交割环节成本中。虽然跨市套利是一种较稳健的保值和投资方式，但依旧存在一定的风险。如时间敞口风险，由于内外盘交易时间存在一定差异，因此很难实现同时下单操作。此外，原油贸易商资质要求较高，如果无法在海外购买原油现货参与交割，会加大跨市套利的操作风险。

案例 9－11

贸易商利用内外盘价差进行跨市场套利

2018 年 3 月上海原油期货上市后 3 个月，内盘寻找合理定价，产业多数观望，内盘持续贴水外盘，期现套利意愿低迷。6 月，人民币贬值及 Brent－Dubai 价差收窄，内外比价逐渐上行回归。7 月，前期贴水抑制交割意愿，导致显性仓单不足，内盘进入仓单博弈期，资金寻机逐利，推升内外盘比价升至高位。8 月，利润空间扩大刺激现货注册仓单参与交割，内外盘价差逐渐回落。9月，上海原油期货首个合约SC1809正式交割，期间内外盘价差经历大幅波动，最终期现回归顺利交割。

案例9－12

跨市场套利

2020年4月海外疫情暴发，国际油价大幅下挫，WTI近月合约创下负油价历史记录；国内疫情基本得到控制，国内成品油地板价支撑炼油企业利润，国内原油价格相对偏强。内盘升水外盘创下超过12美元/桶的历史高位。高额利润促使贸易商大量进行买外盘卖内盘的正向套利操作，注册仓单数量快速增加。下半年随着海外经济回落，内外盘价差持续回落，12月内盘贴水外盘－6美元/桶。前期套利仓位陆续平仓，注册仓单数量逐渐下降。通过本轮跨市套利操作实现了原油进口贸易利润的大幅增厚。

案例9－13

贸易商利用时间价差进行库存套利

原油期货的时间价格曲线可分远期升水和远期贴水两种情形。远期升水（Contango）是指远期价格高于近期价格。正常情况下，市场一般处于这种状态，这是因为远期交割的货物会有利息和仓储费用，所以高于近期。这种情况叫作期货升水，或者叫作现货贴水，一般市场供应过剩越严重，现货或者近月贴水的幅度越大。期货贴水（Backwardation）则是相反的状况。有时候因为短期内供需缺口、突发事件等因素影响，期货市场近期价格高于远期价格。这种情况叫期货贴水，或叫现货升水，市场供不应求的程度越严重，现货溢价水平越高。

在期货升水的市场结构下，如果远月合约比近月合约的升水幅度超过了对应持有周期内的持仓费用和利息费用的总和，就产生了无风险套利的机会，贸易商可以在现货市场上买入原油现货持有同时在期货市场上卖出远月合约，如果期现价差在持有期内收敛至合理水平，贸易商将现货原油售出，同时在期货市场上平仓离场，如果价差不收窄，可以再在期货合约到期后，将原油现货交割到期货市场，这样不管市场如何波动，贸易商都可以将利润锁定为期货升水与现货持有成本之间的差额。

举例而言，如果原油现货价格为40美元/桶，3个月后的期货远月合约价格为50美元/桶，某贸易商经过测算后，认为3个月原油现货的仓储费以及其他费用的总和为8美元/桶，存在2美元/桶的无风险套利空间，他选择买入1000桶原油现货进行囤积，3个月后，期货合约到期，他选择将原油现货交割到期货市场，该贸易商获得了1000×(50－40－8)＝2000美元的利润。

七、炼化企业如何参与原油期货交易？

对于炼化企业，由于涉及原油加工至成品油的上下游环节，可综合灵活使用衍生品工具对原油采购、加工利润、成品油销售等进行套期保值。

近年来，中国炼化行业快速发展，2020年国内炼油能力约8.9亿吨/年，预计到2025年将增至10.2亿吨/年，成为全球炼油规模最大的国家。新增炼油能力主要以民营炼厂为主，2009年中石化、中石油、中海油、民营炼厂产能占比分别为45%、31%、4%、20%，2020年分别为32%、22%、5%、41%。

参与主体主要包括：

（一）国有炼厂

中石油、中石化炼厂占全国炼能一半以上，集团体系庞大、分工较为明确。油田生产部门主要满足内部原油加工需要，较少进行单独保值操作。原油贸易部门如联合石化或联合石油主要负责为炼厂代理采购海外原油及转口贸易，已成为全球最大原油贸易商之一，大量运用海外石油期纸货市场进行保值操作。炼厂部门主要负责原油生产加工，由于原油与成品油价格可以部分进行内部对冲，单独进行套期保值操作不多。销售公司负责各地区成品油及化工产品销售，主要以现货销售为主，期货市场参与不多；个别单位也会用国内能源化工期货进行保值操作。

（二）民营炼厂

自从2015年商务部放开地方炼厂原油进口使用权以来，以山东省为代表的地方炼厂快速发展。此后，浙江石化、恒力石化等新增大型炼化一体化项目陆续投产，未来大型石化基地将继续主导产能增量。相比主营炼厂，地方炼厂参与原油期货相对较晚。早期主要以贸易商对接的原油采购点价和转计价操作为主，并尝试使用期货、期权等工具对原油或产成品进行套期保值，部分也通过跨品种套保对产业链利润进行保值。目前，已有较多民营炼厂成立专门期货部门进行保值操作，或在新加坡成立子公司参与国际原油贸易。未来中国民营炼厂对国内外石油期纸货市场参与或将继续加深。

案例 9－14

炼厂利用上海原油期货/期权进行套期保值

某原油加工企业签订了 1 万桶原油购买合同，一个月后按当时价格交付钱款与货物。目前，原油现货价格为 392 元/桶，因担心原油价格进一步上涨，有买入套期保值需求。该企业既可以选择期货套期保值策略，也可以选择期权套期保值策略（见表 9－9）。

表 9－9　套期保值

套保类型	方案	具体措施
期货	买入期货合约	买入两个月后交割的原油期货合约 10 手，价格为 394 元/桶
期权	买入看涨期权	买入 10 手执行价格为 390 元/桶的看涨期权、标的物是两个月后，期权费用为 3 元/桶

（一）假设一个月后现货价格上涨至 410 元/桶，期货价格上涨至 412 元/桶（见表 9－10）。

表 9－10　套保策略（一）

套保策略	现货盈亏	期货/期权盈亏	综合核算	套保效果
买入原油期货合约	392－410＝－18.0 元/桶	412－394＝18.0 元/桶	18－18＝0 元/桶	将实际买入价格锁定在 392 美元/桶
买入原油看涨期权	392－410＝－18.0 元/桶	412－390－3＝19.0 元/桶	19－18＝1 元/桶	将实际买入价格锁定在 391 美元/桶

（二）假设一个月后现货价格下跌至 380 元/桶，期货价格下跌至 382

元/桶（见表 9－11）。

表 9－11 套保策略（二）

套保策略	现货盈亏	期货/期权盈亏	综合核算	套保效果
买入原油期货合约	392－380＝12 元/桶	382－394＝－12.0 元/桶	12－12＝0 元/桶	将实际买入价格锁定在 392 元/桶
买入原油看涨期权	392－380＝12 元/桶	放弃行权费用－3 元/桶	12－3＝9 元/桶	将实际买入价格锁定在 383 元/桶

案例 9－15

炼厂利用上海原油期货 TAS 指令进行套期保值

1. 提前锁价

2019 年 9 月 12 日，炼厂 A 从某贸易商手中采购了一批 10 月 15 日至 24 日到货的中质原油，数量为 10 万吨，约定计价方式为 SC1912 合约 10 月结算价算术平均价，贴水为－7 元/桶，付款时间预估为 10 月 31 日 SC1912 合约收盘之后。A 判断在 OPEC 减产背景下，SC 价格下方空间有限，为规避计价期内价格上涨的风险，决定当日以 437.9 元/桶的价格买入 720 手 SC1912 合约。国庆假期之后，此批货物进入到现货计价期，A 每日采用 TAS 指令进行平仓操作，结算当日计价的货物（10 万吨中质原油约为 72 万桶，大约为 720 手原油期货，10 月份共计 18 个交易日，每个交易日大约结算 4 万桶（见表 9－12）。

表 9－12 提前锁价

日期	期货市场	价格（元/桶）	期货平仓盈亏（元/桶）	现货市场
9 月 12 日	买入 720 手	437.9	—	—
10 月 8 日	TAS 卖出 40 手	432.9	－5	现货计价 4 万桶
10 月 9 日	TAS 卖出 40 手	440	2.1	现货计价 4 万桶
……	……	……	……	……
10 月 30 日	TAS 卖出 40 手	454.2	16.3	现货计价 4 万桶
10 月 31 日	TAS 卖出 40 手	452.2	14.3	现货计价 4 万桶

续表

日期	期货市场	价格（元/桶）	期货平仓盈亏（元/桶）	现货市场
10月总计	TAS卖出720手	449.57（月均价）	11.67	现货计价72万桶
最终效果	期货盈利449.57－437.9＝11.67元/桶，成功将此批货物结算价锁定在437.9元/桶，实际成交价格为437.9－7＝430.9元/桶			

2. 推迟锁价

2019年9月12日，炼厂B从贸易商手中采购了一批10月15日至24日到货的中质原油，数量为10万吨，约定计价方式为SC1912合约10月结算价的算术平均价，贴水为－7元/桶，付款时间预估为10月31日SC1912合约收盘之后。

国庆假期之后，此批货物正式进入计价阶段。但随着价格的上涨，10月11日，A判断价格估值已经偏高，后期价格存在下跌的可能，决定将结算价格在450元/桶之上的货物重新在盘面上对冲为活价货物，等待价格下跌至450元/桶之下后再进行锁价操作。

通过利用TAS指令，在10月11日至16日每日进行TAS指令卖出当日现货计价的相同数量，在10月18日至23日每日进行TAS指令平仓操作，结算已对冲的现货价格（10月份共18个交易日，10万吨中质原油约为72万桶，每个交易日结算4万桶，为40手原油期货）（见表9－13）。

表9－13　　推迟锁价

日期	结算价（元/桶）	现货市场	期货市场	期货平仓盈亏	套保后的现货计价数量
10月8日	432.9	现货计价4万桶	当日计价4万桶		
……	……	……	……	……	……
10月11日	451.8	现货计价4万桶	TAS卖出40手	当日未计价	
10月14日	464.8	现货计价4万桶	TAS卖出40手	当日未计价	
10月15日	459.4	现货计价4万桶	TAS卖出40手	当日未计价	
10月16日	455.7	现货计价4万桶	TAS卖出40手	当日未计价	

续表

日期	结算价（元/桶）	现货市场	期货市场	期货平仓盈亏	套保后的现货计价数量
10月17日	448.5	现货计价4万桶	当日计价4万桶		
10月18日	444.9	现货计价4万桶	TAS平仓40手	6.9	当日计价8万桶
10月21日	446.3	现货计价4万桶	TAS平仓40手	18.5	当日计价8万桶
10月22日	442.4	现货计价4万桶	TAS平仓40手	17	当日计价8万桶
10月23日	444.7	现货计价4万桶	TAS平仓40手	11	当日计价8万桶
……	……	……	……	……	……
10月31日	448.56	现货计价4万桶	当日计价4万桶		
10月总计	449.57（月均价）	现货计价72万桶			
最终效果	期货160手盈利（6.9+18.5+17+11）/4=13.35元/桶，实纸货盈利合计后，成功将此批货物结算价由449.57元/桶降低到446.6元/桶，实际成交价格为446.6−7=439.6元/桶				

案例9－16

炼厂利用原油期货和沥青期货进行利润保值

2020年第二季度，由于中国对抗新冠疫情取得的迅速进展，中国经济领先海外率先回暖。国内需求主导的沥青价格和国际需求主导的原油价格之间的裂解价差持续走扩。8月3日，上海原油期货SC与沥青期货BU之间的盘面价差突破900元/吨（吨桶比按6.7换算），达到SC上市以来的最高值。某炼厂认为，随着海外经济陆续重启提振原油需求，以及沥青冬季需求淡季来临，后续沥青与原油价差存在回落风险。因此，决定通过卖出沥青期货、买入原油期货和买入对目前高位的加工利润进行保值。2021年4月，国际原油价格大幅上行，沥青期货小幅上涨，BU沥青－SC原油价差收窄至184元/吨。该炼厂将期货保值盘位平仓，通过盘面裂解价差盈利对冲现货加工利润下滑，有效实现了利润保值。另外，该炼厂也可通过WTI原油期货与BU沥青期货实现类似保值效果（见表9－14）。

表 9－14　利用原油期货和沥青期货套期保值

	期货			现货		
方案一 BU＋SC	山东重交沥青现货（元/吨）	山东阿曼原油到岸价（元/桶）	沥青－原油价差（元/吨）	上期所 BU 沥青期货（元/吨）	上海 SC 原油期货（元/桶）	沥青－原油价差（元/吨）
2020 年 8 月 3 日	2625	310	546	2814	281	925
2021 年 4 月 1 日	2895	420	86	2820	393	184
单边盈亏	沥青现货价格上涨 270 元/吨 阿曼原油现货上涨 110 元/桶			卖出 BU 沥青期货亏损 6 元/吨 买入 SC 原油期货盈利 112 元/桶		
裂解价差盈亏	现货加工利润减少 460 元/吨			做空盘面利润盈利 741 元/吨		
套保后综合效果	将现货加工利润锁定在 827 元/吨					
方案二 BU＋WTI	山东重交沥青现货	东北亚 WTI 到岸价	沥青－原油价差	上期所 BU 沥青期货	纽约 WTI 原油期货	沥青－原油价差
	元/吨	美元/桶	元/吨	元/吨	美元/桶	元/吨
2020 年 8 月 3 日	2625	44.91	519	2814	41.01	891
2021 年 4 月 1 日	2895	64.27	197	2820	61.45	243
单边盈亏	沥青现货价格上涨 270 元/吨 WTI 原油现货上涨 19.4 美元/桶			卖出 BU 沥青期货亏损 6 元/吨 买入 WTI 原油期货盈利 20.5 元/桶		
裂解价差盈亏	现货加工利润减少 322 元/吨			做空盘面利润盈利 648 元/吨		
套保后综合效果	将现货加工利润锁定在 845 元/吨					

注：以上加工利润为单品种简化模型，忽略其他成品油价格和加工费用变化。

八、航空公司如何参与原油期货交易？

对于航空企业来说，航油成本是航空企业运营成本的重要组成部分，航油价格一旦持续上涨或大幅度地波动，那么航空企业经营业绩就会受到很大的影响。20 世纪 80 年代末期，欧美航空公司开始尝试进行航油价格风险管理。由于没有合适的场内航油期货和期权市场，航空公司多数都使用原油、燃料油等相关石油衍生工具来对冲航油价格风险。目前，套期保值已在航空业广泛应用，有些公司甚至从石油行业聘请专家来指导套期保值业务。此外，大型的成品油消费企业如航运公司、货运公司等也可应用石油衍生品市场降低燃油成本。

案例 9－17

中国航空公司使用上海原油期货进行套保

2020 年 9 月，某中国航空公司认为未来油价上涨概率较大，决定使用上海原油期货进行套期保值。从 10 月开始，每月初对下季度的航油采购量进行买入套保，持续时间为一年。具体操作见表 9－15。2021 年全年航空煤油进口均价为 3695 元/吨，通过滚动保值，该公司将实际航煤采购价格锁定在 3223 元/吨，采购成本平均减少 472 元/吨。

表 9－15　　用上海原油期货套期保值

日期	期货（元/桶）				现货（元/吨）	
	开仓	平仓	开仓价格	平仓盈亏	现货价格	套保后实际采购价
2020/10/9	买入 SC2101		264		2334	
2020/11/2	买入 SC2102		224		2066	
2020/12/1	买入 SC2103		287		2212	
2021/1/4	买入 SC2104	卖出 SC2101	314	+50	2618	2226
2021/2/1	买入 SC2105	卖出 SC2102	336	+112	2889	2006
2021/3/1	买入 SC2106	卖出 SC2103	407	+120	3024	2073
2021/4/1	买入 SC2107	卖出 SC2104	393	+80	3468	2840
2021/5/6	买入 SC2108	卖出 SC2105	429	+93	3499	2763
2021/6/1	买入 SC2109	卖出 SC2106	435	+28	3560	3339
2021/7/1	买入 SC2110	卖出 SC2107	460	+67	3865	3339
2021/8/2	买入 SC2111	卖出 SC2108	452	+23	4098	3916
2021/9/1	买入 SC2112	卖出 SC2109	440	+5	4070	4030
2021/10/8		卖出 SC2110	527	+67	3950	3422
2021/11/1		卖出 SC2111	521	+69	4493	3950
2021/12/1		卖出 SC2112	445	+4	4802	4768

案例 9－18

阿拉斯加航空公司使用 Brent 原油期权进行套保

阿拉斯加航空每年通过固定买入 Brent 原油看涨期权对未来 18 个月不超过 50% 的航油用量保值，保值价格为 2～4 美元/桶期权费用所对应行权价格。2013—2021 年仅 2018 年和 2021 年实际油价超过保值价格，保值收益分别达到 2400 万美元和 5700 万美元，占当年净利润的 8% 和 3%；其余时间均因油价未达到行权价格而损失期权费用。

延伸阅读

国资委关于切实加强金融衍生业务管理有关事项的通知（2020 年 1 月 13 日）

各中央企业：

近年来，中央企业按照监管要求，审慎开展金融衍生业务，强化业务监督管理，有效利用金融衍生工具的套期保值功能，对冲大宗商品价格和利率汇率波动风险，对稳定生产经营发挥了积极作用。但监管中也发现，部分企业存在集团管控不到位、业务审批不严格、操作程序不规范、激励趋向投机以及业务报告不及时、不准确、不全面等问题。为督促中央企业切实加强金融衍生业务管理，建立“严格管控、规范操作、风险可控”的金融衍生业务监管体系，现将有关事项通知如下：

一、落实监管责任

本通知所指金融衍生业务，主要包括中央企业在境内外从事的商品类衍生业务（指以商品为标的资产的金融衍生业务，包括大宗商品期货、期权等）和货币类衍生业务（指以货币或利率为标的资产的金融衍生业务，包括远期合约、期货、期权、掉期等）。金融衍生业务具有杠杆性、复杂性和风险性。各中央企业要切实增强风险意识，强化集团管控，建立健全统一管理体系，严格业务审批，落实监管责任。

（一）坚持专业化集中管理原则，集团内部同类金融衍生业务原则上由统一平台进行集中操作。集团董事会负责核准具体开展金融衍生业务的子企业（以下简称操作主体）业务资质，集团负责审批年度业务计划。资产负债率高于国资委管控线、连续3年经营亏损且资金紧张的子企业，不得开展金融衍生业务。

（二）集团董事会核准业务资质时，要充分论证业务开展的客观需求和必要性，严格审核评估业务管理制度、风险管理机制的健全性和有效性，以及机构设置的合理性、人员专业胜任能力，核准事项应当明确交易场所、品种、工具等内容。核准事项变更时，应当由集团董事会重新审批。董事会下设的风险管理委员会或承担风险管理职责的专业委员会应当对业务资质核准提出明确的审核意见，作为提交董事会决策的必备要件。集团董事会核准的业务资质，应当及时报国资委备案。

（三）集团审批年度业务计划时，要认真审核实货规模、保值规模、套保策略、资金占用规模、止损限额（或亏损预警线）等内容，对场外业务要进行严格审核和风险评估。

（四）集团应当明确金融衍生业务的分管负责人，指定归口管理部门，落实有关部门监管责任。风险管理部门负责业务风险监控；财务部门负责资金特别是保证金的监测；法律部门负责合同文本的法律风险评估；审计部门负责定期开展审计监督。

二、严守套保原则

开展金融衍生业务要严守套期保值原则，以降低实货风险敞口为目的，与实货的品种、规模、方向、期限相匹配，与企业资金实力、交易处理能力相适应，不得开展任何形式的投机交易。

（一）交易品种应当与主业经营密切相关，不得超越规定的经营范围。交易工具应当结构简单、流动性强、风险可认知。持仓时间一般不得超过12个月或实货合同规定的时间，不得盲目从事长期业务或展期。

（二）商品类衍生业务年度保值规模不超过年度实货经营规模的90%，其中针对商品贸易开展的金融衍生业务年度保值规模不超过年度实货经营规模的80%。时点净持仓规模不得超过对应实货风险敞口。要实行品种分类管理，不同子企业、不同交易品种的规模指标不得相互借用、串用。套期保值对应关系的建立、调整和撤销应当符合生产经营的实际需要，避免频繁短线交易。

（三）货币类衍生业务的规模、期限等应当在资金需求合同范围内，原则上应当与资金需求合同一一对应。

（四）新开展业务或以前年度因违规操作等产生重大损失的企业应当谨慎设定业务规模，进行适当压缩和控制。

（五）建立科学合理的激励约束机制，将金融衍生业务盈亏与实货盈亏进行综合评判，客观评估业务套保效果，不得将绩效考核、薪酬激励与金融衍生业务单边盈亏简单挂钩，防止片面强调金融衍生业务单边盈利导致投机行为。

三、有效管控风险

建立有效的金融衍生业务风险管理体系，健全内控机制，完善信息系统，强化风险预警，覆盖事前防范、事中监控和事后处理的各个环节。

（一）集团应当制定金融衍生业务管理制度，明确相关部门职责、业务审批程序、风险管理要求、止损限额（或亏损预警线）、应急处理、监督检查与责任追究等内容。操作主体应当制定专门的业务操作手册或合规手册。

（二）集团应当建立金融衍生业务风险管理垂直体系，操作主体风险管理部门应当独立向集团上报风险或违规事项。

（三）集团应当通过风险管理信息系统等信息化手段监控业务风险，实现全面覆盖、在线监测。商品类衍生业务的操作主体要建立健全业务信息系统，准确记录、传递各类交易信息，固化制度要求，规范操作流程，阻断违规操作。

（四）集团及操作主体应当建立风险预警和处置机制，采用定量及定性的方法，及时识别市场风险、信用风险、操作风险和流动性风险等，针对不同类型、不同程度的风险事项，明确处置权限及程序。

（五）出现重大风险时，要及时启动风险应急处理机制，成立专门工作组织，制定详细的处置方案，妥善做好仓位止损、法律纠纷案件处置、舆情应对等工作，建立日报或周报制度，防止风险扩大和蔓延。

四、规范业务操作

操作主体要强化内控执行，严格合规管理，规范开展授权审批、交易操作、资金使用、定期报告。

（一）设置独立的风险管理部门、交易部门、财务部门，严格执行前中后台岗位、人员分离原则。建立定期轮岗和培训制度。仅开展货币类衍生业务，且开展频次较低、业务规模较小的企业，可不单独设置风险管理部门、交易部门，但必须严格执行不相容岗位及人员分离原则。

（二）本企业董事会或类似决策机构负责交易授权审批。授权应当明确有交易权限的人员名单、交易品种和额度。人员职责发生变更时应当及时中止授权或重新授权。严禁企业负责人直接操盘。

（三）交易部门应当根据经批准的业务计划制定具体操作方案，按规定程序审批后操作。对于未经批准的操作方案，财务部门不得拨付资金，不得进行交易结算。

（四）开展场外业务时，应当对交易工具、对手信用、合同文本等进行单独的风险评估，审慎选择交易对手，慎重开展业务。

（五）对保证金等资金账户实行专门管理，规范资金划拨和使用程序，加强日常监控，动态开展资金风险评估和压力测试。严格履行保证金追加审批程序。不得以个人账户（或个人名义）开展金融衍生业务。

（六）风险管理部门要建立每日报告制度；风险管理部门、交易部门与财务部门要进行每月核对；风险管理部门、交易部门每季度要向经营管理层报告业务开展情况。

五、强化监督检查

各中央企业应当建立健全金融衍生业务审计监督体系，完善监督机制，加强监督检查，提高监督质量，充分发挥审计监督功能作用。

（一）集团归口管理部门应当每季度抽取部分企业或业务开展专项监督检查，重点关注业务合规性，是否存在超品种、超规模、超期限、超授权等违规操作，是否存在重大损失风险。

（二）集团内审部门应当每年对所有操作主体进行审计，重点关注业务制度的健全性和执行有效性，会计核算的真实性等。

（三）对于审计检查中发现的问题，要及时向集团报告并督促整改到位。对于开展投机业务或产生重大损失风险、重大法律纠纷、造成严重影响的，要及时处置应对，并暂停该操作主体开展金融衍生业务，进行整改问责。恢复开展业务的，须报集团董事会批准。

（四）应当根据《中央企业违规经营投资责任追究实施办法（试行）》（国资委令第37号）等有关规定，制定责任追究制度，对违规事项进行追责。涉嫌违纪或职务违法的问题和线索，移送纪检监察机构。涉嫌犯罪的问题和线索，移送国家监察机关或司法机关。对于发生重大损失风险、造成严重影响等问题的，国资委将在业绩考核中予以扣分或降级处理，并根据干部管理权限开展责任追究。

六、建立报告制度

各中央企业应当定期向国资委报告金融衍生业务开展情况，及时报告重大事项，确保报送信息准确、完整。

（一）对于业务日常开展情况，应当于每季度末随财务快报一并报送金融衍生业务报表。未开展金融衍生业务的企业要进行“零申报”。集团要加强对上报数据的检查和核实，避免瞒报、漏报、错报。

（二）对于业务年度经营情况，集团应当向国资委报送专项报告，报告内容包括年度业务开展情况（如业务品种、保值规模、盈亏情况、年末持仓风险评估等）、套期保值效果评估、审计检查中发现的问题及整改情况、其他重大事项等，并将中介机构出具的专项审计意见，与年度财务决算报告一并报送国资委。

（三）对于开展投机业务或产生重大损失风险、重大法律纠纷、造成严重影响的，应当于24小时内向国资委专项报告，并对采取的处理措施及处理情况建立周报制度。对于有特殊业务需求，期限、规模等超过本通知的，要提前向国资委报告。

（四）对于瞒报、漏报、错报以及未按要求及时报告的，国资委将予以通报、约谈。对于上报信息严重失实、隐瞒资产损失以及不配合监管工作的，国资委将严肃问责。

国资委将与发展改革委、财政部、商务部、人民银行、银保监会、证监会、外汇局等有关部门，通过定期会商、信息共享、联合检查等方式，形成监管合力，强化监管力度。企业开展境外金融衍生业务所需外汇额度按相关规定及程序办理。

银行、期货、保险、证券等持牌类金融机构开展金融衍生业务，应当严格遵循监管机构的有关规定。各省、自治区、直辖市及计划单列市和新疆生产建设兵团国资委可参照本通知开展本地区金融衍生业务监管工作。

《关于进一步加强中央企业金融衍生业务监管的通知》（国资发评价〔2009〕19号）、《关于建立中央企业金融衍生业务临时监管机制的通知》（国资发评价〔2010〕187号）和《关于取消中央企业境外商品衍生业务核准事项的通知》（国资发评价〔2015〕42号）自本通知印发之日起废止。

自测题

一、填空题

1. 油品类企业套期保值常用的衍生品工具包括（　　）、（　　）、（　　）和（　　）等。

2. 金融衍生品根据是否在规范交易所交易可分为（　　）衍生品和（　　）衍生品两类。

3. （　　）是一种选择的权利，即买方能够在未来的特定时间或者一段时间内按照事先约定好的价格买入或者卖出某种约定好的商品的权利。

4. 基差是指（　　）价格和（　　）价格的价差。

5. 原油生产型企业进行卖出套期保值时，如果原油处于远期升水曲线结构，即远月价格高于近月价格，则原油套保空头头寸在展期过程中会获得展期（　　）。

6. 成品油消费型企业进行买入套期保值时，如果原油处于远期贴水曲线结构，即远月价格低于近月价格，则成品油套保多头头寸在展期过程中会出现展期（　　）。

二、判断题

1. 原油生产型企业，为保证将要生产商品的销售收入，防止价格下跌风险，可通过在期货建立原油空头头寸进行卖出套期保值。（　　）

2. 成品油消费型企业，为降低将要采购商品的采购成本，防止价格上涨风险，可通过在成品油期货建立多头头寸进行买入套期保值。（　　）

3. 炼厂加工型企业，为了保证原材料和制成品之间的加工利润，防止利润下行风险，可以通过卖出原油期货和买入成品油期货进行利润保值。（　　）

4. 使用期货进行套期保值时，到期前盘面盈亏是线性对称的。（　　）

5. 使用期权进行套期保值时，到期前盘面盈亏是线性对称的。（　　）

6. 由于期货实行保证金交易和逐日结算制度，如果期货价格出现不利变动，追加保证金时资金周转不足而被强行平仓，可能导致套保策略落空，产生严重亏损。（　　）

三、单选题

1. 以下（　　）不属于套期保值风险。

A. 现货价格涨跌风险　　B. 基差风险

C. 保证金风险　　D. 无效保值风险

2. （　　）是指当期货和现货价格变动不完全匹配时，可能导致期货端损益不能完全覆盖现货端损益，从而产生额外盈利/亏损。

A. 现货价格涨跌风险　　B. 基差风险

C. 保证金风险　　D. 无效保值风险

3. 某页岩油企业担心未来原油价格下跌，以下（　　）不属于可采用的套期保值方式。

A. 买入原油期货

B. 卖出原油期货

C. 卖出以当前固定价交换未来浮动价的互换合约

D. 买入原油看跌期权

4. 某航空公司担心未来航油价格上涨，以下（　　）不属于可采用的套期保值方式。

A. 买入原油期货

B. 卖出原油期货

C. 买入以当前固定价交换未来浮动价的互换合约

D. 买入航油看涨期权

5. 某炼厂担心汽油对原油的销售利润下行，可采用以下（　　）方式进行套期保值。

A. 买入汽油期货　　B. 卖出原油期货

C. 卖出汽油对原油裂解价差合约　D. 买入汽油对原油裂解价差合约

6. 某页岩油生产商担心未来原油价格下跌，决定买入执行价格为50美元/桶的看跌期权，期权费用为2美元/桶。该生产商希望降低期权成本，可以（　　）构建零成本区间期权组合。

A. 卖出执行价格为45美元/桶的看跌期权，期权费用为1美元/桶

B. 买入执行价格为45美元/桶的看跌期权，期权费用为1美元/桶

C. 卖出执行价格为40美元/桶的看跌期权，期权费用为2美元/桶

D. 买入执行价格为40美元/桶的看跌期权，期权费用为2美元/桶

参考答案

一、填空题

1. 期货、期权、远期、互换　2. 场内，场外　3. 期权

4. 现货，期货　5. 收益　6. 收益

二、判断题

1. √　　2. √　　3. ×　　4. √　　5. ×　　6. √

三、单选题

1. A　　2. B　　3. A　　4. B　　5. C　　6. C

后　记

本书是专为期货交易者编写的一本普及性读物，适合于原油产业链企业和普通交易者阅读。

本书注意实用性、趣味性，以通俗易懂的语言、鲜明生动的案例将理论知识简单化，避免了理论知识阐述过程中的呆板僵硬。对原油产业链企业而言，本书具有指导实务操作的作用，书中包含了大量套期保值、套利、风险管理的应用型案例，对企业应用原油期货有一定借鉴意义。对于普通交易者而言，本书通过一问一答的形式，由浅入深地剖析原油的基本面和技术面，有助于交易者快速了解原油市场。

与证券、债券等金融工具相比，期货作为风险管理工具，专业性强，杠杆率高，风险大，这在客观上要求交易者具备一定的专业投资知识、经济实力以及风险承受能力。“期市有风险，入市需谨慎！”

本书由于篇幅限制，无法尽述相关实体企业及交易者在期货市场上可能面临的所有具体情况，不管是实体企业还是普通交易者，参与到期货市场中，都务必结合自身需求，制定科学合理的交易策略。企业参与套期保值要避免变成投机，普通交易者要严格评估自身能力，尽可能地熟悉并掌握交易品种的市场特点及操作技巧，并严格控制交易规模，避免遭受不必要的损失。

作为《期货交易者教育系列丛书》之一，本书由中国期货业协会组织编写，中信期货有限公司桂晨曦承担了本书的具体编写任务。上海期货交易所对本书书稿进行了审阅并提出了宝贵建议。

《原油期货（第二版）》在第一版的基础上修订而来，在此感谢第一版编写人员中信期货有限公司林菁、潘翔、张灵军等同志在编写过程中做出的杰出贡献以及上海国际能源交易中心陆丰、张宏民、袁开洪、张杰、刁夏楠等同志在第一版编写过程中给予的大力支持。本书在编写过程中还得到了中国证监会投资者保护局、期货部、上海期货交易所、上海国际能源交易中心和中信期货有限公司领导的指导和帮助，在此表示衷心的感谢！书中的错误之处，敬请批评指正。

中国期货业协会《期货交易者教育系列丛书》编委会

2023 年 8 月

书单
FUTURES

一、系列

序号	系列
(一)	期货交易者教育系列图书
(二)	金融衍生品系列丛书
(三)	中国期货业发展创新与风险管理研究
(四)	中国期货市场年鉴
(五)	“讲故事　学期货”金融国民教育丛书
(六)	全国期货从业人员资格考试参考用书
(七)	服务实体经济系列
(八)	期货投资者保护丛书
……	……

二、明细

(一) 期货交易者教育系列图书

序号	书名	书号
1	铜期货	978-7-5223-0293-5
2	精对苯二甲酸（PTA）期货	978-7-5223-1405-1
3	玉米	978-7-5095-3193-8
4	铝	978-7-5095-3181-5
5	小麦	978-7-5095-3183-9
6	锌	978-7-5095-3190-7
7	线型低密度聚乙烯（LLDPE）	978-7-5095-3184-6
8	早籼稻	978-7-5095-3076-4

续表

序号	书名	书号
9	棉花期货	978-7-5223-2276-6
10	燃料油	978-7-5095-3034-4
11	菜籽油	978-7-5095-2025-3
12	聚氯乙烯	978-7-5095-2592-0
13	棕榈油	978-7-5095-2589-0
14	黄金	978-7-5095-2532-6
15	白糖期货	978-7-5095-8814-7
16	豆类期货	978-7-5095-8815-4
17	焦煤焦炭期货	978-7-5223-2286-5
18	乙二醇期货	978-7-5223-1645-1
19	铅	978-7-5095-4086-2
20	鸡蛋期货	978-7-5095-5803-4
21	铁矿石期货	978-7-5095-5809-6
22	纤维板、胶合板期货	978-7-5095-5810-2
23	石油沥青期货	978-7-5095-5816-4
24	菜籽系期货	978-7-5095-5743-3
25	白银期货	978-7-5095-5955-0
26	玻璃期货	978-7-5095-5697-9
27	动力煤期货	978-7-5095-5802-7
28	稻谷期货	978-7-5095-5826-3
29	原油期货（第二版）	978-7-5223-2342-8
30	苹果期货	978-7-5223-0455-7
31	花生期货	978-7-5223-0967-5
32	生猪期货	978-7-5223-0851-7
33	天然橡胶期货	978-7-5223-1184-5
34	钢材期货	978-7-5223-1175-3
35	甲醇期货	978-7-5223-1295-8
36	纸浆期货	978-7-5223-1277-4
37	纯碱期货	978-7-5223-2285-8
……	……	……

（二）金融衍生品系列丛书

序号	书名	书号
1	股指期货（第二版）	978-7-5095-9432-2
2	场外衍生品（第二版）	978-7-5095-9596-1
3	国债期货（第二版）	978-7-5095-9601-2
4	金融期权（第二版）	978-7-5095-9598-5
5	外汇期货（第二版）	978-7-5095-9597-8
6	结构化产品（第二版）	978-7-5095-9600-5
7	金融衍生品习题集（第二版）	978-7-5095-9599-2

（三）中国期货业发展创新与风险管理研究

序号	书名	书号
1	中国期货业发展创新与风险管理研究（8）	978-7-5095-6907-8
2	中国期货业发展创新与风险管理研究（9）	978-7-5095-7523-9
3	中国期货业发展创新与风险管理研究（10）	978-7-5095-8144-5
4	中国期货业发展创新与风险管理研究（11）	978-7-5223-0213-3
5	中国期货业发展创新与风险管理研究（12）	978-7-5223-1483-9
6	中国期货业发展创新与风险管理研究（13）	978-7-5223-2215-5
……	……	……

（四）中国期货市场年鉴

序号	书名	书号
1	中国期货市场年鉴（2015年）	978-7-5095-6924-5
2	中国期货市场年鉴（2016年）	978-7-5095-7503-1
3	中国期货市场年鉴（2017年）	978-7-5095-8331-9
4	中国期货市场年鉴（2018年）	978-7-5095-9079-9
5	中国期货市场年鉴（2019年）	978-7-5095-9869-6
6	中国期货市场年鉴（2020年）	978-7-5223-0640-7
7	中国期货市场年鉴（2021年）	978-7-5223-1500-3
……	……	……

（五）“讲故事 学期货”金融国民教育丛书

序号	书名	书号
1	走进期货	978-7-5095-7095-1
2	如何进行期货交易	978-7-5095-7092-0

续表

序号	书名	书号
3	期货的套保和套利	978-7-5095-7093-7
4	期货交易中的“规矩”	978-7-5095-4355-9
5	金属期货	978-7-5095-7087-6
6	农产品期货	978-7-5095-7104-0
7	能化期货	978-7-5095-7088-3
8	金融期货	978-7-5095-7094-4
9	期权	978-7-5095-7217-7
10	场外衍生品	978-7-5095-7091-3

（六）全国期货从业人员资格考试参考用书

序号	书名	书号
1	期货及衍生品基础（第三版）	978-7-5223-1005-3
2	期货法律法规与职业道德	978-7-5223-0997-2
3	期货及衍生品分析与应用（第四版）	978-7-5223-0998-9

（七）服务实体经济系列

序号	书名	书号
1	期货行业主力复工复产案例集	978-7-5223-0168-6
2	期货服务实体经济案例集	978-7-5095-8029-5
……	……	……

（八）期货投资者保护丛书

序号	书名	书号
1	期海导航——期货投资常识与基础知识	978-7-5223-1045-9
2	期海护航——期货交易者合法权益保护	978-7-5223-1531-7

咨询电话：010-88190912

咨询邮箱：jiayanping@cfemg.cn